轻型高速公路理论与探索

周海涛　等　著

人民交通出版社

内 容 提 要

未来十年或更长一段时期，公路客货运输和民用汽车保有量将继续呈现稳步增长的态势，小客车保有量增长更快。而我国高速公路主要通行能力不足的矛盾依然突出，特别是在一些土地资源紧张、小客车交通量比例高的地区，新建或改扩建轻型高速公路（或车道）作为小客车专用通道不失为一个有价值的比选方案。

本书作者及其团队通过近十年的研究，在"轻型高速公路技术指标前期研究"、"轻型高速公路节地关键技术研究"的基础上编写完成本书。本书系统地介绍了轻型高速公路的主要技术指标，希望能为建设轻型高速公路提供帮助，实现轻型高速公路理论成果到实际应用的转化，从而形成具有中国特色的、原创的技术体系，为完善高速公路技术体系作出贡献。

本书可供从事高速公路规划、设计工作的人员参考使用。

图书在版编目(CIP)数据

轻型高速公路理论与探索/周海涛等著. —北京：人民交通出版社，2013.2

ISBN 978-7-114-10338-4

I.①轻… II.①周 III.①高速公路—研究 IV.①U412.36

中国版本图书馆 CIP 数据核字(2013)第 017172 号

书　　名：轻型高速公路理论与探索
著 作 者：周海涛　等
责任编辑：周　宇
出版发行：人民交通出版社
地　　址：(100011)北京市朝阳区安定门外外馆斜街 3 号
网　　址：http://www.ccpress.com.cn
销售电话：(010)59757973
总 经 销：人民交通出版社发行部
经　　销：各地新华书店
印　　刷：北京盛通印刷股份有限公司
开　　本：720×960　1/16
印　　张：17
字　　数：245 千
版　　次：2013 年 2 月　第 1 版
印　　次：2013 年 2 月　第 1 次印刷
书　　号：ISBN 978-7-114-10338-4
定　　价：48.00 元

前　言

过去十多年，我国高速公路交通量中的小客车比例呈逐年增长态势。2009年，小客车交通量平均比例超过50%，个别路段超过90%。随着国民经济的持续稳定发展，小客车保有量不断增加，这一态势在今后一段时期内将逐步加强。与此同时，我们常常在高速公路上见到速度较慢的大货车之间相互超车，长时间占用超车道，造成速度较快的小客车在后面慢速跟随等待超车，影响了高速公路的通行效率。这些情况是研究轻型高速公路（小客车专用高速公路）最初的动因。后来通过初步研究发现，大货车、小客车等混行的高速公路，不仅通行效率有所降低，而且对于小客车来说，3.75m的行车道宽度、100kN的路面设计荷载、550kN的桥梁设计荷载等技术指标都相对富余了。从资源节约、环境友好的角度来看，还有很多改进的空间。因此，我们坚定了研究轻型高速公路的想法。

2002年，我和中交公路规划设计院的同事在跟踪日本有关信息的同时进行了初步研究。2006年，在交通部西部交通建设科技项目管理中心大力支持下，我在中交公路规划设计院组成了研究团队，开展了“轻型高速公路技术指标前期研究”工作。2008年初研究成果通过鉴定和验收。研究成果表明，轻型高速公路技术指标与现行《公路工程技术标准》(JTG B01—2003)相比均有较大变化。经一个工程项目试设计比较，在100km/h设计速度时，长度21km的四车道高速公路项目减少用地94.5亩（1亩=666.6m^2），减少比例为4.6%；减少总投资约6 095万元，减少比例为9.5%。因此，验收组专家一致建议项目研究要继续深入下去，在前期研究的基础上，争取达到可应用的水平，以发挥轻型高速公路的重大效益。

2009年,在交通运输部西部交通建设科技项目管理中心的大力支持下,我再次与中交公路规划设计院有限公司、北京工业大学和吉林省交通规划设计研究院等单位组成研究团队,开展了“轻型高速公路节地关键技术研究”工作,并于2011年6月通过了项目鉴定和验收。本次研究取得的主要成果包括:提出了轻型高速公路的定义;提出了轻型高速公路的主要技术指标体系;提出了轻型高速公路基本通行能力参考值;提出了小客车动力特性图;发展了小客车行驶仿真模拟手段等,为编制本书和推广轻型高速公路奠定了理论基础。研究成果获得2011年度中国公路学会科技进步一等奖。

未来十年或更长一段时期,伴随着我国新型工业化、信息化、城镇化、农业现代化的深入推进,公路客、货运输和民用汽车保有量将继续呈现稳步增长的态势,小客车保有量增长更快。因此,我国高速公路主要通道能力不足的矛盾依然突出,建设需求依然旺盛。这其中,既包括高速公路网的加密、完善,也包括既有高速公路的拓宽、改建等。因此,在一些土地资源紧张、小客车交通量比例高的地区,如长三角、珠三角、京津冀等区域新建、改建高速公路时,既有高速公路留给大货车等使用,新建或改扩建轻型高速公路(或车道)作为小客车专用通道不失为一个有价值的比选方案。

本书系统地介绍了轻型高速公路的主要技术指标。希望能为建设轻型高速公路提供帮助,也希望能通过示范工程的实施,实现轻型高速公路理论成果到实际应用的转化,并在适当的时候纳入行业技术标准,从而形成具有中国特色的、原创的技术体系,为完善高速公路技术体系作出贡献。

参与本书撰写的人员有:第1章,周海涛、王晓良、赵君黎、李文杰;第2章,吴玉涛、马栋栋、郭宏伟;第3章,周育峰;第4章,周占宇;

第5章,杨学良;第6章,冯莨、李文杰;第7章,刘洪洲、张志刚;第8章,林国涛、李健华;第9章,陈丽红、周侗;第10章,胡江碧;第11章,胡珊、刘文涛、柳俊杰。全书由周海涛构思、编排,由周海涛、王晓良审定。此外,刘晓娣、付佳伟、李洪印、李晓刚、曾邵武、李会驰、王仕杰、张志刚、朴忠源、李安、王维利、张寿然、胡金平、黄俊、王勇等同志也参加了部分研究工作。

此书撰写、出版工作得到了部领导、部西部交通建设科技项目管理中心和中交公路规划设计院有限公司的帮助和支持,研究过程中得到了多位前辈、专家的关心和指导,在此一并表示衷心的感谢。

周海涛

2012年12月于北京

周海涛,黑龙江哈尔滨人,1954年11月生。1982年获同济大学公路与城市道路专业学士学位;2007年获得美国得州大学阿灵顿分校与北京科技大学联合培养的高级工商管理硕士学位。现任交通运输部总工程师,专家委员会主任,北京市第十四届人民代表大会代表,中国公路学会副理事长,中国土木工程学会副秘书长,茅以升科技教育基金会副主任,教授级高级工程师,获1996年国务院颁发的政府特殊津贴。

周海涛同志先后主持完成了交通部《国道主干线系统规划》、《公路网规划编制方法》等规划研究项目,主持了交通部《全国交通系统三十年公路网规划培训教材》的编写及培训工作;主持完成了港珠澳大桥等多个重大工程建设项目的可行性研究,参与完成了杭州湾大桥等多座大桥的设计工作;主持研究编写了交通部《公路项目安全性评价指南》;主持了交通运输部轻型高速公路等重要科研项目。

目　　录

1 绪　论

1.1 轻型高速公路定义

轻型高速公路为专供小客车分向、分车道行驶并全部控制出入的多车道公路[1]。代表车型为现行《公路工程技术标准》(JTG B01—2003)中规定的小客车[2]。

1.2 轻型高速公路概念的形成

1.2.1 我国高速公路通车里程增长很快

我国高速公路研究始于20世纪70年代末,起步建设于80年代中期,全面建设于90年代,加速建设于21世纪初期。1988年10月31日,上海至嘉定高速公路的通车,标志着我国大陆高速公路零的突破。“七五”期间(1986～1990年),建成以沈大高速公路、京津塘高速公路为代表的一批高速公路达522km。“八五”期间(1991～1995年),建成高速公路1 600多km。“九五”期间(1996～2000年),建成高速公路14 000多公里。“十五”期间(2001～2005年),建成高速公路24 000多公里。1999年高速公路里程突破1万km,2002年突破2万km,2004年突破3万km,2005年突破4万km,2007年突破5万km,2008年突破6万km。从零起步到1万km,只用了不到12年时间;从1万～6万km,只用了短短9年,高速公路的发展速度举世瞩目。全国高速公路里程发展趋势如图1-1所示。图1-2为2006～2011年全国高速公路里程图。

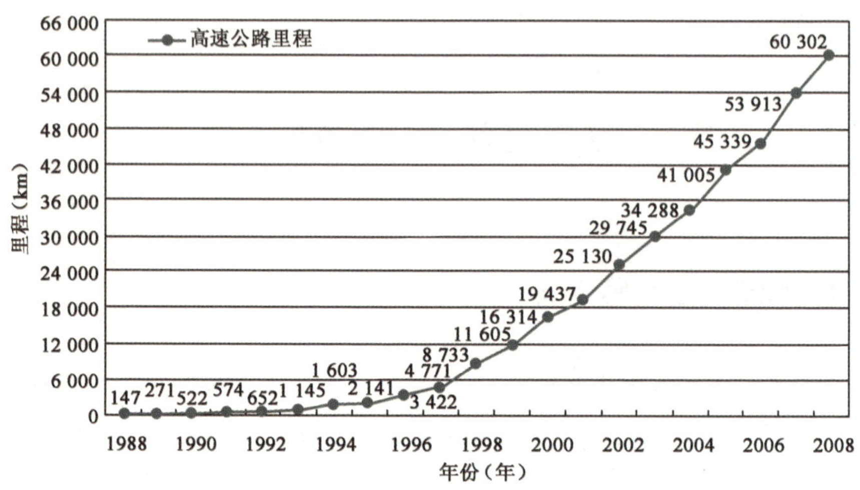

图 1-1　全国高速公路里程发展趋势图

2008 年国际金融危机发生后，我国加大了公路等基础设施的投资力度，使得高速公路建设再现高潮，2009 年达到 6.51 万 km，2011 年达到 7.41 万 km，2012 年达到 9.6 万 km。中国高速公路通车里程已跃居世界第二，仅次于美国[3]。

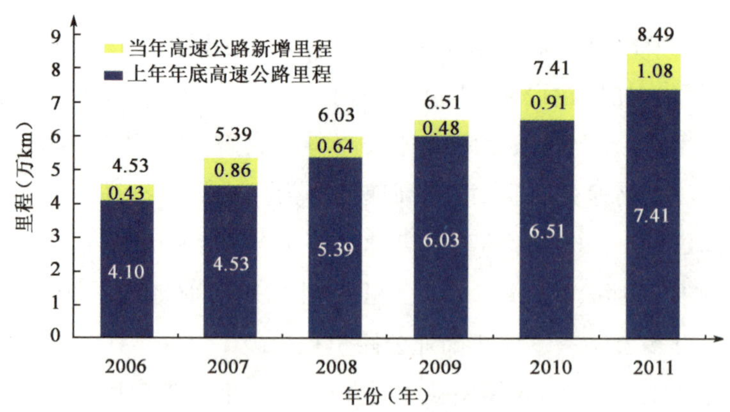

图 1-2　2006～2011 年全国高速公路里程图

高速公路的发展带动了区域经济、社会的发展，缩小了区域差距，为促进全国经济平稳较快增长、改善民生、增加就业、提高综合国力作出了重要贡献。未来十年或更长一段时期，随着我国经济、社会的稳步发展，公路基础设施建设还将继续保持增长趋势。《交通运输“十二五”发展规划》[4]指出，到“十二五”期末，国家高速公路总里程将达到 10.8 万 km。此外，20 世纪 90 年代建成通车的既有高速公路也面临着进一步扩容改造。

然而，我国人多地少是基本国情。人均占有土地面积约为 12 亩（1 亩＝666.6m^2），不到世界人均水平的 1/3。因此，近年来，随着我国土地资源的压力日益加大，公路用地矛盾也日益突出，征迁成本也日益增加，已成为当前我国高速公路发展的主要瓶颈之一。图 1-3 为国土资源部统计的我国 2011 年批准的单独选址建设用地结构，其中交通运输用地所占比例接近六成[5]。

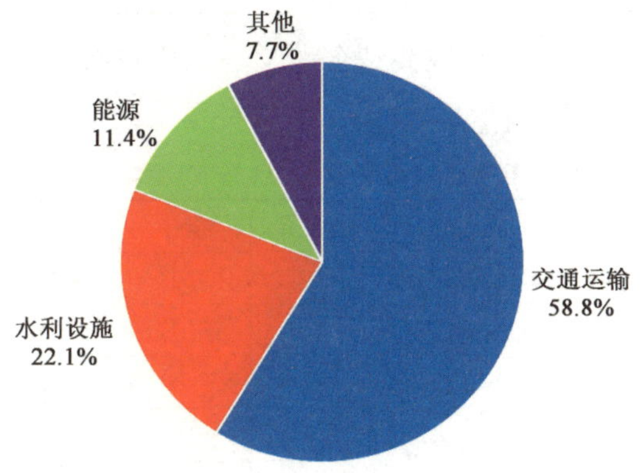

图 1-3　2011 年批准的单独选址建设用地结构

因此，如何有效利用建设用地，使既有高速公路通行能力能够发挥更大作用，使新改建高速公路能够更加节约用地，是今后一段时期高速公路建设面临的重大问题之一。

1.2.2　小客车交通量比重逐年上升

随着我国汽车工业的迅速发展，居民收入水平不断提高，民用汽车保有量逐年增加。表 1-1 为国家统计局发布的 2002～2010 年民用汽车保有量及其组成。其中，小客车保有量及所占比例增长速度很快。2010 年小客车保有量占民用汽车保有总量的比例已达 75.13%[6]。未来一段时期内，这一数字还将保持增长。

国家民用小型车辆保有量资料(单位:万 veh)　　表 1-1

年份(年)	民用汽车保有总量	小客车保有量	小客车比例
2002	2 053.17	1 022.08	49.78%
2003	2 382.93	1 287.09	54.01%
2004	2 693.71	1 533.31	56.92%
2005	3 159.66	1 918.67	60.72%
2006	3 697.35	2 395.23	64.78%
2007	4 358.36	2 961.65	67.95%
2008	5 099.61	3 595.34	70.50%
2009	6 280.61	4 591.34	73.10%
2010	7 801.83	5 861.61	75.13%

小客车保有量的增长特点在高速公路交通量中也有体现。表 1-2 为 2002～2009 年高速公路交通量(自然数)组成。

2002～2009 年高速公路交通量(自然数)**组成**(百分比:%)　　表 1-2

年份(年)	小货	中货	大货	特大货	拖挂	集装箱	小客	大客
2002	12.94	18.04	12.67	0	4.03	0.00	40.70	11.63
2003	10.84	17.60	14.56	0	5.20	0.00	40.57	11.23
2004	12.14	15.47	12.80	0	7.80	0.00	40.87	10.92
2005	12.28	14.93	11.22	1.65	5.83	1.60	42.91	9.58
2006	10.40	13.52	10.10	3.70	5.85	2.56	47.01	7.86
2007	9.67	11.56	9.433	3.95	6.77	2.27	47.81	8.54
2008	10.23	10.44	8.99	3.23	7.68	2.57	48.61	8.25
2009	8.42	8.85	7.18	5.06	6.96	2.22	53.94	7.37

图 1-4　高速公路拥堵

由表 1-2 中数据可见,在高速公路交通量(自然数)组成中,小客车所占比例逐年提高。2009 年小客车交通量比例已达到 53.94%。值得指出的是,表中的数据为全国高速公路的平均情况。在部分特殊路段上小客车比例会更高。如首都机场高速路已达 90%以上。此外,近年来,在节假日期间,公众自驾车出行需求很大,小客车比例也很大。据交通运输部统计,2012 年“中秋、国庆”期间,全国收费公路交通流量累计为 2.39 亿辆次,其中小客车交通流量为 1.89 亿辆次,占总交通流量的 79.1%(图 1-4)。

因此,今后一段时期,我国高速公路新改建时要充分注意小客车交通量增长较快的特点。

1.2.3 小客车与货车技术性能比较

目前,我国高速公路技术指标是以小客车、货车等为依据混合制订的。其中,通行能力标准按照当量小客车计算;路面设计荷载以轴载 100kN 货车为标准;桥梁设计荷载以 550kN 单车货车为标准;行车道宽度 3.75m 以标准货车为依据等。显然,对车辆特性而言,小客车与货车存在很大的差异。

(1)车辆几何尺寸不同。小客车宽度为 1.8m 左右,大货车宽度在 2.4m 左右。宽度差异使两者对行车道宽度的要求不同。

(2)车辆载质量差异很大。小客车质量大多在 2t 以内,而标准货车质量在 10t 以上,规范规定的总质量最大为 55t。质量差异使得两者对路面和桥梁设计荷载标准的要求不同。

(3)车辆动力性能差异很大。小客车重能比为 40.8 马力/t(1 马力=735.5W),而标准货车重能比仅为 12.9 马力/t。动力性能的差异使两者对公路最大纵坡和最小坡长的要求不同。另外,由于小客车与大货车之间较大的运行速度差异,造成通行效率下降和容易引发交通事故隐患。

综上所述,建设轻型高速公路(小客车专用高速公路),对于节约用地、节约投资、提高通行效率、提高行车安全等都具有重要意义。

1.2.4 国内外相关标准内容

国外仅日本开展过小型车专用公路的研究,并在 2003 年 7 月修订的《道路构造令》正式发布了“小型汽车专用的小型道路技术指标”。表 1-3 列出了美国 AASHTO 标准、德国技术标准、法国技术标准、日本《道路构造令》及我国《公路工程技术标准》等对行车道宽度、纵坡及桥梁荷载标准的规定[7-10]。

各国高速公路有关技术指标　　表 1-3

标　准	分　类	行车道宽度(m)	纵坡(%)	桥梁荷载标准(kN)
日本	普通	3.5	4～9	245
	小型车	2.75～3.25	7～12	30
美国		3.66	3～6	325
德国		—	4.5～6	—
法国		3.5	4～6	—
中国《公路工程技术标准》		3.75	3～6	550

由表 1-3 可见,日本小型车专用公路的宽度、纵坡、桥梁荷载标准较普通高速公路有一定差异。因此,轻型高速公路的技术指标与现行《公路工程技术标准》(JTG B01—2003)相比具有一定的改进空间。

1.3　轻型高速公路主要技术指标

轻型高速公路主要技术指标,包括:轻型高速公路适应交通量、纵断面、路基横断面、路面、桥梁、隧道、互通立交、服务设施等技术指标,如表 1-4 所示。各分项详细技术指标将在后续各章中逐一介绍。

轻型高速公路主要技术指标表　　表 1-4

分　类	相关技术指标
总体	(1)服务对象:2 轴小客车; (2)代表车型尺寸:轴距 3.8m,总长 6m,宽 1.8m,高 2m; (3)建筑限界高度:3.00m
适应交通量	(1)3.5m 宽:55 000～80 000pcu/d(120km/h,六车道); (2)3.5m 宽:50 000～70 000pcu/d(100km/h,六车道); (3)3.25m 宽:45 000～65 000pcu/d(100km/h,六车道); (4)3.25m 宽:40 000～60 000pcu/d(80km/h,六车道)
纵断面	(1)最大纵坡:5%(一般地区,120km/h);5%(寒冷地区,120km/h); (2)最小坡长:300m(120km/h); (3)最大限制坡长:1 300m(120km/h,5%的纵坡)

续上表

分 类	相关技术指标
路基	(1)中间带宽:3.5m(120km/h); (2)行车道宽:3.5m(120km/h); (3)右侧硬路肩:3m(停车,120km/h),1m(不停车); (4)土路肩:0.75m
路面	(1)轴载: 25kN; (2)路面结构厚度:45~55cm
桥梁	(1)荷载标准:0.4 倍的公路 I 级荷载; (2)小客车车辆总重量上限:55kN;最大轴载 30kN
隧道	建筑限界高度:3m
互通立交	(1)互通区主线最小圆曲线半径:2 000m(120km/h); (2)互通区主线最大纵坡:3%(120km/h); (3)匝道设计速度:30~80km/h
服务设施	(1)服务区间距:一般 75km;最大 90km; (2)服务区面积:2.63hm^2(四车道); 3.28hm^2(六车道);4.74hm^2(八车道)

1.4 轻型高速公路经济社会效益

轻型高速公路,具有节约用地和工程造价的明显优势。在内蒙古包头至树林召高速公路项目中,K9~K30 段按轻型高速公路技术指标和现行《公路工程技术标准》(JTG B01—2003)的技术指标进行了对比设计。在 100km/h 设计速度时,长度 21km 的四车道公路按照轻型高速公路设计较现行高速公路技术指标减少用地 6.3hm^2(约 94.5 亩),减少比例 4.6%;减少工程投资约 6 095 万元,减少比例 9.5%。

在长春至双辽高速公路项目中,K37~K52 段按轻型高速公路技术指标和现行《公路工程技术标准》(JTG B01—2003)的技术指标进行了对比设计。在 120km/h 设计速度时,长度 15km 的四车道公路,按照轻型高速公路设计较现行高速公路技术指标可节约用地 12.619 7hm^2(约 189 亩),减少比例 10.7%;工程投资减少 8 760.8 万元,减少比例 13%。

1.5 轻型高速公路的应用前景

轻型高速公路,可在下述情况下发挥其技术优势。

(1)既有高速公路改扩建时,可采用增加小客车专用车道分流小客车,将既有高速公路行车道用于大中货车及大客车通行,最大限度地发挥既有高速公路的设施能力。

(2)在土地资源紧张的长三角、珠三角、京津冀等地,建设轻型高速公路专供小客车使用,可解决小客车交通量增长较快对通行能力需求增大的问题。

(3)机场高速公路等以小客车为主的公路,可采用轻型高速公路的建设方案,节约土地。

(4)在建设城市快速干道时,可建设轻型高速公路。

(5)在既有高速公路的上方架设轻型高速公路(车道)(图 1-5),以满足小客车增长较快的需求。

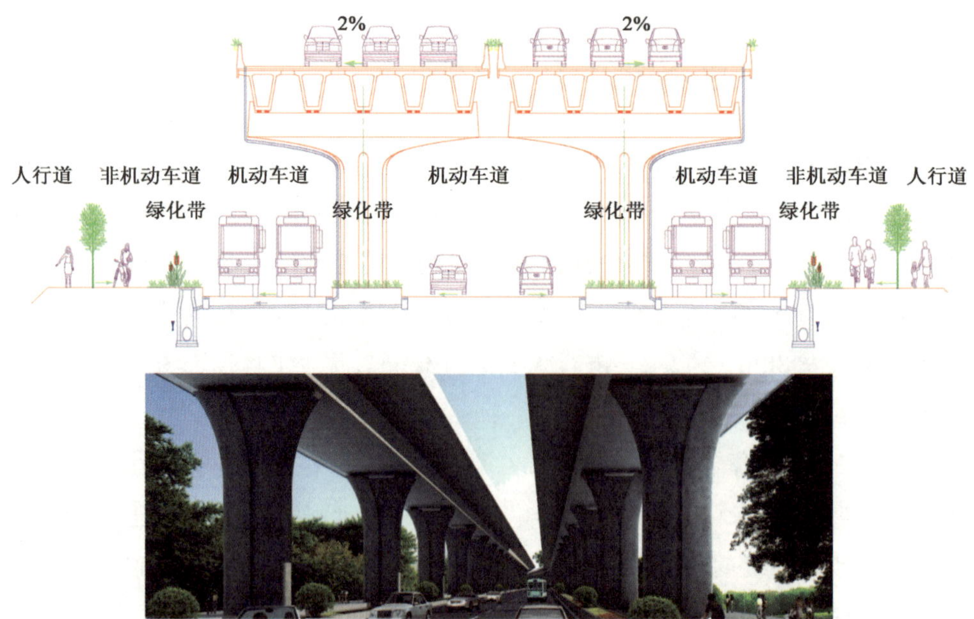

图 1-5 高速公路上方架设轻型高速公路(车道)

本章参考文献

[1] 中交公路规划设计院有限公司.轻型高速公路节地关键技术研究[J].科技,2011,11.

[2] 中华人民共和国行业标准.JTG B01—2003 公路工程技术标准[S].北京:人民交通出版社,2004.

[3] 中华人民共和国交通运输部.2011年公路水路交通运输行业发展统计公报,2012.

[4] 中华人民共和国交通运输部.交通运输"十二五"发展规划,2011.

[5] 中华人民共和国国土资源部.2011年中国土资源公报,2012.

[6] 中华人民共和国国家统计局.2011中国统计年鉴,2012.

[7] 日本国土交通省道路局.道路构造令.2003.

[8] American Association of State Highway and Transportation Officials. Geometric Design of Highways and Streets,2004.

[9] 孙瑜,程建川.德国公路设计标准中的新理念[J].中外公路,2007.

[10] 李峰.法国高速公路工程技术新标准介绍[J].山东交通科技,1990.

2 轻型高速公路通行能力

2.1 道路通行能力基本理论及研究方法

通行能力(Capacity)分析的核心是计算不同运行条件下道路单位时间所能通行的最大交通量,即指定运行质量条件下道路所能承担交通的能力。本节将介绍道路通行能力基本概念和研究方法,作为开展轻型高速公路通行能力研究的基础。

2.1.1 通行能力基本概念及研究方法

通行能力是指道路设施所能疏导交通流的能力。即在一定的时段(一般为1h)和正常的道路、交通、管制以及运行质量要求下,道路设施通过交通流质点的能力。美国道路通行能力手册(Highway Capacity Manual 2000)对道路通行能力定义为:在选定的时间内,在一定的道路、几何线形、交通、环境和管制条件下,合理的期望通过车道或道路某一点或某均匀路段的最大可承受的交通流率[1]。其中,应用和研究较多的是基本通行能力、可能通行能力、设计通行能力三种通行能力[2],具体定义如下。

(1)基本通行能力是指道路和交通都处于理想条件下,由技术性能相同的一种标准车,以最小的车头间距连续行驶的理想交通流,在单位时间内通过道路断面的最大车辆数,也称理论通行能力。

(2)可能通行能力是指考虑道路和交通条件的影响并对基本通行能力进行修正后得到的通行能力。

(3)设计通行能力是指用来作为道路规划和设计的标准而要求道路承担的通行能力。

本书主要针对轻型高速公路基本路段的通行能力展开研究。基本路段是指不受交通流运行时的合流、分流以及交织影响的高速公路路段。由此，轻型高速公路基本路段通行能力可定义为在一定时间段(一般为1h)和通常的道路、交通及管制条件下，轻型高速公路基本路段上某一断面所能够通过的单向单车道最大持续交通流量，即理想状态下基本路段的通行能力。

2.1.2 交通流理论

交通流具有很强的随机性，因此早期的研究主要集中在交通流的统计特性，研究交通流随时间、空间和交通方式的变化规律，从而建立交通流的统计分布模型[3]。随着理论的发展，交通流特性的研究可以从宏观和微观两个角度进行。

宏观研究是将一定范围的交通流作为一个整体，研究它随时间、空间和方式的变化规律。描述宏观交通流特性的指标主要是交通量 q、速度 v 和密度 k，三者之间的关系为 $q=vk$。注意公式中的车速是空间平均车速，如没有特别说明，以后所用的车速均为空间平均车速。根据实地观测，对于三个交通流宏观变量之间的关系有如下结论[4]：

当密度很低时($k\to 0$)，速度接近畅行车速($v\to v_f$)，流量接近零($q\to 0$)；随着密度逐渐增大，车速降低，流量却增加。

当密度达到最佳密度时($k=k_m$)，流量达到最大($q=q_{max}$)，此时的速度为最佳速度($v=v_m$)；随着密度进一步增大，速度降低，流量逐步减少；直到密度接近阻塞密度时($k\to k_j$)，速度趋于零($v\to 0$)，此时流量亦趋于零($q\to 0$)。

三者之间的关系可由一条三维曲线描述(图 2-1)。为方便起见，将这一曲线向三个平面投影，得到三个二维关系曲线(图 2-2)，分别描述速度—密度关系(v—k)、速度—流量关系(v—q)和流量—密度关系(q—k)。

由于速度—密度关系是单调变化，且由速度—密度关系和交通流基本模型可以导出另外两个关系，因此研究主要侧重于速度—密度关系。

微观研究是对组成交通流的车辆的运动规律及其车辆之间相互关系的研究，描述微观交通流特性的主要是车头时距、地点车速和车头间距，其中以车头时距最为重要。

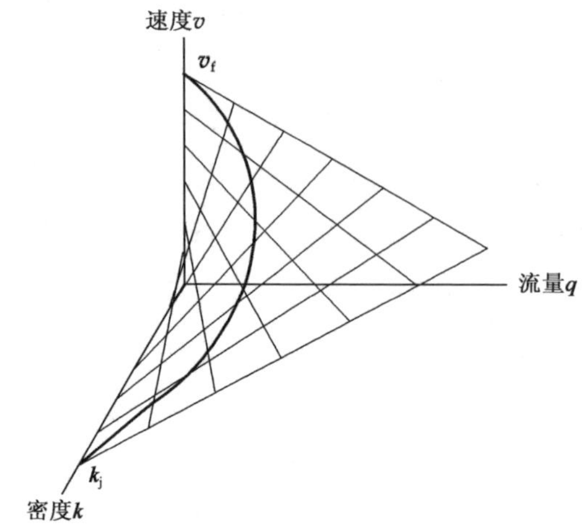

图 2-1 流量—速度—密度关系三维曲线

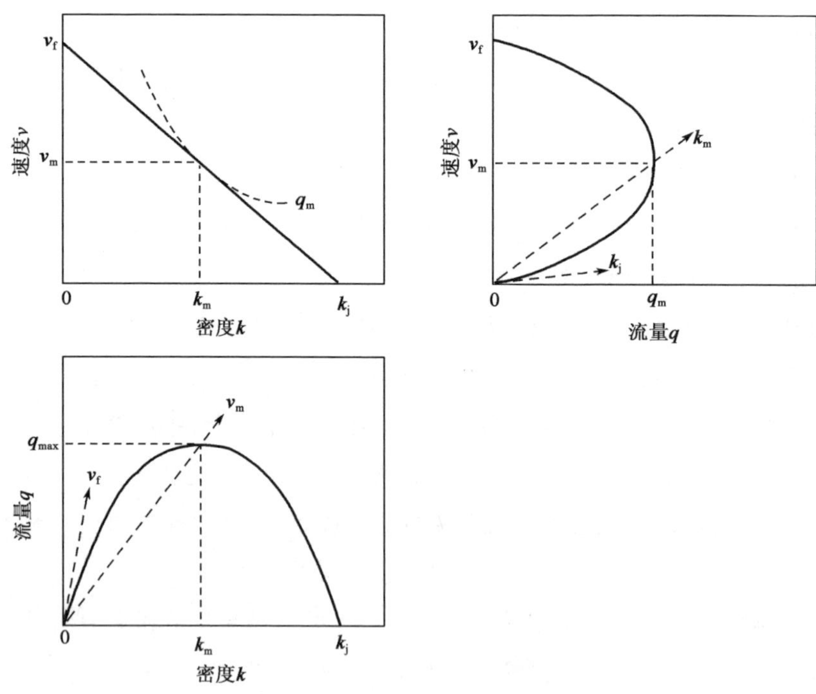

图 2-2 速度—密度、速度—流量及流量—密度关系曲线

车头时距(Time headway)是指相邻车辆的车头经过同一地点的时间差。车头时距由两部分组成:前车从车头到达观测地点到车尾驶离观测地点之间的

时间即车辆本身占用时间，和前车车尾驶离观测地点到后车车头到达观测地点之间的时间即车辆之间时间间隙（Time gap）[4]。车辆本身占用时间长短与车辆长度和车辆运行速度有关；而车辆之间的时间间隙则与车辆到达规律、驾驶员特性以及行车安全等因素有关。车头时距是交通流的重要参数之一。车头时距大小影响车辆运行安全、道路服务水平、驾驶行为和道路通行能力。车辆之间必须保持一定的车头时距，以确保行车安全；车头时距的分布情况决定了超车、合流和穿行机会；道路通行能力取决于最小车头时距和车头时距分布。

车头时距大小影响行车安全和道路通行能力。为了确保行车安全，车辆之间必须至少保持一个车头时距的下限值（称为最小车头时距），车头时距越大，行车越安全[5]。反之，为了最大限度地提高道路通行能力，车头时距应尽可能小。因此，车头时距在交通安全和通行能力研究中非常有用。从理论上来讲，车头时距至少要大于驾驶员的反应时间，以便驾驶员能够有时间对前车制动作出反应，而不会与前车相撞。驾驶员的反应时间因人而异，而且与驾驶操作时的环境因素有关。研究表明，环境因素简单时，驾驶员的反应时间可以达到 2/3s。但在大多数情况下，车头时距不会少于 2s。

2.1.3 驾驶行为理论

道路交通系统由人、车、路、环境四要素构成，这些要素间的不协调是导致交通事故的根本原因。驾驶员作为一个有思维、能总结经验并能不断改善自己主观性的复杂个体是该系统的核心因素，在协调和控制交通系统四要素中起着主导作用，并决定了相当一部分系统性能[6]。进行轻型高速公路条件下驾驶行为分析，首先需要对驾驶行为形成过程进行研究，特别是对外界刺激导致驾驶行为改变进行分析。

驾驶行为是由信息获取、信息加工、判断和驾驶操作等环节所组成的一个不断往复进行的过程[6]。在外界道路交通环境，驾驶员生理、心理条件制约下，道路上来往的车辆、路面状况、道路交通标志以及车辆运行工况等部分外界信息经信息获取模块（通过视觉、听觉、触觉实现）传入大脑，并将其加工处理后传递给信息中枢加工模块。传入信息中枢加工模块的信息，经筛选及与记忆系统中的固有信息组合、匹配、放大后转变为可识读信息，传入思维处理阶段。在思维处理过程中，在驾驶员脑力负荷总量一定的前提下，除了处理驾驶信息外，还需处理非驾驶信息（外在无关强刺激干扰，如手机、广告牌）及心理信息，处理后的驾驶决策信息传入动作输出模块。在动作输出模块内，驾驶员通过手、脚等运动器官依据信息中枢加工模块的信息指令，操纵车辆以改变车辆的运动状态[6]。在完成这一系列信息传导过程后，车辆的行驶变化状态及变化的外界环境信息再通过上述过程反馈给驾驶员，并形成一个闭合的环路过程。

在轻型高速公路环境下，驾驶员记忆系统中的固有信息会和当前道路状况出现差异，例如行车道宽度、侧向净空等会在视觉上给驾驶员以直观刺激。这个刺激会导致后续一系列驾驶行为过程同标准道路环境下的驾驶行为过程出现差异，这个差异也是本书所关注的一个重要内容。需要说明的是，驾驶员对轻型高速公路环境的感知敏感性是否取决于驾驶员对该类型道路的熟悉程度尚无法确定。因此只能假设该感知敏感性同熟悉程度无关，即只要驾驶员进入轻型高速公路即采用新的感知敏感性和驾驶策略，就不会因为熟悉道路环境而对外界刺激的变化不敏感。一般而言，驾驶行为可以根据驾驶员在道路行驶过程中处理信息的类型和方式分为纵向驾驶行为和横向驾驶行为两个方面。

1）纵向驾驶行为特性

纵向驾驶行为是指驾驶员获取信息后保持与前后方行驶车辆安全间距并选择合适行驶速度的行为过程。最为引起学者广泛关注的纵向驾驶行为是跟驰行为（Car-following behavior），即车辆行驶在一队高密度车队内，因车间距较小，车队中任一辆车的车速都受前车速度的制约，驾驶员只能按前车所提供的信息（位置、速度）采用相应的车速。跟驰驾驶行为研究往往运用动力学方法，研究在无法超车的单车道上车辆列队行驶时，后车跟随前车的行驶状态，用数学模型表达并加以分析阐明。

根据已有研究，跟驰行驶状态下的车辆及车队具有以下特性。首先，车辆行驶具有制约性，在跟驰运行的车队中，出于对驾驶期望的考虑，后车驾驶员不愿意与前车之间保持较长间距，而是紧随前车前进。从安全的角度考虑，跟驰车辆的车速不能长时间大于前车的车速，而只能在前车速度附近摆动；否则，会发生碰撞。同时还必须保持一个安全距离，即前车制动时，两车之间有足够的距离，以保证在紧急状态下不发生事故。其次，跟驰驾驶行为具有延迟性，即前车改变运行状态后，后车也要改变，但两车运行状态的改变不是同步的，而是后车运行状态的变化滞后于前车。这是由于驾驶员改变驾驶行为状况需要有一系列过程，包括感知、判断、决策和控制执行等，都需要持续一定时间，这也就导致了跟驰驾驶行为的延迟性。再次，跟驰驾驶行为具有传递性，当第一辆车改变运行状态时，这种状态将会在车队中一辆接着一辆的向后传递，直到最后一辆。这种运行状态改变的传递又具有延迟性，这种具有延迟性地向后传递的信息不是平滑连续的，而是像脉冲一样间断连续的。

目前，研究人员根据跟驰驾驶行为特性，提出了多种模型，如刺激反应模型、生理心理模型、模糊控制模型、优化速度模型等一系列用于描述驾驶员在跟驰驾驶过程中行为过程的数学模型。

2)横向驾驶行为特性

驾驶员除了在行驶方向上(纵向)与其他车辆之间保持安全距离并选择合适速度以外，还在横向方向上选择其行驶位置。这种横向驾驶行为可以按照车辆在车道中变换位置的差异分为基于车道驾驶行为和换道行为。

驾驶员在行驶过程中，一般会沿着车道中心线行驶，这种行为称为基于车道的驾驶行为(Lane based driving behavior)[7]。在这种驾驶行为下，绝大多数行车轨迹分布在车道中心线附近，并呈正态分布。此时，相邻车道内车辆的侧向净空(Lateral clearance)是均匀的，可以认为是车道宽度与车辆宽度的差值。当一方驾驶员改变行车轨迹，使得侧向净空减小时，相邻的驾驶员也会随之改变行车轨迹，以维持一定的侧向净空。这种驾驶行为同车辆跟驰行为类似，是在横向方向上(垂直于行驶方向)保持安全间距的驾驶行为[8]。

当车辆行驶在多车道道路时，车辆的行驶过程则往往伴随着换道过程。可以说，车辆跟驰行为与换道行为是重要的微观驾驶行为，也是交通流理论的重要组成部分。换道行为是在一定行驶条件刺激下才产生的，换道行为可分为强制换道(Mandatory Lane Changing，MLC)和自由换道(Discretionary Lane Changing，DLC)[9]。强制换道(MLC)指具有确定的目标车道，在一定区间内必须实施换道的行为，如匝道的分流、合流车辆，交织区车辆，绕过前方障碍物的车辆等；自由换道（DLC）指当车辆在遇到前方较慢的车辆时，为了追求更快的车速、更自由的驾驶空间而发生的变换车道行为。除了具备换道动机外，换道的完成还必须具备安全条件，即换道过程不会与其他车辆发生事故。

2.1.4 轻型高速公路交通流特性及其研究方法

轻型高速公路作为专供小客车行驶的高速公路，与一般高速公路相比具有明显的差异。在几何线形上，轻型高速公路的行车道宽度、纵坡与坡长等指标不同于一般高速公路；在服务对象上，轻型高速公路则专供小客车行驶。因此，轻型高速公路的交通流特性也随之改变，例如车速改变等。这种改变取决于驾驶员对前方视野范围内行车道宽度以及侧向车辆净空的经验判断。对行车道宽度判断结果有时候比较模糊，而对侧向净空变化的判断相对更为准确。如果行车道宽度明显变窄，并且相邻车道有车辆行驶，驾驶员会认为此时的侧向净空不满足驾驶习惯，则会改变横向行驶轨迹，以获取满意的侧向净空。这种侧向调整行为在超车时最为明显。超车时，驾驶员对前方和自身车辆所处横向位置以及侧向净空的视觉感知较为明显。车道宽度和其他交通环境产生的差异，将直接刺激驾驶员的感知系统，并使驾驶员作出降低速度或者改变行车横向轨迹的反应。同理，类似的侧向偏移行为在轻型高速公路的行车道变窄环境下会经常发生。目前已有研究成果表明，驾驶员对侧向空间的感知和满意程度会对车辆行驶速度造成显著影响，侧向驾驶行为应该和纵向驾驶行为一并进行考虑和分析[7,10,11]。另外，轻型高速公路服务对象均为小客车，交通流构成相比一般高速公路较为单一，且小型客车在动力性等方面与大型车辆明显不同，尤其是大型货车，因此轻型高速公路的车辆运行特征与一般高速公路相比会有一定差异，例如车辆行驶速度分布特性、车头时距分布特性、侧向净空分布等。

目前，研究道路通行能力的方法主要有，基于实测数据的统计分析方法、以交通特性为基础的理论分析方法以及基于交通流模型的交通仿真方法。轻型高速公路目前尚处于理论研究阶段，缺乏相应的试验路段供参考，因而难以获得全面的基础数据和试验条件。针对这一情况，本书在进行轻型高速公路通行能力研究时,采用如下研究方法。

首先,选择车道宽度小于标准车道(3.75m)的道路作为研究对象,进行交通流数据采集。从交通流的宏观特性出发,对实际观测的交通流数据,如速度、流量、密度等进行数理统计分析,然后根据各种参数之间的关系得到通行能力值。之后,从微观角度出发,研究轻型高速公路车道变窄(相对于标准车道)条件下车头时距分布特性,分析计算通行能力,并通过分析行车轨迹所获得的车辆行驶位置分布规律,研究车道变窄后侧向净空与车辆行驶位置之间的相互关系。该部分微观研究内容是以驾驶行为特性为基础,根据驾驶员对外界环境的刺激作出判断后改变驾驶行为这一系列过程来研究车道宽度对驾驶行为的影响,进而分析对通行能力的影响。

同时,由于本书所关注的非标准车道的高速公路/城市快速路已建成并投入使用的相对较少,在通行能力研究过程中也借助了交通系统仿真的手段。交通系统仿真,是指用系统仿真技术来研究交通行为,通过对交通系统的仿真研究,可以得到交通流状态的分布规律、时间和空间变化规律以及与仿真控制变量之间的关系,从而为进一步分析轻型高速公路通行能力提供依据。

2.2 轻型高速公路通行能力实证研究

道路交通流的实际运行特征是微观驾驶行为的宏观表现,轻型高速公路条件下的车辆交通运行特征与一般高速公路相比具有一定差异,导致通行能力也随之出现一定变化。本节将从宏观和微观两个方面对轻型高速公路通行能力进行实证研究,利用现场实测数据对轻型高速公路通行能力进行分析和计算。宏观方面,利用实测数据分析不同车道宽度速度—流量关系,计算最大服务流量和相应的通行能力,从而获得不同车道宽度下道路实测通行能力变化趋势。微观方面,一方面根据车头时距实测数据(纵向驾驶行为)获得车头时距分布曲线,计算车头时距最小可能值,进而获得相应的通行能力;另一方面,研究由于车道宽度改变而产生的对驾驶行为的影响,特别是侧向间距变小后横向驾驶行为的变化。

本节研究内容均以现场实测数据为基础,考虑轻型高速公路目前仍处于理论研究阶段,尚无实际建成试验路段,因此在进行现场数据采集时,应尽量保证采集的数据符合轻型高速公路的标准。在路段选择上，所观测的路段，应均为高速公路或者城市快速路，并属于基本路段，不受匝道附加合流、分流及交织流影响，能够较为真实地反映路段基本通行能力。在车道宽度选择上，分别选择宽为 3.5m、3.25m、3.0m 和 2.8m 高速公路（含部分城市快速路）的连续小客车流进行观测。

2.2.1 宏观交通流特性实证研究

轻型高速公路的宏观交通流特性，主要通过分析速度—流量关系获得。在轻型高速公路条件下，道路几何尺寸较一般高速公路具有一定差异，最为直观的是车道宽度变窄以及交通流构成均为小客车，从理论分析上看，这种影响势必造成道路交通流运行特性发生变化，交通流量和速度的分布关系会出现一些变化。本书根据不同车道宽度高速公路（城市快速路）基本路段的流量—速度数据，分析轻型高速公路车道变窄条件下服务流量分布变化情况，计算不同车道宽度的轻型高速公路通行能力值。

1）流量数据采集与基本数据

进行流量数据采集的路段选择在车道宽度分别为 3.5m、3.25m、3.0m 和 2.8m 的高速公路（含部分城市快速路），观测路段均已布设地感线圈，因此在进行流量数据采集时主要使用线圈数据。根据基本路段的要求以及观测路段的实际情况，数据采集点分布在驶入匝道—主线连接处上游 150～200m 至下游750～800m 以外，驶出匝道—主线连接处上游 750～800m 至下游 150～200m 以外的主路路段。考虑部分城市快速路匝道间距较小，且快速路匝道影响范围相对较小，对于部分快速路而言，将该条件设为：在驶入匝道—主线连接处上游 50～100m 至下游 150～200m 以外，驶出匝道—主线连接处上游 150～200m 至下游 50～100m 以外的主路路段，至少应距离匝道 100m 以上。

道路地感线圈检测的交通流数包括：流量、速度、占有率、车型、车辆长度等参数。经过基本数据筛选与处理后由 Oracle 数据库系统进行管理，能够反映 20s、5min、1h 统计间隔的线圈数据（线圈数据）和路段数据（多线圈联合数据）。数据删除了有大型车辆通过的统计区间，仅保留小型车通过监测点的统计数据。因此，可以近似认为该数据采集环境已基本符合轻型高速公路交通条件，该条件下对交通流运行情况产生影响的主要因素为道路线形条件和交通流构成[1]，符合针对轻型高速公路通行能力进行分析的要求。

2)数据分析实例

经过筛选后的某路段数据样本绘制的流量—速度关系图如图 2-3 所示；对应的统计参数如表 2-1 所示。

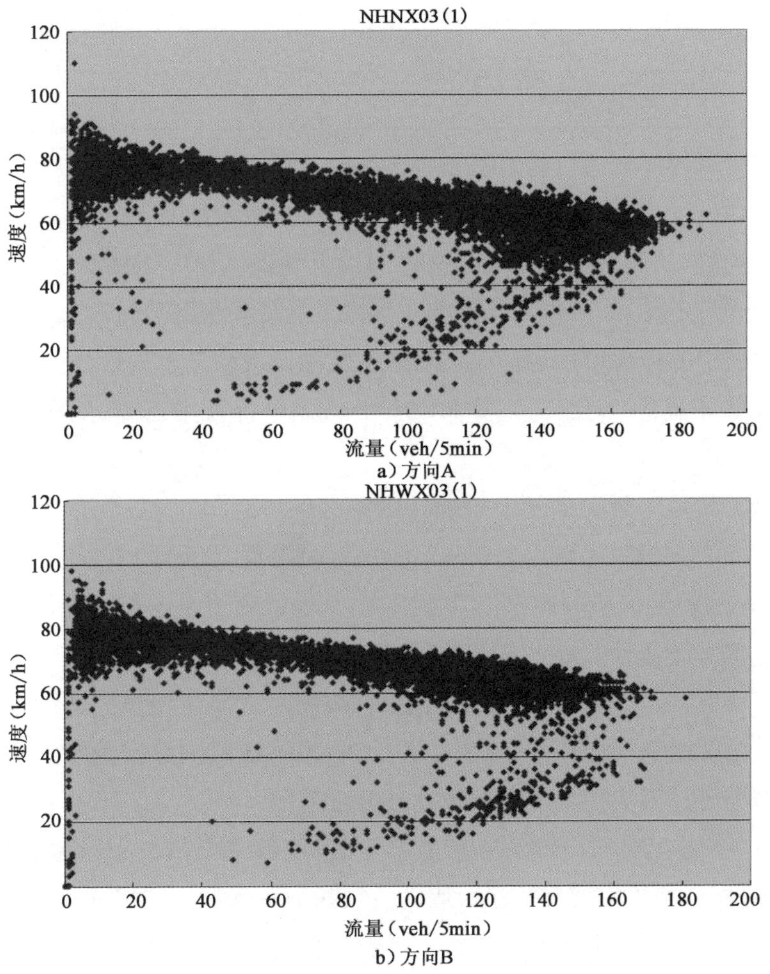

a)方向A

b)方向B

图 2-3 示例样本数据流量—速度关系

[1] 多数调查路段因断面形式调整或增加车道数等原因导致车道宽度变窄，部分路段路肩宽度也随之变窄，这种变化使得调查路段线形条件接近轻型高速公路基本路段线形条件。同时，部分调查路段属于城市快速路，行驶的大型车辆比例非常小，删除大型车影响数据后对数据样本构成影响非常小。

示例路段交通流特性　　　　表 2-1

车　　道	方向 A			方向 B		
	最大流量 [pcu/(5min·ln)]	速度 (km/h)	实测通行能力 [pcu/(h·ln)]	最大流量 [pcu/(5min·ln)]	速度 (km/h)	实测通行能力 [pcu/(h·ln)]
车道 1	183	60	2 196	171	58	2 052
车道 2	186	61	2 232	168	55	2 016
均值	184.5	60.5	2 214	169.5	56.5	2 034

示例所示的实测通行能力值是将该路段各车道检测器在一个月内的统计数据进行汇总统计，选取所有有效样本的 95％分位数作为统计标准，对前 5％的流量求算数均值，从而得到该检测器流量的最大均值。研究以实测通行能力值对检测结果进行定义，表示检测得到的实际路段的最大服务流量，对应于流量—速度关系曲线中的极大值区域。该值对应于我国四级服务水平划分标准中四级水平的最大服务流量，或者是美国 HCM 2000 划分标准中 E 级水平的最大服务流量。

再以实测另一路段车道 1 的统计数据为例，该车道流量分布情况如图 2-4 所示，其 95％分位数为 144veh/5min，前 5％的流量均值为 157veh/5min。该统计表示 5％的检测流量分布于该均值附近，其他检测流量均低于该均值，其能代表实测数据所能达到的最大流量范围，因此采用前 5％的流量均值作为实测数据的最大均值，即实测通行能力。如图 2-5a)所示的基本流量—速度关系图，其中红色三角区域为前 5％统计范围，图 2-5b)为统计范围数据点示意图，该图所示范围即为统计最大平均流量的数据点分布范围。

将前 5％数据分布区域的流量值求均值，能够将极值分布区域的数据点都进行统计，保证结果能够反映最大服务流量的分布情况。同时，由于研究所选取的观测路段的各项特征指标均接近基本路段的特征指标，在线圈实测数据基础上获得的流量数据接近于理论通行能力值。因此，从这个角度考虑，采用统计数据最大均值进行基本通行能力求解是可行的，并且线圈数据在剔除无效样本和特异样本后，能够保证研究结果的准确性。

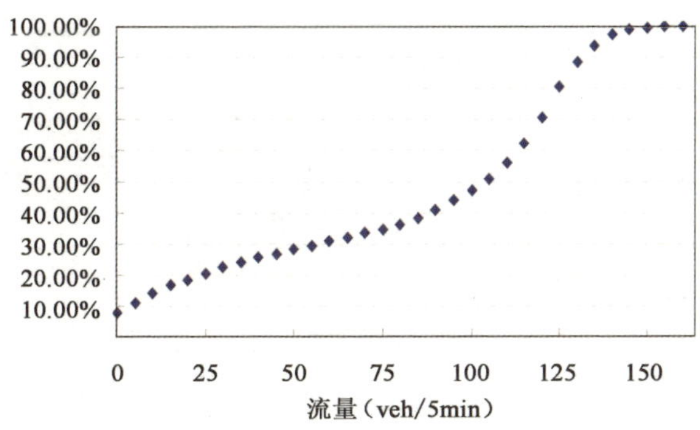

图 2-4　示例路段车道 1 流量数据分布情况

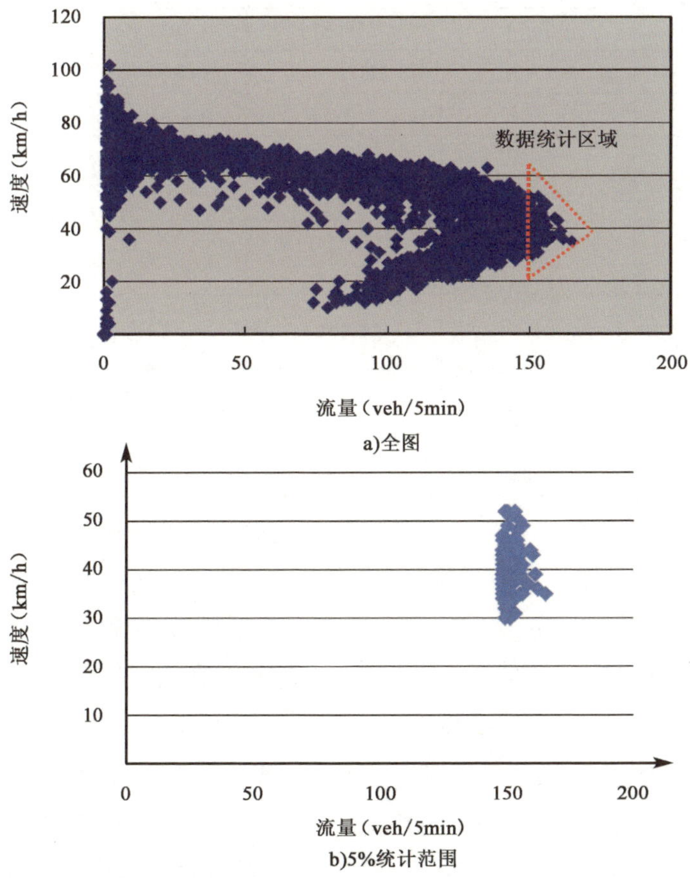

图 2-5　数据统计区域基本流量—速度关系图

3)流量数据统计分析

根据实测流量数据，选取车道宽度分别为3.75m、3.5m、3.25m和2.8m的示例样本，各样本内侧车道实测流量数据的统计描述如表2-2所示。

实测样本统计描述 表2-2

统计项	车道宽度(m)			
	3.75	3.5	3.25	2.8
平均值[pcu/(h·ln)]	1 060.22	820.07	747.77	1 141.60
中位数[pcu/(h·ln)]	1 188	852	804	1 284
标准差	640.64	557.77	525.82	423.19
方差	410 418	311 096.7	276 484.6	179 093.5
峰度	−1.38	−1.18	−1.35	−0.33
偏度	−0.27	0.13	−0.02	−0.89
区域	2 244	2 280	1 932	1 896
最小值[pcu/(h·ln)]	12	12	12	12
最大值[pcu/(h·ln)]	2 256	2 292	1 944	1 908
求和	9 185 724	6 982 068	6 280 008	8 987 796
观测数	8 664	8 514	8 399	7 873
置信度(95.0%)	13.49	11.85	11.25	9.35

根据上述统计描述，可以看出各组统计数据的方差呈现随车道宽度变窄而降低的趋势。在概率论和数理统计中，方差(Variance)用来度量随机变量和其数学期望(即均值)之间的偏离程度。研究显示，标准车道流量分布范围较大，流量偏离均值范围较大；当车道变窄时，流量偏离均值范围较小。在数据统计方面，可以反映为方差减小。需要说明的是，2.8m宽车道的均值大于3.25m和3.5m宽车道的均值。这主要是因为该车道处交通需求较大，检测时段内流量均处于较大值范围内，这也是该处道路由双车道改为三车道的原因。尽管该处检测数据均值稍大，但是由于数据分布范围变小，其方差较前几组数据依然呈现减小趋势。

为从统计学角度验证车道宽度对流量数据造成差异的显著性，研究采用 F 检验和 t 检验对样本数据进行统计分析，检验各组数据方差分布特性。

F 检验法是英国统计学家 Fisher 提出的，主要通过比较两组数据的方差 S^2，以确定他们的精密度是否有显著性差异。至于两组数据之间是否存在系统误差，则在进行 F 检验并确定它们的精密度没有显著性差异之后，再进行 t 检验。从表 2-3 所示的 F 检验结果可以看出，标准车道与其他四组不同宽度车道的检验结果均显示出其检测数据之间存在显著差异。根据 F 检验值，四组数据之间的均值具有统计意义上的显著差异，显著水平均小于 0.001。由此可以认为，车道宽度的改变导致检测数据呈现差异。

实测数据 F 检验结果　　表 2-3

统计项	标准车道与 3.5m		标准车道与 3.25m		标准车道与 3.0m		标准车道与 2.8m	
平均值[pcu/(h·ln)]	1 060.22	820.07	1 060.22	747.71	1 060.21	993.23	1 060.21	1 141.6
方差	410 418	311 096.7	410 418	276 484.6	410 418	342 815.7	410 418	179 094
观测值	8 664	8 514	8 664	8 399	8 664	4 159	8 664	7 873
DF	8 663	8 513	8 663	8 398	8 663	4 158	8 663	7 872
F 检测值	1.319		1.484		1.197		2.292	
$P(F \leqslant f)$ 单尾	<0.001 (7.038 41e^{-38})		<0.001 (5.141 98e^{-74})		<0.001 (1.294 86e^{-11})		<0.001 (2.063 2e^{-298})	
F 单尾临界	1.036		1.036		1.045		1.037	

实测数据的 t 检验结果如表 2-4 所示。以 t 单位临界值作为检验标准，各组数据的检验结果均表明二者的显著差异性，即车道宽度改变了流量分布情况。

实测数据 t 检验结果　　表 2-4

统计项	标准车道与 3.5m		标准车道与 3.25m		标准车道与 3.0m		标准车道与 2.8m	
	标准车道	3.5m	标准车道	3.25m	标准车道	3.0m	标准车道	2.8m
平均值[pcu/(h·ln)]	1 060.22	820.07	1 060.22	747.71	1 060.22	993.23	1 060.22	1 141.60
方差	410 418	311 096.7	410 418	276 484.6	410 418	342 815.7	410 418	179 093.5
观测值	8 664	8 514	8 664	8 399	8 664	4 159	8 664	7 873
合并方差	361 191.1		344 491.5		388 493.8		300 288.8	

续上表

统计项	标准车道与 3.5m		标准车道与 3.25m		标准车道与 3.0m		标准车道与 2.8m	
	标准车道	3.5m	标准车道	3.25m	标准车道	3.0m	标准车道	2.8m
假设平均差	0		0		0		0	
DF	17 176		17 061		12 821		16 535	
t 检验值	26.185		34.771		5.697		−9.538	
$P(T\leqslant t)$ 单尾	<0.001 $-1.6e^{-148}$		<0.001 $2.6e^{-256}$		<0.001 $6.23e^{-9}$		<0.001 $8.29e^{-22}$	
t 单尾临界	1.645		1.645		1.645		1.645	
$P(T\leqslant t)$ 双尾	<0.001 $3.2e^{-148}$		<0.001 $5.3e^{-256}$		<0.001 $1.25e^{-8}$		<0.001 $1.66e^{-21}$	
t 双尾临界	1.960		1.960		1.960		1.960	

4)基于实测流量数据的轻型高速公路通行能力

根据实测数据，在进行统计分析的基础上，将四种不同宽度车道的典型数据绘制成流量—速度曲线，以此进行直观对比，并计算对应于我国四级服务水平划分标准中二级服务水平的服务流量(设计通行能力)。

(1)3.5m 宽车道

根据从宽度为 3.5m 的车道中采集的流量数据绘制的典型流量—速度关系如图 2-6 所示。根据图中关系，在实测数据中选取典型路段的流量数据，对内侧和中间车道的数据求几何均值，并以此作为估计流量—速度分布关系的基本依据。通过对典型数据样本分析可知，在 3.5m 宽车道条件下，实测数据最大服务流量分布在 1 900～2 100pcu/(h·ln)范围内，近似得到最大服务流量为 2 050pcu/(h·ln)。

根据图 2-6 的实测数据，可以得出对应的交通流服务水平划分情况，如图 2-7 所示。图中红色虚线为实测数据，对应的自由流速度为 80km/h。采用插值的方法，将该流量—速度关系扩展至自由流速度分别为 100km/h 和 120km/h 的情况，如图中蓝色实线所示。对应二级服务水平的最大服务流量分别为 1 430 和 1 600pcu/(h·ln)，通行能力分别为 2 175pcu/(h·ln)和 2 200pcu/(h·ln)。

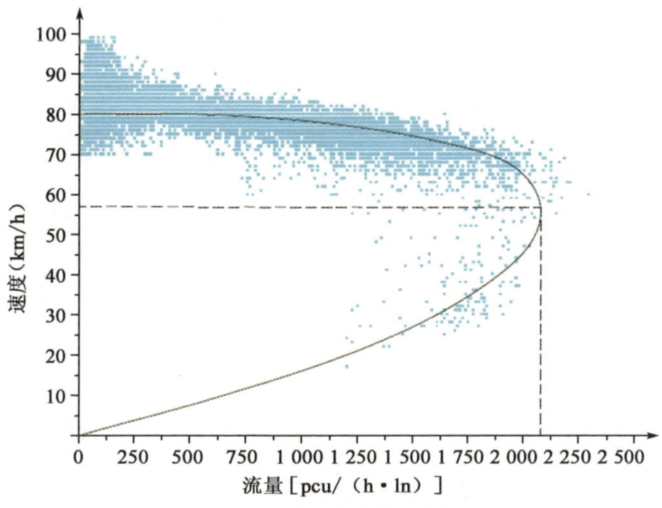

图 2-6 3.5m 宽车道流量—速度关系

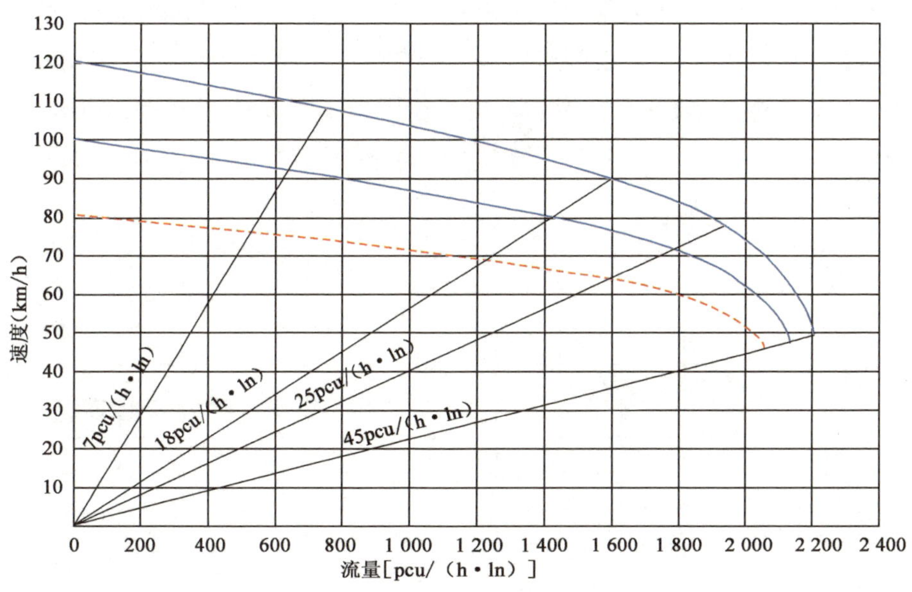

图 2-7 3.5m 宽车道服务流量分析

(2)3.25m 宽车道

3.25m 宽车道典型流量—速度关系如图 2-8 所示。在 3.25m 宽车道条件下,实测数据最大服务流量分布在 1 850～2 050pcu/(h·ln)范围内,近似得到最大服务流量为 1 950pcu/(h·ln)。

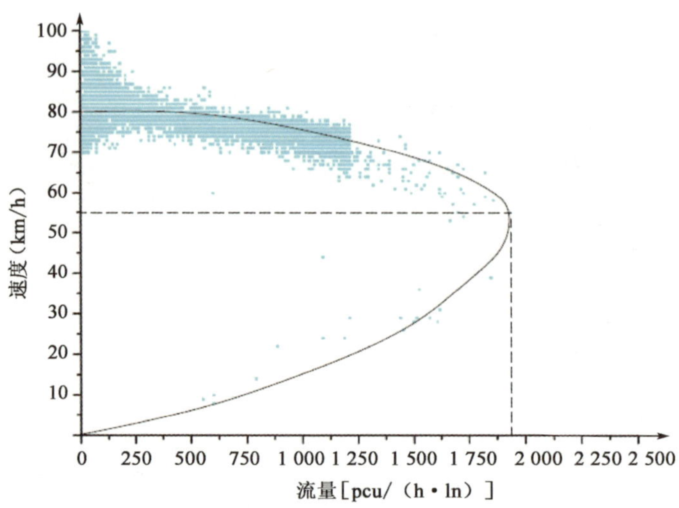

图 2-8　3.25m 宽车道流量—速度关系

根据图 2-8 的实测数据,可以得出对应的交通流服务水平划分情况,如图 2-9 所示。图中红色虚线为实测数据,对应的自由流速度为 80km/h。采用插值的方法,将该流量—速度关系扩展至自由流速度为 100km/h 的情况,如图中蓝色实线所示。对应二级服务水平的最大服务流量为 1 410pcu/(h·ln),通行能力为2 000pcu/(h·ln)。

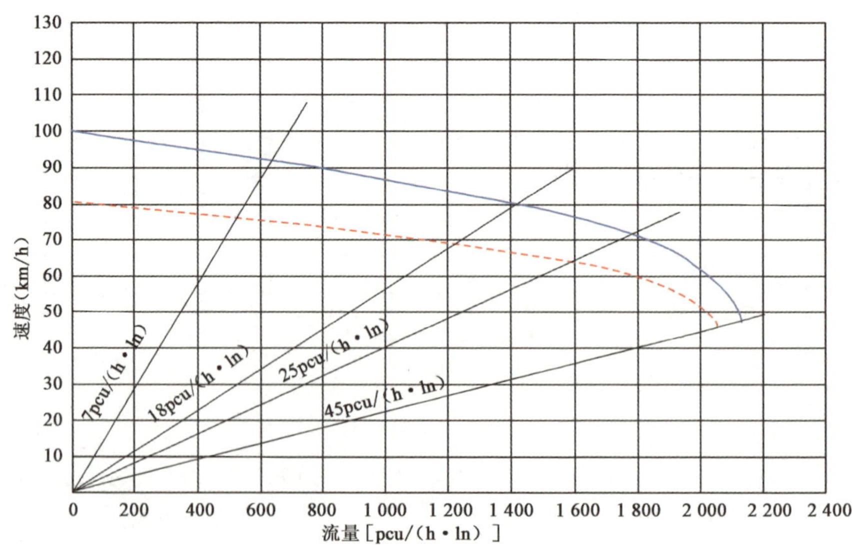

图 2-9　3.25m 宽车道服务流量分析

(3)3.0m 宽车道

3.0m 宽车道典型流量—速度关系如图 2-10 所示。在 3.0m 宽车道条件下,实测数据最大服务流量分布在 1 800～2 000pcu/(h·ln)范围内,近似得到最大服务流量为 1 900pcu/(h·ln)。

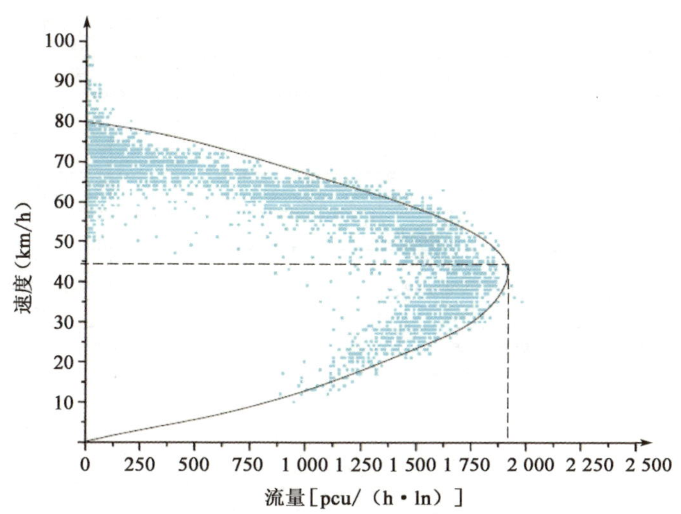

图 2-10 3.0m 宽车道流量—速度关系

根据图 2-10 的实测数据,可以得出对应的交通流服务水平划分情况,如图 2-11 所示。图中红色虚线为实测数据,对应的自由流速度为 70km/h。采用插值的方法,将该流量—速度关系扩展至自由流速度为 80km/h 的情况,如图中蓝色实线所示。对应二级服务水平的最大服务流量为 1 150pcu/(h·ln),通行能力 1 900pcu/(h·ln)。

(4)2.8m 宽车道

2.8m 宽车道典型流量—速度关系如图 2-12 所示。在 2.8m 宽车道条件下,实测数据最大服务流量分布在 1 700～1 850pcu/(h·ln)范围内,近似得到最大服务流量为 1 750pcu/(h·ln)。

根据图 2-12 的实测数据,可以得出对应的交通流服务水平划分情况,如图 2-13 所示。图中红色虚线为实测数据,对应的自由流速度为 80km/h。采用插值的方法,将该流量一速度关系扩展至自由流速度为 60km/h 的情况,如图中蓝

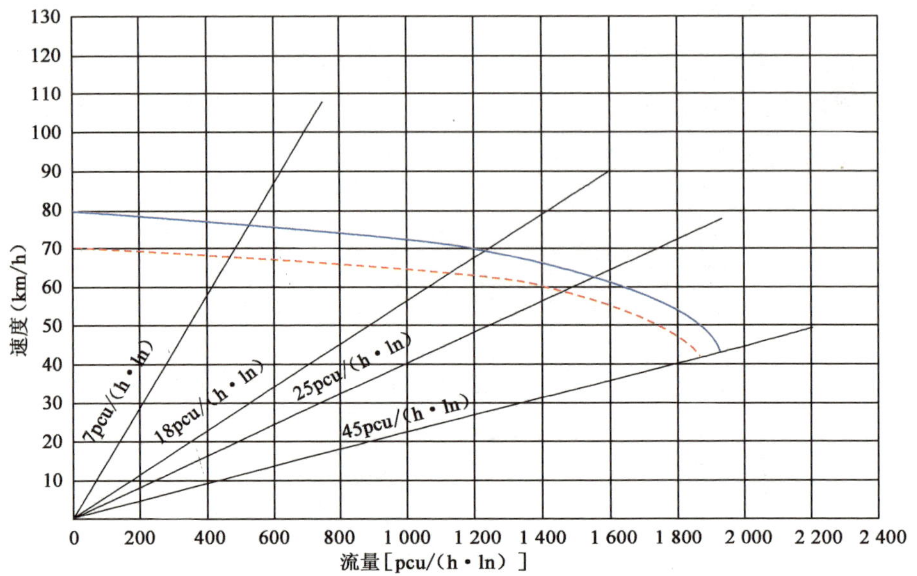

图 2-11　3.0m 宽车道服务流量分析

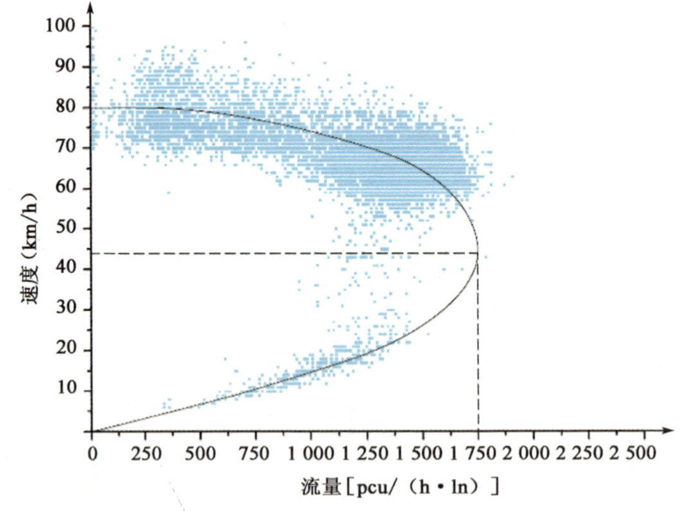

图 2-12　2.8m 宽车道流量—速度关系

色实线所示。对应二级服务水平的最大服务流量为 890pcu/(h·ln)，通行能力为 1 650pcu/(h·ln)。

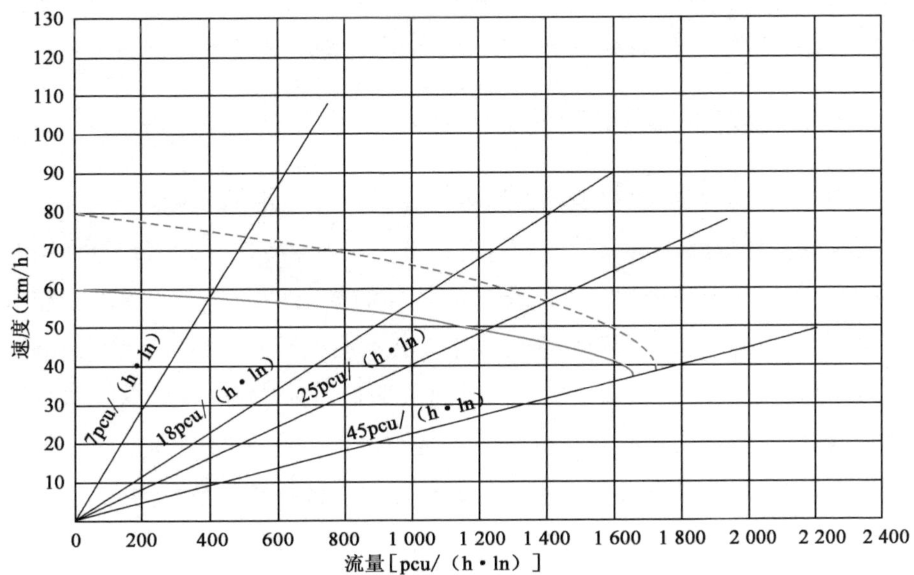

图 2-13　2.8m 宽车道服务流量分析

汇总上述分析计算结果，可以获得不同车道宽度条件和设计速度的轻型高速公路通行能力推荐值，如表 2-5 所示。

基于实测数据的轻型高速公路通行能力推荐值　　表 2-5

车道宽度	3.5m			3.25m		3.0m	2.8m	
设计速度（km/h）	120	100	80	100	80	80	80	60
基本通行能力[pcu/(h·ln)]	2 200	2 175	2 050	2 000	1 950	1 900	1 750	1 650
推荐值[pcu/(h·ln)]	2 200	2 150	2 050	2 000	1 950	1 800	1 750	1 600
设计通行能力[pcu/(h·ln)]	1 600	1 430	1 220	1 410	1 200	1 150	1 075	890
推荐值[pcu/(h·ln)]	1 600	1 400	1 200	1 350	1 150	1 100	1 050	850

上述推荐值是根据与轻型高速公路几何条件和交通流运行条件类似道路的实测流量数据进行分析和计算的结果，尽管已尽可能保证排除不符合轻型高速

公路运行条件的干扰因素，但是通行能力属于多种因素综合作用的结果，该推荐值仍需要结合后述其他研究方法得到的结论进行综合分析和评价。

2.2.2 微观交通流特性实证研究

微观交通流特性能够直观反映驾驶员在道路环境中的驾驶行为特征，该特征是驾驶员受到道路因素、环境因素、驾驶员个人因素等多种因素综合作用的结果，同时宏观交通流特征也是微观交通流特性的复杂耦合作用的体现。轻型高速公路条件下，驾驶员感知道路条件发生变化后会调整驾驶策略，进而影响到交通流整体运行情况。为全面分析轻型高速公路通行能力，本书从纵向驾驶行为和微观驾驶行为两个方面展开，分别对车辆行驶时的车头时距和横向驾驶位置选择行为进行分析，并在此基础上进行通行能力的分析和计算。

1)纵向驾驶行为研究

车头时距分布是体现驾驶员纵向驾驶行为的重要参数，能够直观反映车辆行驶过程中单个车辆的速度、车间距选择特性，特别是速度选择特性，是驾驶员对外部环境影响的综合作用的结果。在轻型高速公路条件下，因道路线形条件等因素的改变会导致驾驶员的速度选择行为发生变化，直接体现在车头时距分布特性上。因此，研究车头时距分布规律对于确定轻型高速公路通行能力具有重要意义。

(1)车头时距分布特性

交通流经典理论指出，当交通流处于自由流状态时，车头时距处于完全随机状态，分布服从负指数分布；当交通流处于接近饱和或饱和状态时，交通量接近通行能力，车头时距保持在一定数值附近变动，服从常态分布；通常交通流大多处于随机状态，即介于上述两者之间，这种状态通常用PearsonⅢ模型描述[5,12]。

根据车头时距分布特性与纵向驾驶行为特性的关系，利用车头时距分布规律进行轻型高速公路通行能力分析的思路如下：

①将实测车头时距分布特性与经典模型对比，验证观测结果的有效性；

②研究实测车头时距的分布规律，分析车头时距分布规律与通行能力的关系；

③根据不同车道宽度下车头时距累计曲线，进一步得到通行能力累计曲线；分析不同车道宽度下的通行能力累计曲线，最终得到不同车道宽度下道路的基本通行能力。

(2)基于车头时距分布特性的轻型高速公路通行能力分析

①实测数据有效性分析

将实测车头时距分布与经典模型对比，检验观测结果的有效性。以车道宽度为 3.25m 道路为例，将实测车头时距与负指数分布、PearsonⅢ车头时距分布情况对比，如图 2-14 所示。从对比情况可以看出，实测数据频率分布明显高于负指数分布，实测数据频率分布与 PearsonⅢ分布拟合较好。

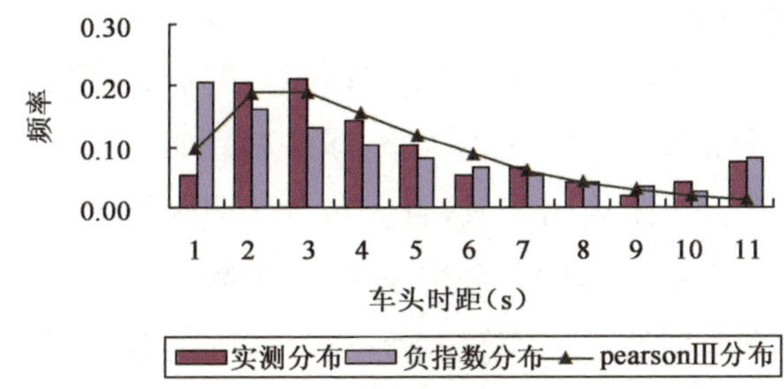

图 2-14 车头时距实测数据与理论模型对比

根据不同数据样本的对比分析情况，在 1～10s 范围内，实测车头时距与 PearsonⅢ分布拟合较好，而大于 10s 对通行能力的研究并没有太大的意义，小于 1s 的车头时距出现的概率很小。所以，研究采用 χ^2 检验法(也称拟合优度 χ^2 检验法)进行检验，检查选择的 PearsonⅢ分布形式是否合理。检验结果显示，在 1～10s 范围内，实测车头时距与 PearsonⅢ分布拟合效果较好，但是在小于 1s、大于 10s 的范围，实测车头时距与 PearsonⅢ分布拟合度较低，这反映了实际观测的路段并不是处于标准的自由流、稳定流、饱和流状态，而是处于三种状态之间。

②实测车头时距分布特性

根据路段宽度分别为 3.75m、3.50m、3.25m 的车头时距观测数据，利用 PearsonⅢ分布进行拟合，获得不同车道宽度条件下的高频车头时距分布情况，如表 2-6 所示。

高频车头时距分布统计表　　表 2-6

3.75m			3.50m			3.25m		
区间(s)	最高频率	平均值	区间(s)	最高频率	平均值	区间(s)	最高频率	平均值
1～2	0.22	1.54	1～2	0.48	1.63	1～2	0.28	1.84

由最高频率区间的平均值计算出相应的理论通行能力值，如表 2-7 所示。

理论通行能力　　表 2-7

车道宽度(m)	3.75	3.50	3.25	3.0	2.8
速度(km/h)	120	100	100	80	80
通行能力(pcu/h)	2 337	2 208	1 956	1 696	1 543
标准化(pcu/h)	2 300	2 200	1 950	1 650	1 500

③车头时距累计分布曲线分析法

假设车头时距总样本量为 N，按照降序排成序列，其序列号依次为 $n,n-1,n-2,\cdots$，用序列号除以样本总量 N，得到车头时距百分位数 $n/N,(n-1)/N,(n-2)/N,\cdots$，以车头时距为因变量，百分位数为自变量，拟合车头时距累计曲线，则序列号为 n 的车头时距的百分位车头时距就是车头时距累计曲线上自变量 n/N 所对应的车头时距。以车道宽度为 3.25m 的数据样本为例，绘制的车头时距累计曲线如图 2-15 所示。

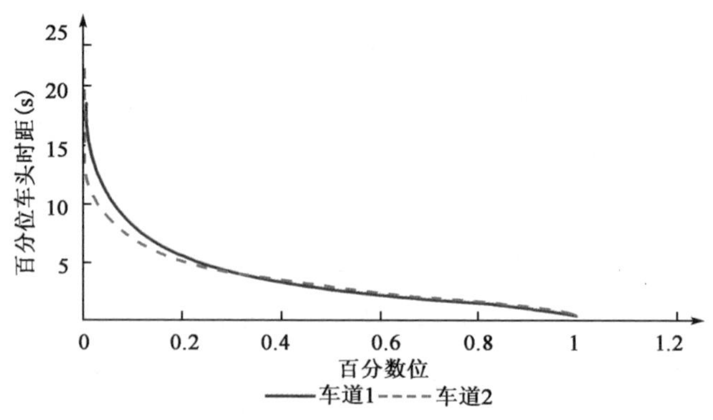

图 2-15　车头时距累积分布曲线

由百分位车头时距，可以得到相应的通行能力，将通行能力按照升序(为使车头时距与通行能力一一对应)排列，拟合曲线，即可得到通行能力累计曲线。以此为基础，定义百分位通行能力(参照百分位车头时距的定义)，即通行能力总样本量为 N，按照升序排成序列，其序列号依次为 $n,n-1,n-2,\cdots$，用序列号除以样本总

量 N,得到通行能力百分位数 $n/N,(n-1)/N,n-(2)/N,\cdots$,以通行能力为因变量,百分位数为自变量,拟合通行能力累计曲线,则序列号为 n 的通行能力的百分位通行能力就是通行能力累计曲线上自变量 n/N 所对应的通行能力。

由下式可以计算百分位通行能力:

$$C_{\mathrm{p}} = \frac{3\ 600}{h_{\mathrm{p}}} \tag{2-1}$$

式中:C_{p}——百分位通行能力;

h_{p}——百分位车头时距。

以车道宽度分别为 3.75m、3.5m、3.25m、3.0m 和 2.8m 的道路内侧车道为例,其百分位通行能力分布如图 2-16 所示。根据最高频率车头时距分布特性和百分位通行能力分布规律,获得不同车道宽度通行能力推荐值如表 2-8 所示。

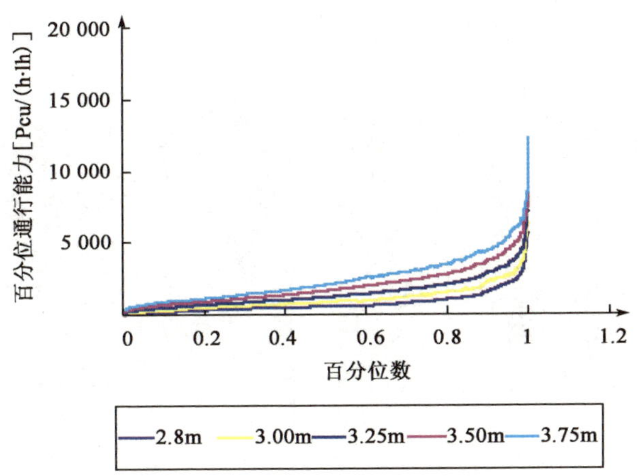

图 2-16 百分位通行能力示分布意图

百分位通行能力分析结果　表 2-8

车道宽度(m)	3.75	3.50	3.25	3.0	2.8
百分位数	0.57	0.69	0.77	0.82	0.85
通行能力[pcu/(h·ln)]	2 402	2 368	2 000	1 855	1 560
标准化值[pcu/(h·ln)]	2 400	2 350	2 000	1 850	1 550

2)横向驾驶行为研究

(1)横向驾驶行为特性分析

轻型高速公路车道宽度和其他交通环境产生的差异,将直接刺激驾驶员的感知系统，并使驾驶员作出反应。过窄的侧向净空会产生心理上的压力，此时，驾驶员会适当降低速度或者改变行车横向轨迹（侧向偏移以增大侧向间距）。

根据在非标准车道（小于 3.75m）采集的视频资料，能够明显反映出车辆保持横向安全间距的驾驶倾向，通过视频能够直观看出横向偏移的存在，车辆在超车或者并排行驶时明显向外侧偏移，以保证足够的横向安全间距。如图 2-17 所示，图 a）中浅色车辆因深色车辆的位置偏移而改变行驶轨迹的横向位置，以此保证足够的横向间距；图 b）中箭头所表示的车辆因相邻的车辆为大客车，由于其宽度较大，并排行驶的小客车向道路远离大车方向偏移，以此保证行驶时的横向间距。这里仅以图像资料从感性角度验证横向驾驶行为，本节后续部分将从统计学角度对该驾驶行为进行详细讨论，目的是定性探讨车道变窄时对驾驶行为的影响，即对通行能力的影响。

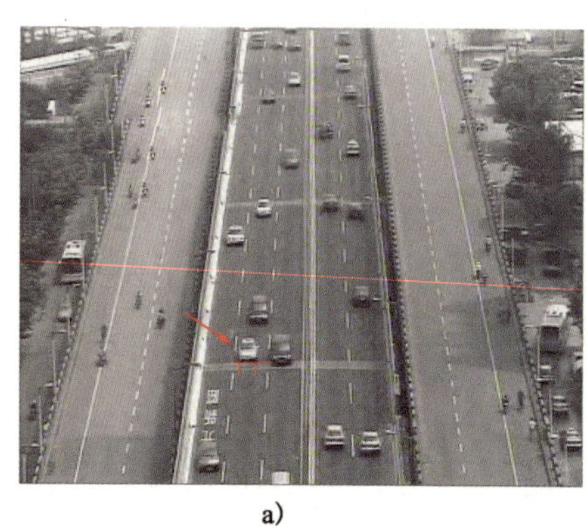

a)

b)

图 2-17　横向偏移示意

（2）车辆行驶轨迹分析法

研究采用车辆行驶轨迹法进行横向驾驶行为的分析，即对各种车道宽度的断面行驶轨迹进行提取，获取车辆行驶轨迹的横向位置并进行相应的统计和分析研究。在获取交通视频资料后，利用专门为记录车辆运动轨迹坐标编写的辅助工具程序[13]，可以记录作为观测目标的车辆某一时刻在观测区域范围内的坐标。首先设定视频或者观测区域的左下角定点为坐标系原点，当目标车辆进入视频或者视频内的观测区域后，每隔一定时间（一般为 5～10 帧画面的时间，0.25～0.4s）记录车辆在视频内相对于原点的二维坐标，同时被记录的还有该坐标点的时刻，直至车辆离开视频或者观测区域。该过程完成一个车辆运动轨迹的捕捉。之后反复进行其他车辆运动轨迹的捕捉。在进行轨迹数据统计与分析时，有以下几种情况需要特别考虑：

①以车辆通过路段某断面时的轨迹线横向位置作为研究对象，提取横向位置数据。但处于换道过程中的车辆不作为提取对象。

②以小客车作为提取对象，若相邻车道在观测范围内有大型车辆时，该大型车周边的小客车均不作为提取对象，以排除车身尺寸对驾驶行为的影响，满足轻型高速公路环境中交通构成均为小客车的条件。

③提取行驶轨迹横向位置时，选择车辆牌照作为车辆中线基准，并且车辆牌照反光效果良好，能够保证识别对比度。图 2-18 为提取横向位置的工作原理图。

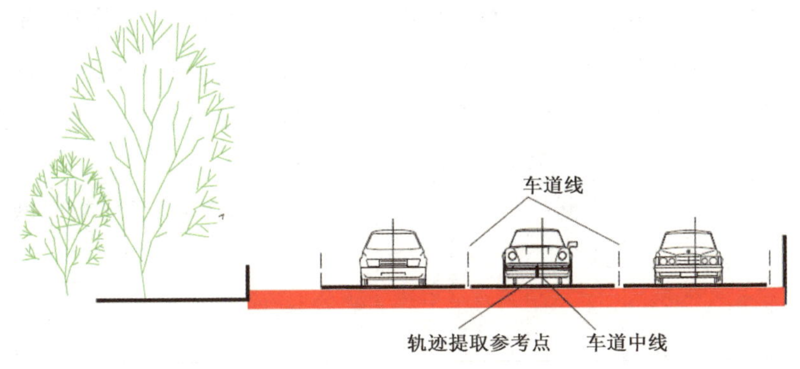

图 2-18　轨迹提取原理示意图

(3)车型行驶横向位置分布

为有效进行不同车道宽度下车辆行驶轨迹横向位置的分布，在进行轨迹数据提取时，挑选的断面均具有 3 条车道，每个观测断面的每条车道提取约 300 个有效样本，如图 2-19 所示。

图 2-19a)为标准车道横向位置分布图。图中顶部的黑色箭头表示车道中心位置，黑色虚线表示车道宽度。从图中可以看出，行驶轨迹的横向位置呈正态分布，横向位置分布范围由内侧车道向外侧扩大，分布位置由车道中心逐渐向两侧扩展，特别是外侧车道分布范围明显大于其余两条车道。

其余非标准车道横向位置分布特征[图 2-19b)～图 2-19e)]同标准车道类似，但同时也呈现出明显的差异。首先，3.5m 车道宽度的横向位置分布同标准车道类似，各车道中心位置分布频率基本一致；其次，3.25m、3.0m 和 2.8m 宽度的各车道中心位置分布频率基本一致，最内侧车道中心位置分布频率在 0.14 左右，明显小于标准车道和 3.5m 车道，中间车道分布频率为 0.1～0.12，尤其是 3.0m 和 2.8m 宽度的中间车道分布频率明显降低，对应的分布范围增大。再次，各组数据外侧车道分布范围均比较大，3.0m 和 2.8m 宽度的外侧车道该特征尤为明显。这种差异性可以认为是在车道变窄条件下，外侧车道中行驶的车辆为获取一定的侧向空间而利用路肩改变行驶轨迹。

(4)横向位置分布统计分析

将横向位置数据进行统计描述，结果如表 2-9 所示。可以看出，各车道分布均值基本在车道中心线附近，相同宽度不同车道的数据统计标准差(或方差)具有显著差异，而不同宽度相同车道的数据标准差也呈现显著差异，这种差异验证了本节所列举的横向位置分布图中横向位置分布的差异性。当数据点分布范围扩大，偏离均值较大时，标准差较大；反之若数据分布在均值周围，则标准差较小。

行驶轨迹横向位置分布统计　　表 2-9

车道		平均值	标准误差	中位数	标准差	方差	最小值	最大值	观测数	置信度(95.0%)
3.75m	车道 1	1.816	0.013	1.826	0.233	0.054	1.070	2.432	299	0.027
	车道 2	5.721	0.016	5.744	0.277	0.077	5.067	6.544	288	0.032
	车道 3	9.486	0.024	9.516	0.407	0.166	8.490	10.605	292	0.047
3.5m	车道 1	1.776	0.015	1.752	0.251	0.063	1.165	2.496	299	0.029
	车道 2	5.272	0.017	5.290	0.292	0.085	4.408	6.082	298	0.033
	车道 3	8.758	0.024	8.758	0.404	0.163	7.726	9.867	295	0.046
3.25m	车道 1	1.637	0.016	1.641	0.258	0.066	1.014	2.354	268	0.031
	车道 2	4.899	0.018	4.909	0.305	0.093	4.072	5.617	296	0.035
	车道 3	8.210	0.022	8.194	0.382	0.146	7.329	9.412	293	0.044
3.0m	车道 1	1.520	0.017	1.539	0.289	0.083	0.745	2.204	298	0.033
	车道 2	4.584	0.028	4.589	0.430	0.185	3.672	5.489	241	0.055
	车道 3	7.587	0.033	7.569	0.455	0.207	6.679	8.592	188	0.065
2.8m	车道 1	1.523	0.022	1.534	0.289	0.084	0.936	2.255	176	0.043
	车道 2	4.249	0.031	4.233	0.390	0.152	3.548	5.011	163	0.060
	车道 3	7.067	0.031	7.121	0.440	0.194	6.094	8.007	198	0.062

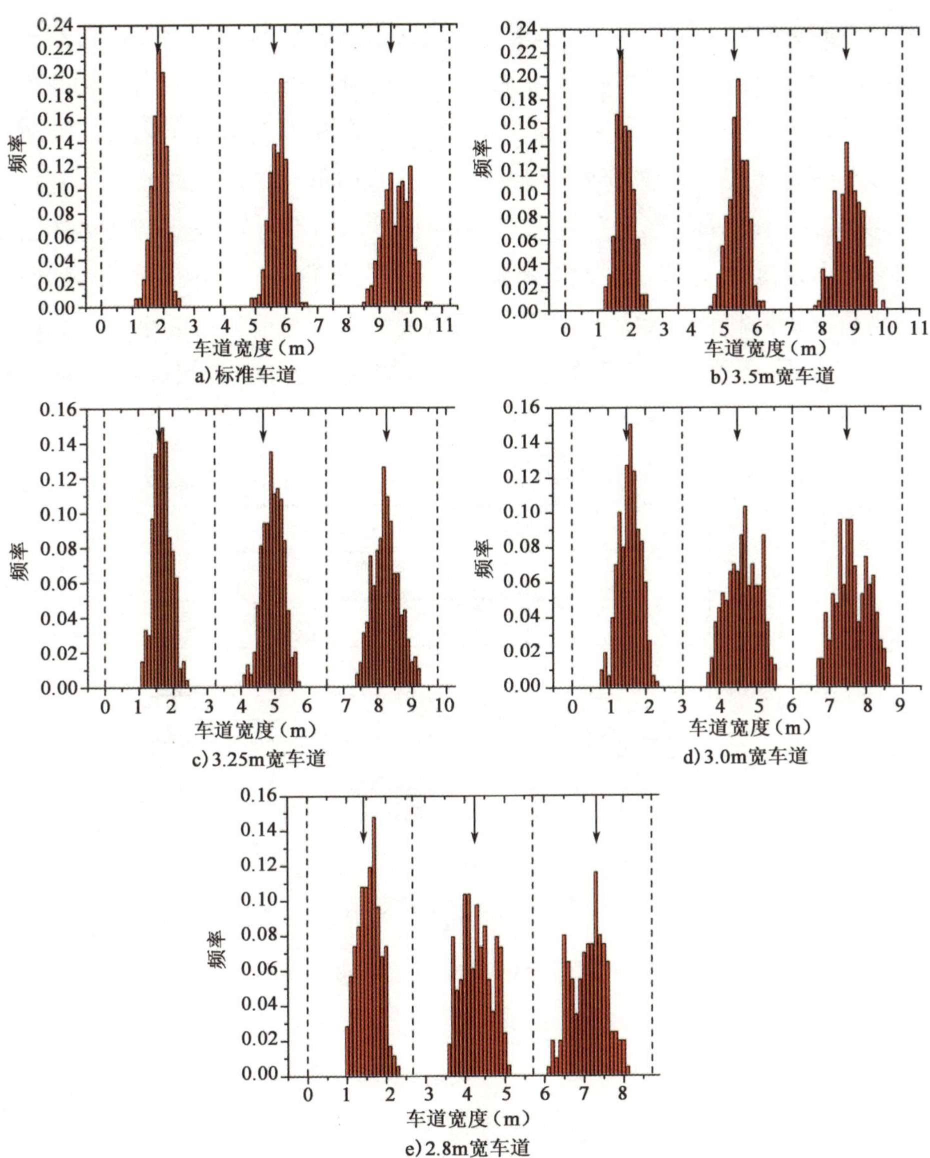

图 2-19　不同宽度车道横向位置分布

为直观描述车道宽度改变以及不同车道位置导致的横向位置分布差异性，图 2-20 绘出了各组数据标准差的分布情况。从图中可以看出，标准差由内侧车道(车道 1)向外侧车道(车道 3)增大,并且随着车道宽度减小,标准差呈现增大趋势。由此也验证了随着车道宽度降低,改变了驾驶员基于车道的横向驾驶行为,驾驶员倾向于改变行车轨迹以获取一定的侧向空间。当然,这种行为并不意味着驾驶过程中车辆一直偏离车道中心线,而是在相邻车道有车辆或者需要超越前方车辆时,侧向空间的影响即显现出来。这种影响还同交通流量具有相关性,即交通流量较小时,车间距较大,车辆间相互作用不明显;交通流量处于自由流向拥堵流过渡时(稳定流),此时车辆速度较高,车间距已经相对较小,驾驶员受到侧向空间影响的增大,车辆超越本车道或相邻车道前车需要足够的侧向间距。不考虑其他影响因素,侧向空间的影响会直接导致最大流量降低,即影响到通行能力。

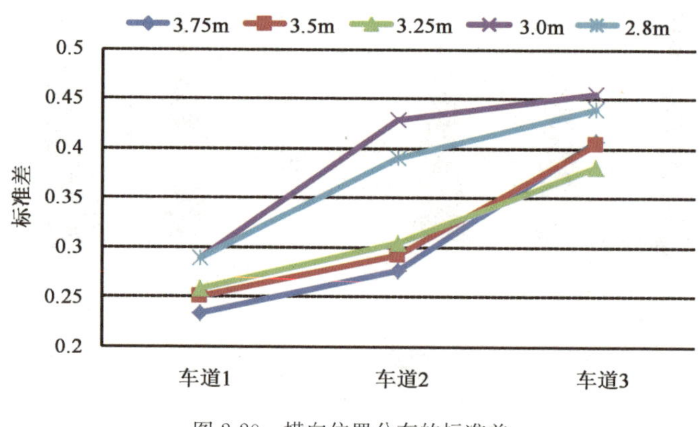

图 2-20　横向位置分布的标准差

采用 Wilcoxon 秩检验(Wilcoxon Signed Ranks Test)对各组数据进行分析[14]。本书仅列举不同宽度条件下内侧车道数据进行秩检验的结果,如表 2-10 所示。其中,2.8m 和 3.0m 宽度车道的横向位置数据具有一定相似性;3.5m 和 3.75m 道路的数据也有一定相似性,但显著水平相对前者较低;其余各车道的数据则具有显著的差异性。证明不同车道宽度时,各车道的横向位置分布数据具有显著差异性,但是 2.8m 和 3.0m 宽度以及 3.5m 和 3.75m 宽度的车道表现出的差异性则相对降低,表明二者具有一定的相似性,这种相似性是因其车道宽度较为接近,导致驾驶行为受车道宽度变化影响有限,体现在横向驾驶特性上的差异也相对有限。

不同宽度道路内侧车道(车道1)的横向位置数据 Wilcoxon 秩检验　　表 2-10

车道宽	2.8m	3.0m	3.25m	3.5m	3.75m
2.8m	1				
3.0m	0.567	1			
3.25m	0	0	1		
3.5m	0	0	0	1	
3.75m	0	0	0	0.072	1

(5)横向驾驶行为研究结论

通过对车辆行驶轨迹进行提取,获得不同车道宽度下车辆横向位置(相对于车道中心线的行车位置)分布情况,进而对车辆行驶横向位置分布进行统计分析,研究得到轻型高速公路环境下横向驾驶行为具有如下特点。

①车道宽度对横向驾驶行为产生一定影响。在车道变窄条件下,为获取足够的横向行驶空间而改变行驶轨迹,即偏移车道中心线方向,增加横向位移。当交通流处于稳定流状态时,这种情况较为明显。

②横向偏移情况随车道宽度的减小而加剧,尤其是车道宽度在 3.0m 和 2.8m时尤为显著。表明车道宽度在 3.0m 及以下时,车道宽度对驾驶行为影响非常明显。

③由于数据样本量的限制,研究未对行驶速度与侧向空间(横向偏移)的关系给出结论,但通过部分数据的统计,能够定性判断出二者呈反比关系,即速度越高所需要的侧向空间越大,在轻型高速公路环境中发生侧向偏移的可能性就越大。

④车道宽度低于 3.0m,会频繁出现横向偏移,导致行车速度下降,并可能存在安全隐患。因此,若车道宽度低于 3.0m,要限制自由速度,保证行车安全与舒适性。

2.3 轻型高速公路通行能力仿真研究

交通系统仿真是指用系统仿真技术来研究交通行为,它是一门针对交通运输随时间和空间的变化进行跟踪描述的技术。通过对交通系统仿真的研究,可以得到交通流状态变量随时间与空间的变化、分布规律以及与交通控制变量的关系，从而为进一步分析轻型高速公路通行能力提供依据。

本书对轻型高速公路通行能力进行仿真研究时利用 TSIS 软件（Traffic Software Integrated System）进行。TSIS 是由美国联邦公路管理局（Federal Highway Administration）指导设计的综合交通仿真分析软件[15]。软件算法（CORSIM）的研究开始于 20 世纪 70 年代，软件产品应用开始于 20 世纪 90 年代，现在使用的版本是 2003 年推出的 5.1 版本。从 20 世纪 70 年代中期开始，CORSIM 的数据标定和实际应用一直在进行，TSIS 对于高速公路和城市道路的研究有良好的适用性。CORSIM 针对高速公路和城市道路分别建立了 FRESIM 和 NETSIM 两个仿真模型。

2.3.1 轻型高速公路通行能力仿真模型

仿真模型中，常用模型计算参数（FERSIM Setup）主要包括：驾驶员行为、路面状况、车道变换特性、自由流速度分布等。路段属性参数（FERSIM Link）主要与路段的属性相关，包括：路段长度、类型、自由流速度、路面类型、跟车敏感性等。

根据轻型高速公路的交通流运行特征，在进行轻型高速公路通行能力分析时认为，自由流速度和驾驶员操作的敏感性将影响道路最大可能流量，即二者为通行能力的主要影响因素。而系统默认的参数是一般高速公路基本路段的参数，在进行轻型高速公路通行能力研究时，应针对其特性进行仿真模型的调整设置，主要表现在以下几个方面：

（1）轻型高速公路条件下，由于车道变窄，造成行驶的平均速度降低，从而造成通行能力的下降。

（2）由于车道变窄，造成驾驶员行车过程中操作敏感性增强。这里所说的操作敏感性是指对车道变化的敏感性，主要是指车道变窄造成车道变化过程更加容易实现，切换车道时间变短，由此可能带来车速的增加。

（3）轻型高速公路为小客车专用道路，交通构成为单一小客车，交通流运行效率较一般高速公路有所提高。

根据前述内容关于不同车道宽度条件下流量特性分布特性速度影响分析和实测的有关车头时距数据分析，确定车道宽度对车速和车道变化反应时间的影响如表2-11所示。在此基础上，采用FERSIM路段评价的最大平均流量作为通行能力计算的理论数值，图2-21为仿真结果的显示。

自由流速度和车道变化时间 表2-11

车道宽度(m)	自由流速度(km/h)	车道变化时间(s)
2.8	80	1.5
3.0	95	1.6
3.25	105	1.8
3.75	115	2.0

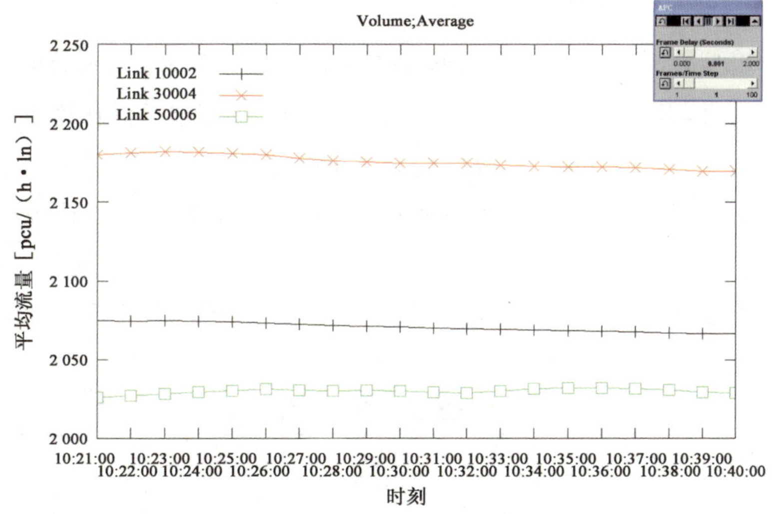

图2-21 仿真结果数据的显示(单车道不同时刻的平均流量)

根据分析，轻型高速公路条件下，驾驶员操作时间敏感性发生变化，车道变换时间较一般高速公路会产生一定变化。为获得全面的仿真分析数据，研究将自由流车速设定为100km/h，仿真不同的车道变换时间、反应延迟时间对通行能力的影响(表2-12)，其中车道变换时间分别为2.0s、1.8s和1.6s，反应延迟时间分别为0.3s和0.2s。

车道变换时间对通行能力的影响(Δt=0.3s) 表2-12

车道变换时间(s)	2.0	1.8	1.6
反应延迟时间 Δt=0.3s			
通行能力[pcu/(h·ln)]	2 160	2 080	2 020
反应延迟时间 Δt=0.2s			
通行能力[pcu/(h·ln)]	2 242	2 236	2 230

以上仿真结果表明:自由流车速变化会影响道路的通行能力,当自由流车速在100~115km/h区间时,每增加10km/h,会增加1%左右的通行能力;车道变化敏感性增加会影响道路的通行能力,在车道变化时间区间2.0~1.6s内,每缩短0.2s的车道变化时间,通行能力将会降低3%~4%。

2.3.2 仿真研究结论

综合轻型高速公路条件下,限速、反应时间敏感性等对道路通行能力影响因素的影响效果,本书分别对单个影响因素和多个影响因素共同作用下的轻型高速公路通行能力进行分析,结合已经获得的车道宽度分别为3.75m、3.50m、3.25m和2.8m的高速公路(城市快速路)交通流运行数据,本次研究的通行能力仿真重点是车道宽度为3.00m和2.80m的高速公路,并对车道宽度为3.50m和3.25m的高速公路通行能力进行仿真验证。不同影响因素和不同车道数情况下,仿真结果如表2-13所示。

轻型高速公路基本通行能力仿真结果 表2-13

车道数	车道宽度(m)	车速(km/h)	通行能力[pcu/(h·ln)]	标准化[pcu/(h·ln)]
单车道	2.8	60	1 956	1 950
	3	80	2 115	2 100
	3.25	100	2 213	2 200
	3.5	120	2 319	2 300
双车道	2.8	60	1 787	1 750
	3	80	1 837	1 800
	3.25	100	2 121	2 100
	3.5	120	2 255	2 250

续上表

车　道　数	车道宽度(m)	车速(km/h)	通行能力[pcu/(h·ln)]	标准化[pcu/(h·ln)]
三车道	2.8	60	1 745	1 700
	3	80	1 872	1 850
	3.25	100	2 012	2 000
	3.5	120	2 174	2 150

研究过程显示,仿真结果高于实测结果,这主要是由于实测过程不可避免地受到各种随机因素的影响,而仿真则完全基于理想环境。此外,TSIS 仿真系统内部参数的设置是以美国的交通环境为背景的,其车辆性能、基本通行能力与我国交通环境有一定的差异。但鉴于交通仿真研究的优势,结合实测数据和严格标定的参数,计算机仿真结果仍能够为进一步分析轻型高速公路通行能力提供一定的参考依据。

2.4　轻型高速公路通行能力驾驶模拟试验验证

汽车驾驶模拟器是指利用计算机、机电、车辆、软件、声音和图像等复合技术手段来模拟现实驾驶环境的仿真平台。利用驾驶模拟器可以对特定场景进行驾驶模拟研究,并获取相关的参数。进行驾驶模拟研究的安全性能非常高,可以进行非常危险的、实车试验中难以完成的试验,并且能够克服实车试验中车辆状态和试验条件受到的制约,而使用驾驶模拟器可以方便地进行数据采集、车辆模型选择、驾驶环境更换等设定,便于对交通事故等重现。鉴于驾驶模拟研究的明显优势,进行轻型高速公路通行能力研究,可以利用驾驶模拟器进行轻型高速公路特定场景的驾驶模拟研究,对研究结论进行验证。关于进行驾驶模拟试验的详细内容请参见本书第 10 章。

2.4.1　轻型高速公路条件下驾驶模拟场景的建立

根据轻型高速公路通行能力理论研究成果以及类似道路的现场调查与数据采集情况,研究制订了模拟试验方案,如表 2-14 所示。根据该试验方案设定不同的模拟场景,以此验证各宽度条件下通行能力方案的可行性。

轻型高速公路通行能力试验方案　　表 2-14

行车道宽度(m)	设计速度(km/h)	通行能力[pcu/(h·ln)]	运行速度(km/h)	车流密度(pcu/km)
3.5	120	2 200	63	35
	100	2 150	55	39
	80	2 050	47	44
3.25	100	2 000	52	38
	80	1 950	42	46
3.0	80	1 800	40	45
2.8	80	1 750	37	47
	60	1 600	35	46

模拟试验过程中，试验车辆的外廓尺寸应符合轻型高速公路的标准设计车型，所选用的试验车型为德国大众 golf 汽车，车辆外廓尺寸为 5.6m×1.81m×2.0m(长×宽×高)，与轻型高速公路标准设计车型 6m×1.8m×2.0m(长×宽×高)基本一致。场景中的试验路段为一条城际双向四车道高速公路，路面类型为沥青混凝土路面，路面附着系数 $\varphi=0.6$，试验段设计长度为 10km，横断面构成如图 2-22 所示，单向路拱横坡为 1.5%。全线为直线段，纵断面线形采用《公路路线设计规范》(JTG D20—2006)中对公路纵坡的设计要求，试验段纵坡坡度取 0.3%。

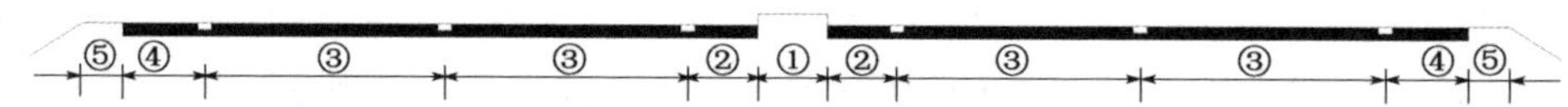

图 2-22　试验段横断面示意图

①-中央分隔带；②-左侧路缘带；③-行车道；④-右侧路缘带；⑤-土路肩

在驾驶模拟试验中，为使试验场景更加贴近实际交通环境，系统流量采用逐步增加的方式，即逐渐将背景交通量添加入系统，使系统密度逐步达到试验方案指标。所有背景车辆均匀分布在车道内，并在不同的流量范围内符合相应的车间距分布特征。驾驶员在这种模拟环境中完成驾驶过程，并通过数据采集系统记录相应的背景交通数据和驾驶行为数据，图 2-23 为驾驶跟驰行为试验示意图。

图 2-23 驾驶跟驰行为试验示意图

2.4.2 驾驶模拟试验验证结论

在驾驶模拟试验中，分别对轻型高速公路不同车道宽度条件时停车视距和车辆摆动幅度方面的模拟结果进行评价，以验证通行能力方案的可行性。各种行车道宽度时通行能力方案的车头间距与停车视距计算结果如表 2-15 所示。由表 2-15 可以看出，各通行能力方案的车头间距均小于理论停车视距，差值范围为 10～40m，并且差值随车道宽度降低而减小。

不同行车道宽度的车头间距与停车视距　　表 2-15

行车道宽度 (m)	通行能力 [pcu/(h·ln)]	运行速度 (km/h)	车头间距 (m)	理论停车视距 (m)
3.5	2 200	63	28.64	69.79
	2 150	55	25.58	58.04
	2 050	47	22.93	47.13
3.25	2 000	52	26.00	53.85
	1 950	42	21.54	40.74
3.0	1 800	40	22.22	38.28
2.8	1 750	37	21.14	34.68
	1 600	35	21.88	32.34

根据驾驶员横向驾驶行为特征，车辆发生横向摆动情况属于驾驶员为获得理想横向空间而进行的调整行为，这种调整行为在轻型高速公路环境中受车道宽度的影响非常显著。在驾驶模拟研究中，也针对这一现象进行了模拟和评价。以车道宽度为 3.25m 的轻型高速公路为例，被试驾驶员分别以运行速度52km/h 和 42km/h 进行跟驰状态下的驾驶试验，车辆摆动幅度样本统计如图 2-24 所

示。从图中车辆摆动幅度样本数据分布情况可以看出，车辆运行速度为52km/h和42km/h时，车辆摆动幅度均低于评价阈值 $d_{阈}=1.2$，处于可接受范围内。该结论与2.2节中2)进行的横向驾驶行为分析研究的结论基本一致。表2-15和图2-24描述的数据表明，虽然通行能力方案车头间距低于停车视距，但在驾驶模拟试验场景中车辆摆动幅度能够保持稳定状态，因此行车道宽度为3.25m的通行能力方案能够满足驾驶员安全舒适性要求。

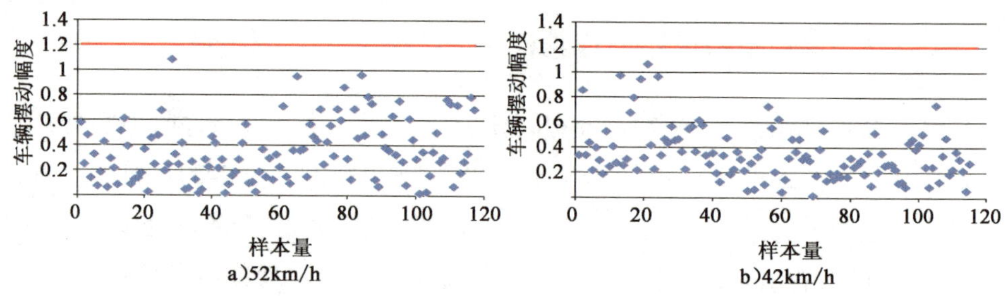

图2-24 车道宽度为3.25m的车辆摆动幅度

2.5 轻型高速公路通行能力

本章以实证研究为基础，在采集大量交通流数据的基础上，根据轻型高速公路的特性进行理论建模，并采用交通仿真和驾驶模拟验证相结合的方法对轻型高速公路通行能力进行系统分析，得到轻型高速公路通行能力的主要研究结论如下。

(1)车道宽度的变化对交通流状况产生影响。在实测数据基础上，通过统计分析，发现不同车道宽度下流量—速度关系分布产生一定差异。随着车道宽度的变窄，最大服务流量(通行能力)随之降低。这种变化趋势在3.5m车道宽度及以上差异较小，在3.5m车道宽度以下差异明显。

(2)车道宽度的变化对驾驶行为产生影响。通过提取车辆通过某断面时的行驶轨迹，分析车辆行驶的横向位置数据，发现车辆在车道变窄条件下，发生横向位置偏移的可能性大大增加，使得车辆横向位置不再集中于车道中心线附近，分布范围随车道宽度降低而增加。该现象表明驾驶员为获得足够的侧向空间而改变驾驶轨迹，即以相应的侧向偏移保证侧向空间。横向偏移发生的频率改变了横向位置分布的统计特性，尤其以 3.0m 和 2.8m 车道宽时较为明显。该结论也证明车道宽度变窄时，通行能力下降的一个重要原因是驾驶行为受车道宽度变化影响较为显著。

(3)通行能力随车道宽度的减小呈现下降趋势，且随着车道宽度的降低，下降趋势逐渐明显，即单位宽度导致的通行能力下降逐渐增大。这种趋势在流量—速度关系图中也能有所体现。3.75m 和 3.5m 车道宽度的流量—速度关系中，速度随流量增大而减小的趋势较平缓，曲线斜率要小于 3.0m 和 2.8m 车道宽度的流速曲线。与此同时，最大流量对应的速度也呈现下降趋势。

(4)根据实测数据统计分析结果，并结合交通仿真和驾驶模拟验证的结论进行综合分析和评价，轻型高速公路通行能力的推荐值如表 2-16 所示。

轻型高速公路通行能力推荐值 表 2-16

车道宽度	3.5m			3.25m		3.0m	2.8m	
设计速度 (km/h)	120	100	80	100	80	80	80	60
基本通行能力 [pcu/(h·ln)]	2 200	2 175	2 050	2 000	1 950	1 900	1 750	1 650
推荐值 [pcu/(h·ln)]	2 200	2 150	2 050	2 000	1 950	1 800	1 750	1 600
设计通行能力 [pcu/(h·ln)]	1 600	1 430	1 220	1 410	1 200	1 150	1 075	890
推荐值 [pcu/(h·ln)]	1 600	1 400	1 200	1 350	1 150	1 100	1 050	850

2.6 轻型高速公路适应交通量

为与我国一直沿用的适应交通量指标相衔接，研究沿用年平均日交通量指标，按如下公式计算了轻型高速公路适应交通量。

$$\text{AADT} = \frac{C_D \times N}{(K \times D)} \tag{2-2}$$

式中：AADT——预测年的年平均日交通量；

C_D——每车道设计通行能力；

N——单向车道数；

K——设计小时交通量系数，根据公路所在位置地区经济气候特点等确定，取值范围：近郊公路 0.085～0.11，公路 0.12～0.15，亦可根据当地交通量观测资料确定；

D——方向分布系数，根据公路所在位置和功能，取值范围为 50/50、40/60，亦可根据当地的交通量观测资料作适当调整。

根据表 2-16 中设计通行能力的推荐值，轻型高速公路在不同车道宽度和设计速度时的适应交通量如表 2-17 所示。

轻型高速公路适应交通量　　表 2-17

车道宽度(m)	设计速度(km/h)	四车道(pcu/d)	六车道(pcu/d)	八车道(pcu/d)
3.5	120	40 000～55 000	55 000～80 000	80 000～100 000
	100	35 000～50 000	50 000～70 000	70 000～95 000
	80	30 000～40 000	40 000～60 000	60 000～80 000
3.25	100	30 000～45 000	45 000～65 000	65 000～90 000
	80	25 000～40 000	40 000～60 000	60 000～75 000
3.0	80	25 000～35 000	35 000～55 000	55 000～70 000
2.8	80	25 000～35 000	35 000～50 000	50 000～70 000
	60	20 000～30 000	30 000～40 000	40 000～55 000

本章参考文献

[1] 美国交通委员会.道路通行能力手册[M].任福田，刘晓明，荣建，等，译.北京：人民交通出版社，2008.

[2] 陈宽民，严宝杰.道路通行能力分析[M].北京：人民交通出版社，2003.

[3] Gartner, N. , Carroll J. Messer, and Ajay K. Rathi. Monograph on Traffic

Flow Theory. Federal Highway Administration,1996.

[4] 马骏. 交通流理论基础[M]. 北京:中国人民公安大学出版社,2004.

[5] 王殿海. 交通流理论[M]. 北京:人民交通出版社,2002.

[6] 王武宏,孙逢春,曹琦,等. 道路交通系统中驾驶行为理论与方法[M]. 北京:科学出版社,2001.

[7] B. Gunay. Car following theory with lateral discomfort. Transportation Research Part B,2007,41(7):722-735.

[8] V. M. Subhash. Effects of unmatched longitudinal joints and pavement markings on the lateral position of vehicles. Manhattan: Kansas State University,2007.

[9] S. Ossen. Longitudinal Driving Behavior: Theory and Empirics [Dissertation]. Delft: Delft University of Technology,2008.

[10] F. J. J. M. Steyvers,D. De Waard. Road-edge delineation in rural areas: effects on driving behaviour. Ergonomics,2000,43(2):223-238.

[11] G. Santel. Lateral driving behaviour. The 10th Swiss Transport Research Conference. Monte Verità / Ascona,September 01-03,2010.

[12] May A. D. Traffic Flow Fundamentals,Prentice-Hall,Inc. ,1990.

[13] 孙立光. 步行设施内的行人行为微观仿真模型研究[D]. 北京:清华大学博士学位论文,2009.

[14] 易丹辉,董寒青. 非参数统计:方法与应用[M]. 北京:中国统计出版社,2009.

[15] TSIS 软件介绍:http://mctrans. ce. ufl. edu/featured/tsis/.

3 轻型高速公路坡度与坡长

影响公路坡度与坡长的因素，首先是汽车动力性能，即汽车的爬坡能力；其次是公路的设计速度，速度越高，要求纵坡越小；另外，公路所在地区的海拔高度、气候情况等自然条件会影响汽车发动机的功效，从而影响其爬坡能力。本章内容主要是通过研究汽车动力性能等因素，确定合理的坡度和坡长。

3.1 汽车行驶阻力

汽车行驶中所受的阻力包括：滚动阻力、坡道阻力、迎风阻力、惯性阻力。通常将滚动阻力与坡道阻力统称为道路阻力。图 3-1 为汽车在坡道上行驶时的受力分析图。

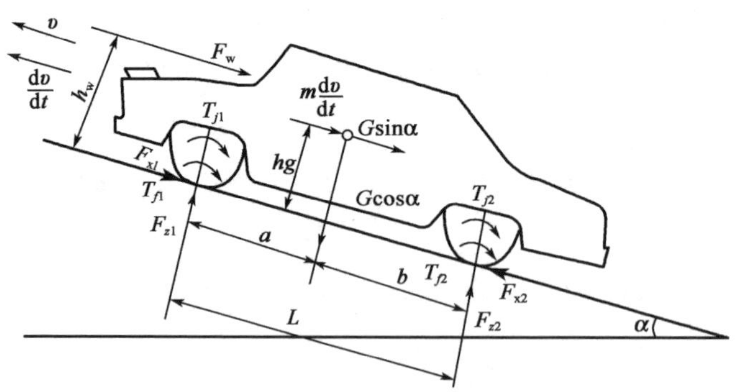

图 3-1 汽车在坡道上行驶时的受力图

G-车重；F_w-迎风阻力；$m\dfrac{dv}{dt}$-惯性阻力；α-斜坡坡度

3.1.1 道路阻力

车辆行驶于坡道时，车重沿斜坡的分力 $G\sin\alpha$，称之为坡道阻力 F_i。坡道阻力，在上坡道时使车速降低，在下坡道时使车速增加。

滚动阻力 F_f，即轮胎与路面之间的摩擦力，其大小等于滚动摩擦系数 f 与车重沿垂直于斜坡面分力的乘积，即 $F_f = fG\cos\alpha$。

滚动摩擦系数与路面类型及其表面状况、轮胎结构、车速等有关。通常，滚动阻力系数通过试验确定。

在汽车动力性分析中，人们通常根据经验直接选用滚动阻力系数。表 3-1 给出了汽车在不同路面上以中、低车速行驶时，滚动阻力系数的大致数值[1]。

车轮滚动阻力系数（f_0） 表 3-1

路 面 类 型	滚动阻力系数	路 面 类 型	滚动阻力系数
沥青或混凝土路面(新)	0.010～0.018	压实土路(雨后)	0.050～0.150
沥青或混凝土路面(磨旧)	0.018～0.020	泥泞土路(雨季或解冻期)	0.100～0.250
碎石路面	0.020～0.025	干砂	0.100～0.300
卵石路面(平)	0.035～0.030	湿砂	0.060～0.150
卵石路面(坑洼)	0.035～0.050	结冰路面	0.015～0.030
压实土路(干燥)	0.025～0.035	压实雪道	0.030～0.050

行车速度对滚动阻力系数影响很大。低速行驶时，滚动阻力近似与车速成正比，呈线性关系；高速时滚动阻力近似与车速成平方关系；汽车转弯时 f 增大 50%～100%，侧滑时会增大几倍至几十倍。纵坡分析中通常不考虑转弯和侧滑的情形。

对于行驶在良好路面上的轿车，当速度 $v \leqslant 50$km/h，滚动摩擦系数可取固定值 $f = f_0$；当 $v > 50$km/h 时，则 $f = f_0 \times [1 + 0.01 \times (v - 50)]$；当 $v > 200$km/h 时，可以用 $f = f_0\left(1 + \dfrac{v^2}{19\,440}\right)$ 进行测算。

坡道阻力与滚动阻力的和称为道路阻力，设 F_R 为道路阻力，则：

$$F_R = F_i + F_f = G\sin\alpha + fG\cos\alpha = G(\sin\alpha + f\cos\alpha) \tag{3-1}$$

公路坡度 α 一般很小，则 $\cos\alpha$ 可视为 1，$\sin\alpha = \tan\alpha$，故式(3-1)即为：$F_R = G(\tan\alpha + f)$，而 $\tan\alpha$ 即为纵坡度，设为 i，代入上式可得：

$$F_R = G(i + f) \tag{3-2}$$

α 在上坡道时取正值，即 i 为正值，轮胎与路面的滚动阻力系数 f 为正值，故上坡道时道路阻力 F_R 一定为正值。

α 在下坡道时取负值，即 i 为负值，轮胎与路面的滚动阻力系数 f 为正值，则下坡道时道路阻力 F_R 可能有三种情形，视纵坡度 i 与摩擦系数 f 大小而定，即依纵坡度与摩擦系数而定。

(1)道路阻力 F_R 为正值(>0)，即($-i+f$)>0，$i<f$，亦即纵坡度小于滚动阻力系数，此时不踩加速踏板，滚动中的汽车将逐渐停止向下滚动，而静止中的汽车仍将保持静止不动。

(2)道路阻力 F_R 为零($=0$)，即 $-i+f=0$，$i=f$，亦即纵坡度等于滚动阻力系数，此时不踩加速踏板，车辆将等速向下滚动，而静止中的车辆仍保持静止不动。此时的纵坡度称为“临界坡度”；

(3)道路阻力 F_R 为负值(<0)，即($-i+f$)<0，$i>f$，亦即纵坡度大于滚动阻力系数，此时即使不踩加速踏板，汽车将加速向下滚动，而静止中的车辆将开始滚动并加速向下滚动，这是极其危险的，需使用制动器限制车速。

3.1.2 空气阻力

汽车直线行驶时受到的空气作用力在行驶方向上的分力，称为空气阻力(也称迎风阻力)F_w。据测试，一辆以 100km/h 速度行驶的汽车，发动机输出功率的 80%被用于克服空气阻力。减少空气阻力，就能有效地改善汽车的行驶经济性。

在汽车行驶速度范围内，空气阻力与气流相对速度的动压力 $\frac{1}{2}\rho v^2$ 成正比，即：

$$F_w = \frac{1}{2}KA\rho V^2 = \frac{KAv^2}{21.15} \tag{3-3}$$

式中：F_w——空气阻力(N)；

K——空气阻力系数；

ρ——空气密度，一般视为常数；

A——汽车正投影面积，通常称为迎风面积(m^2)；

V——汽车相对空气的速度(m/s)，也是汽车速度 v(km/h)。

“影响空气 F_w 的设计因素是空气阻力系数 K 和迎风面积 A。由于乘坐空间的制约，A 变化不大。近年来空气动力学设计取得了很大进展，其中 K 变化较大。20 世纪 50～70 年代，$K \approx 0.4 \sim 0.6$；20 世纪 90 年代，$K \approx 0.25 \sim 0.4$；目前某些概念车，$K \approx 0.20$。K 的大小对轿车（高速）的性能影响极大[1]。”

图 3-2 是某组织汽车空气阻力系数的逐年变化情况。

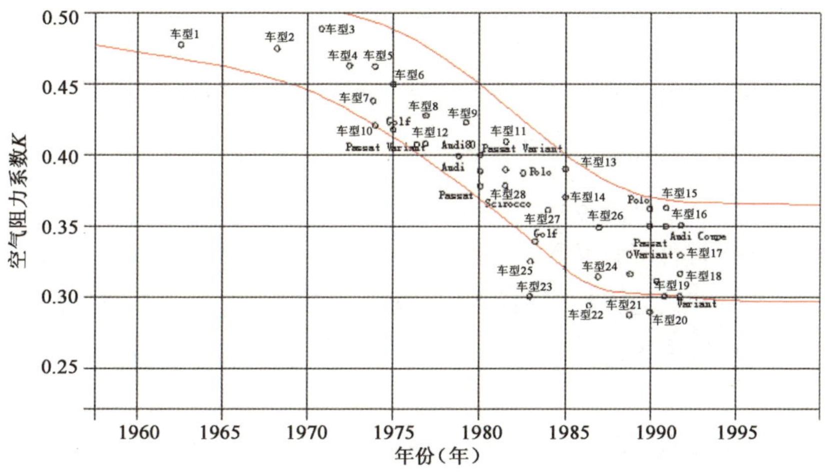

图 3-2 某组织汽车空气阻力系数的逐年变化情况

表 3-2 为汽车空气阻力系数 K 和迎风面积 A 的变化范围。

汽车空气阻力系数 *K* 和迎风面积 *A* 的变化范围 表 3-2

车 型	迎风面积 A(m^2)	空气阻力系数 K	说 明
轿车	1.7～2.1	0.28～0.41	跑车 K 较高
载货汽车	3～7	0.6～1.0	
大客车	4～7	0.5～0.8	

3.1.3 惯性阻力

汽车加速行驶时，需要克服本身质量加速运动的惯性力，该力称为惯性阻力（也称为加速阻力）F_j。加速时平移质量产生平移惯性力，旋转质量产生旋转惯性力偶矩。为了能用一个公式计算，一般把旋转质量惯性力偶矩在数值上等效转换为平移质量惯性力。对于固定挡位，常用系数 δ 作为考虑旋转质量力偶矩

后的汽车旋转质量换算系数。这时,汽车的加速阻力 F_j 为:

$$F_j = \delta m \frac{dv}{dt} = \delta \frac{G}{g} \frac{dv}{dt} \tag{3-4}$$

式中:δ——汽车旋转质量换算系数,$\delta>1$;

$\frac{dv}{dt}$——汽车加速度。

δ 主要与发动机飞轮的转动惯量、车轮的转动惯量以及传动系统的转动比有关,即:

$$\delta = 1 + \frac{\sum I_w}{mr^2} + \frac{I_f i_0^2 i_g^2 \eta_T}{mr^2} = 1 + \delta_1 + \delta_2 i_g^2 \tag{3-5}$$

式中:I_f——飞轮的转动惯量;

I_w——车轮的转动惯量;

δ_1——车轮惯性影响系数,可取 0.03~0.05;

δ_2——发动机飞轮惯性影响系数,小客车可取 0.05~0.07,载货汽车可取 0.04~0.05。

3.2 汽车驱动力

汽车驱动力 F_t 是发动机曲轴输出转矩经离合器、变速器(包括分动器)、传动轴、主减速器、差速器、半轴(及轮边减速器)传递至车轮作用于路面的力 F_0,而由路面产生作用于车轮圆周上的切向反作用力 F_t,见图 3-3。

习惯将 F_t 称为汽车驱动力。如果忽略轮胎和地面的变形,则:

$$F_t = \frac{T_t}{r} = \frac{T_{tq} i_g i_0 \eta_T}{r} \tag{3-6}$$

式中:T_t——传输至驱动轮圆周的转矩;

r——车轮半径;

T_{tq}——汽车发动机输出转矩;

i_g——变速器传动比;

i_0——主减速器传动比;

η_T——汽车传动系机械效率。

3.2.1 发动机转速特性

“发动机速度特性，是指发动机功率 P_e、转矩 T_{tq}、燃料消耗率 b_e(也称为比油耗)与发动机曲轴转速 n_e 的函数关系曲线，通常称为发动机速度特性曲线，或简称为发动机速度特性。发动机节气门部分开启条件下的速度特性，称为发动机部分速度特性。发动机节气门全开(即加速踏板最大行程)条件下的速度特性，称为发动机外速度特性[1]，见图 3-4。”

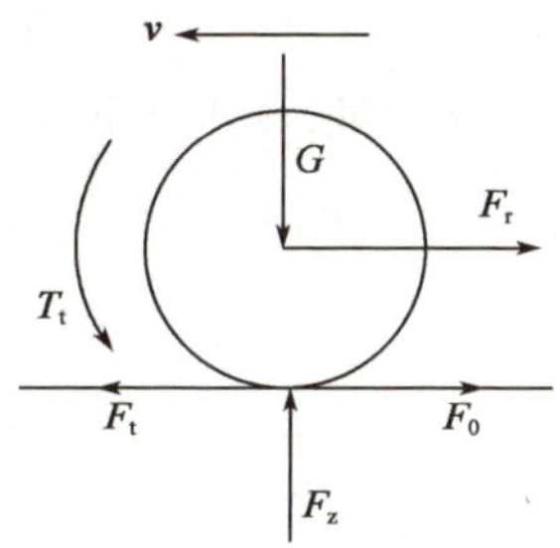

图 3-3 汽车驱动力

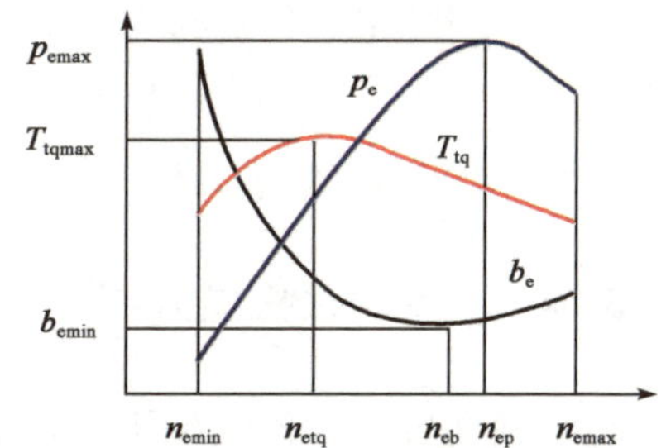

图 3-4 汽油发动机的外特性曲线

“图中，n_{emin}和 n_{emax}分别为发动机的最小稳定转速和最大转速；当转速低于 n_{etq}时，发动机转矩随转速升高而增加，至 n_{etq}时达到最大转矩 T_{tqmax}；转速高于 n_{etq}时，转速升高，转矩开始下降；当转速低于 n_{ep}时，发动机功率随转速升高而增加，至 n_{ep}时，达到最大功率 P_{emax}，转速高于 n_{ep}时，转速升高，功率开始下降；当转速低于 n_{eb}时，发动机燃料消耗率 b_e，随转速升高而下降，至 n_{eb}时达到最低值 b_{emin}，转速高于 n_{eb}，随转速升高，b_e 转而开始增加。”

若功率单位为 kW 、转矩单位为 N·m、转速单位为 r/min，则功率与转速和转矩的关系式为：

$$P_e=\frac{T_{tq}\times 2\pi n_e}{60\times 1\,000}\approx\frac{T_{tq}\times n_e}{9\,549} \tag{3-7}$$

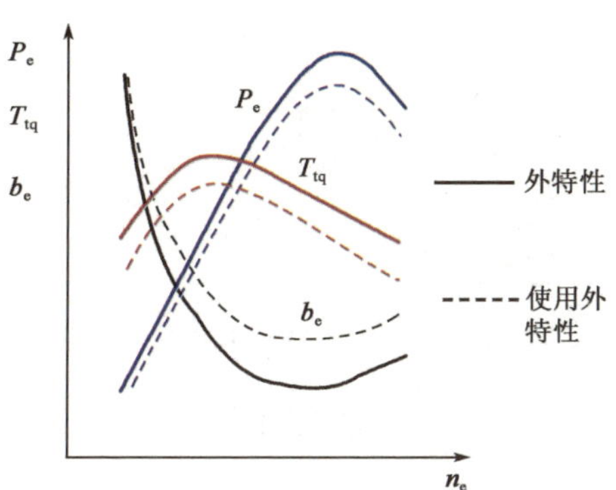

图 3-5 发动机的使用外特性图

发动机使用外特性曲线，是指装上全部附件后的发动机外特性曲线。使用外特性的功率和转矩要比外特性的低一些，尤其在高转速范围，见图 3-5。

使用外特性的转矩与外特性的转矩关系为：

$$T_{tq} = kT_{tq0} \tag{3-8}$$

式中：k——系数；

T_{tq0}——不带附件时的转矩。

由于不同国家标准规定的测试方法不同，对于同一发动机测出的外特性曲线也有差异，k 值也就不同。

“另外，空调约消耗发动机功率的 10%～13%。

通常提供发动机外特性均为稳定工况下的测试结果，在使用中汽车经常处于过渡工况。在过渡工况下，发动机功率和转矩约下降 5%～6%。”

3.2.2 传动系机械效率

在将发动机动力传输到驱动轮的过程中，因克服传动系中各个运动部件间的相互摩擦，消耗了部分动力。以 P_T 代表传动系损耗功率，则传动系的机械效率 η_T 为：

$$\eta_T = \frac{P_e - P_T}{P_e} = 1 - \frac{P_T}{P_e} \tag{3-9}$$

“传动系损耗功率主要包括变速器、传动轴万向节和主减速器等的功率损失。损耗功率主要形式包括液力损耗和机械摩擦损耗。液力损耗，如搅动和摩擦，它与润滑油的品种、温度、转速、油面高度等有关。传动系机械效率是在专门试验台上测试得到的。表 3-3 为汽车传动系的机械效率[1]。”

汽车传动系机械效率　　表 3-3

部件名称	η_T	部件名称	η_T
4～6 挡变速器	0.96	传动轴	0.98
副变速器或分动器	0.95	单级主减速器	0.96
8 挡以上变速器	0.90	双级主减速器	0.92

对于有级变速器，轿车 η_T=0.90～0.92，载货汽车和大客车 η_T=0.82～0.85。

3.2.3 驱动力图

已知发动机外特性 $T_{tq}-n_e$、传动系机械效率 η_T、轮胎半径、变速器挡位传

动比 i_g 和主减速器传动比 i_0，由式(3-6)求出驱动力 F_t。

汽车车速 v(km/h)与发动机曲轴转速 n_e 呈线性关系，即：

$$v=\frac{n_e}{i_g i_0}\times\frac{3.6\times 2\pi}{60}\approx 0.377\frac{n_e}{i_g i_0} \tag{3-10}$$

由式(3-6)、式(3-7)、式(3-10)可得：

$$F_t=\frac{T_{tq}i_g i_0\eta_T}{r}=\frac{60\times 1\,000P_e\eta_T}{2\pi n_e}\times\frac{3.6\times 2\pi n_e}{60v}=3\,600\frac{P_e\eta_T}{v} \tag{3-11}$$

这样，就可根据发动机外特性 T_{tq}-n_e 曲线图得到汽车驱动力和车速之间的函数 F_t-v 曲线图，通常称为汽车驱动力图，它可全面地描述汽车驱动力。

如表 3-4 所示为某款轿车使用的 1.6L 发动机试验得出的不同转速下的转矩、功率。

某款轿车 1.6L 的发动机转速与转矩、功率 表 3-4

转速(r/min)	1 000	1 500	2 000	2 500	3 000	3 500	4 000	4 500	5 000	5 500	6 000	6 500
转矩(N·m)	110	118	124	136	138	140	144	149	148	145	135	118
功率(kW)	11.52	18.54	25.97	35.61	43.36	51.31	60.32	70.22	77.49	83.52	84.83	80.32

图 3-6 为某款轿车 1.6L 发动机的外特性曲线。

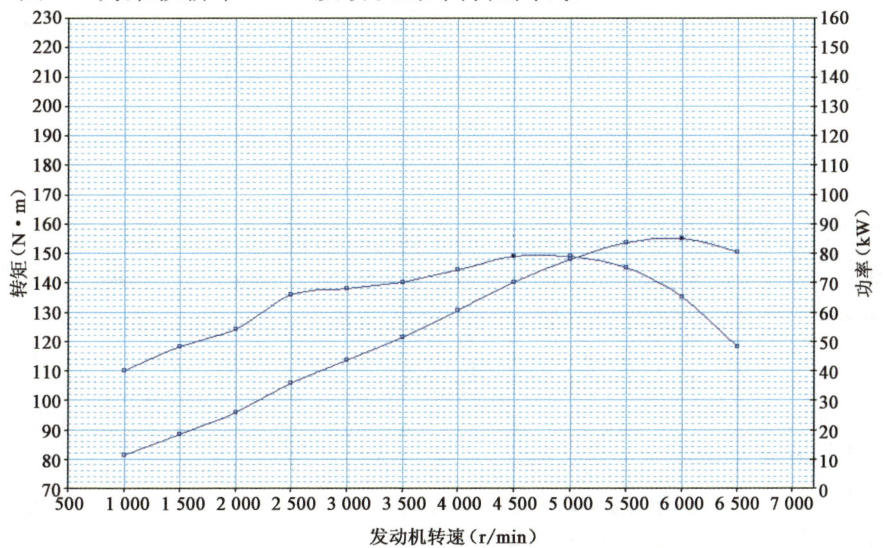

图 3-6 某款轿车 1.6L 发动机的外特性曲线

根据该发动机的使用外特性曲线绘制的汽车驱动力和车速之间的函数曲线 F_t-v 见图 3-7。

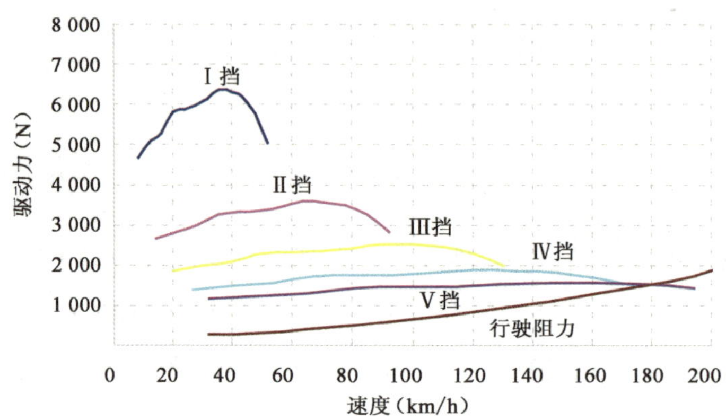

图 3-7　某款轿车 1.6L 发动机的各挡位驱动力 F_t 与行驶阻力平衡图

驱动力图是由发动机外特性图变换后得到的，它表示使用各个挡位时不同车速下汽车所能发出驱动力的极限值。

3.3　汽车动力性能

汽车动力性能的好坏通常以汽车加速性、最高车速及最大爬坡度等项目作为评价指标。动力性能代表了汽车行驶可发挥的极限能力。

3.3.1　汽车平衡方程

汽车行驶阻力主要有空气阻力、滚动阻力、坡道阻力和惯性阻力，汽车要在公路上行驶，就必须有足够的牵引力来克服行驶阻力，即牵引力必须与行驶阻力相平衡，这是汽车行驶的必要条件。据此，汽车的牵引平衡方程为：

$$F_t = F_w + F_f + F_i + F_j = \frac{KAv^2}{21.15} + Gf\cos\alpha + G\sin\alpha + \delta\frac{G}{g}\frac{dv}{dt} \quad (3\text{-}12)$$

汽车在水平道路上等速行驶时，需要克服地面滚动阻力 F_f 和空气阻力 F_w。当汽车上坡行驶时，需要克服重力沿着坡道的分力，即坡道阻力 F_i。汽车加速行驶时，需要克服加速惯性阻力，即加速阻力 F_j。

坡道阻力和加速阻力仅在一定的行驶条件下才存在。等速行驶时，就没有

加速阻力 F_j；在平直道路上行驶时，坡道阻力 F_i 就不存在。减速行驶时，F_j 与汽车行驶方向相同，成为驱动汽车前进的力；下坡行驶时，F_i 也与汽车行驶方向相同，成为驱动汽车前进的力之一。

只要汽车运动，滚动阻力和空气阻力就存在，在良好典型路面上，汽车驱动力与这两个阻力之差 $F_t-(F_w+F_f)$ 就是汽车可用于克服坡道阻力 F_i 或是汽车加速需要克服的加速阻力 F_j。这就是所谓的汽车驱动力和汽车行驶阻力的平衡。

为了形象地说明汽车行驶时驱动力和行驶阻力的关系，通常将汽车驱动力 F_t 以及始终存在的两个行驶阻力 F_w 和 F_f 绘制成力和车速的关系曲线图，称为汽车驱动力—行驶阻力平衡图(图 3-7)。这样就可利用图解法来分析汽车的动力性。

3.3.2 汽车的动力因数

为了评价不同重量车辆的动力性能，引入汽车动力因数的概念，将汽车的驱动力与空气阻力之差与车重的比值定义为汽车动力因数 D[6]，由汽车行驶方程式(3-12)，可以导出：

$$D=\frac{F_t-F_w}{G}=\frac{F_f+F_i}{G}+\frac{\delta m}{G}\frac{\mathrm{d}v}{\mathrm{d}t}=f\cos\alpha+\sin\alpha+\frac{\delta}{g}\frac{\mathrm{d}v}{\mathrm{d}t}\approx f+i+\frac{\delta}{g}\frac{\mathrm{d}v}{\mathrm{d}t} \tag{3-13}$$

以 D 为纵坐标，汽车车速 v 为横坐标绘制不同挡位的 D-v 关系曲线图，即汽车动力特性图。图 3-8 为某款轿车(1.6L)小轿车的动力特性图。由动力特性图可知：

(1)不同排挡的 D 有一定的范围，挡位低，D 值越大，v 越小。说明可采用降低车速 v 来获得较大的 D 值，来克服较大的行驶阻力。

(2)每Ⅰ挡位有其 D_{max}，与之对应的称为临界速度 v_K，也称最小稳定速度。如果 $D_{max}<f+i$ 时，说明已不能用该挡位行驶，否则汽车将熄火停驶，必须改换较低挡位以获得较大的 D；若 $D_{max}=f+i$，说明在此道路阻力下，汽车可用该挡位作等速行驶；若 $D_{max}>f+i$，汽车可作等速或加速行驶。

(3)每个挡位都有其最大车速,即汽车满载且在表面平整、坚实的水平路段($i=0$)上作稳定行驶的速度,即 $D=f$ 的对应速度。直接挡的最大速度,即为该汽车的最高速度。

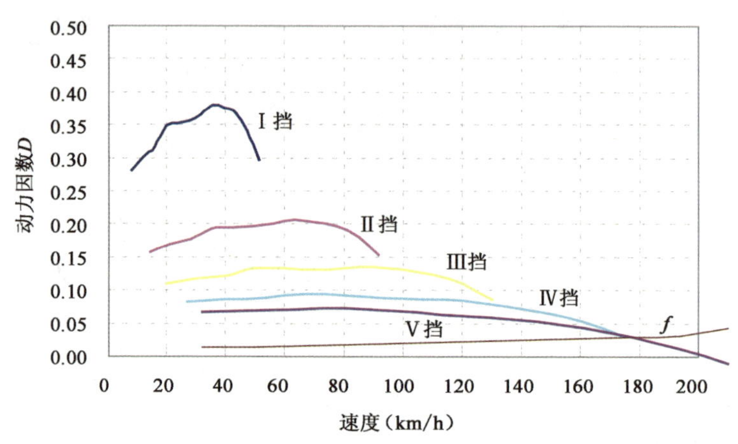

图 3-8　某款轿车(1.6L)的动力因素图

(4)求汽车某挡位所具有的最大爬坡能力,即能克服的最大坡度 $i_{max}=D_{max}-f$。显然,汽车最低挡位的 i_{max},就是它所能克服的最大坡度。

(5)求汽车以某Ⅰ挡位的 v_1 驶入并要求以 v_2 驶出坡道的坡度及坡长。

$$L=\frac{\delta(v_2^2-v_1^2)}{254\left(\frac{D_1+D_2}{2}-f-i\right)} \tag{3-14}$$

总之,公路某坡道的道路阻力为 $f+i$ 时,汽车以某挡位的 $v>v_K$ 速度在该坡道上行驶,若此时的 $D\geqslant f+i$,汽车能按等速或变速行驶;若 $D<f+i$,汽车还可利用动能上坡行驶,当车速降到该挡位的 v_K 尚未驶上该坡道时,就应该换较低挡位以获得较大的 D 继续升坡,当用最低挡位仍不能驶上坡道,汽车就会熄火停驶,说明该坡道太陡、太长,汽车根本无法爬越此坡度。

3.3.3　最高车速

最高车速,是指汽车在平直、良好道路(混凝土或沥青)上所能达到的平均最高行驶车速。

驱动力—行驶阻力平衡图清楚地描述了不同挡位、不同车速条件下驱动力和常见行驶阻力的关系。利用驱动力—行驶阻力平衡图可方便地确定汽车的最高车速 v_{max}，即最高挡驱动力和速度(F_t-v)关系曲线和常见阻力与速度(F_f+F_w)—v 关系曲线的平衡点(两条曲线交点)对应的速度即为最高车速。汽车动力特性图中最高挡汽车的动力因数 D-v 与滚动摩擦系数 f-v 两曲线的交点(即 $D=f$)所对应的车速也是最高车速。由图 3-7 和图 3-8 可知，某款轿车(1.6L)轿车最高车速为 180km/h。

当车速低于最高车速 v_{max}时，驱动力 F_t 大于常见行驶阻力(F_f+F_w)，它们之差即剩余动力可以用于爬坡或加速。如果此时仍希望汽车等速行驶，则驾驶员必须减小加速踏板行程，让发动机在部分负荷特性工况工作，使汽车驱动力和常见行驶阻力仍处于平衡状态。

3.3.4 加速时间和加速距离

汽车加速性表示汽车的加速能力，加速能力可用汽车在良好、平直路面产生的加速度来评价。但是加速度在整个加速过程中是变化的，不好直接测量。一般用加速时间或加速距离来评价加速能力。它对汽车平均行驶速度影响很大。

加速时间分为原地起步加速时间和超车加速时间。

原地起步加速时间，是指汽车由Ⅰ挡或Ⅱ挡起步，以最大的加速强度，选择恰当的换挡时间，逐步换挡至最高挡位，达到预定距离或车速所需要的时间。一般可用从汽车静止加速行驶到 400m 距离或者加速至 100km/h 速度所需的时间表示汽车原地起步的加速能力。

超车加速时间，是指用最高挡或次高挡由预定的车速，以最大加速强度，加速到某规定车速所需的时间。超车加速能力强，表明汽车超车过程中并行时间或距离短，与对向交通流发生碰撞事故的几率低。超车加速能力有的采用以最高挡或次高挡从 30km/h 或 40km/h 全力加速至某预定高速所需的时间表示。

根据定义，加速行驶时，纵坡 $i=0$，由汽车行驶方程得加速阻力 F_j 为：

$$F_j = \delta m \frac{dv}{dt} = F_t - (F_f + F_w)$$

则可求加速度为：

$$\frac{\mathrm{d}v}{\mathrm{d}t}=\frac{\mathrm{g}}{\delta}\left(\frac{F_{\mathrm{t}}-F_{\mathrm{w}}}{G}-f\right)=\frac{\mathrm{g}}{\delta}(D-f) \tag{3-15}$$

3.3.5 汽车爬坡能力

汽车爬坡能力是用最大爬坡度 $i_{\max}$ 表示。最大爬坡度，是指汽车满载时，以Ⅰ挡在良好路面所能爬上的坡度。它是汽车动力性的评价指标，它代表了汽车的极限爬坡能力。

根据汽车行驶方程式或 $F_t-(F_f+F_w)$ 平衡图也可确定汽车的爬坡能力。它是指汽车在良好路面克服 F_f+F_w 后剩余的全部力用来克服坡道阻力 F_i 时所能爬上的最大坡度 $i_{\max}$。此时汽车在Ⅰ挡以最低稳定车速行驶，即 $\frac{\mathrm{d}v}{\mathrm{d}t}=0$，则汽车行驶方程式变换为：

$$F_{\mathrm{i}}=F_{\mathrm{t}}-(F_{\mathrm{f}}+F_{\mathrm{w}}) \tag{3-16}$$

假设汽车滚动阻力仍为平路上的数值，则：

$$m g\sin\alpha=F_{\mathrm{t}}-(F_{\mathrm{f}}+F_{\mathrm{w}})$$

$$\sin\alpha=\frac{F_{\mathrm{t}}-(F_{\mathrm{f}}+F_{\mathrm{w}})}{m g}=\frac{F_{\mathrm{t}}-F_{\mathrm{w}}}{m g}-\frac{F_{\mathrm{f}}}{m g}=D-f\cos\alpha \tag{3-17}$$

$$\alpha=\sin^{-1}\frac{F_{\mathrm{t}}-(F_{\mathrm{f}}+F_{\mathrm{w}})}{m g} \tag{3-18}$$

又由于 $\cos\alpha_{\max}=\sqrt{1-\sin^2\alpha_{\max}}$，则最大爬坡角度 $\alpha_{\max}$ 为：

$$\alpha_{\max}=\sin^{-1}\frac{D_{1\max}-f\sqrt{1-D_{1\max}^2+f^2}}{1+f^2} \tag{3-19}$$

则最大爬坡度：

$$i_{\max}=\tan\alpha_{\max}=\tan\left(\sin^{-1}\frac{D_{1\max}-f\sqrt{1-D_{1\max}^2+f^2}}{1+f^2}\right) \tag{3-20}$$

对于直接挡位(变速器传动比 $i_g=1$),由于坡度角较小,则可简化为:

$$i_{0max}=D_{max}-f \quad (3\text{-}21)$$

各挡位的最大爬坡度如图 3-9 所示。

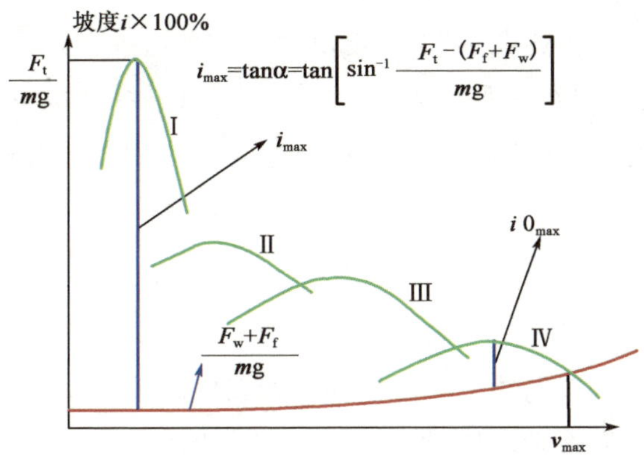

图 3-9　汽车的爬坡度

图 3-10 为某款轿车(1.6L)的各挡位爬坡度及车速关系曲线。从图 3-10 中可以看出,该款轿车的最大爬坡度是在Ⅰ挡速度 36km/h 时对应的 39%的纵坡;Ⅳ挡时在 5%的纵坡上能以 140km/h 均速行驶,6%的纵坡上能保持 120km/h 的车速,此时的油耗很大;Ⅴ挡时能以 90km/h 速度行驶在 5%纵坡上,120km/h 的速度在 4%的纵坡上匀速行驶。

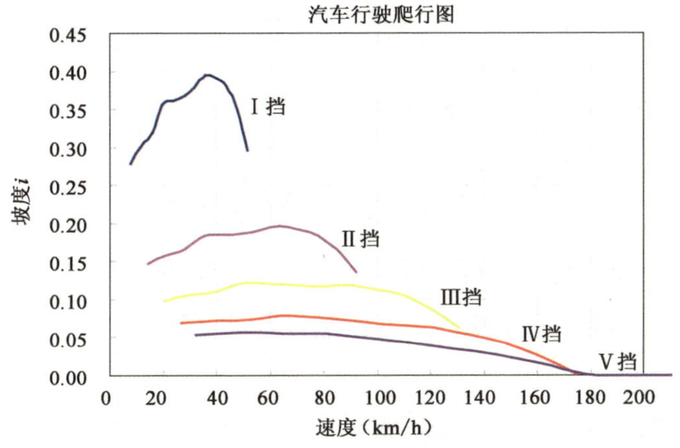

图 3-10　某款轿车(1.6L)爬坡度(比功率 51.2kW/t)

3.4 最大纵坡

最大纵坡，是指坡道上的车辆能安全上坡或下坡的极限坡度。最大纵坡，应视路面、车辆类型、行车速度、车辆载重以及车辆动力等而异。行车速度越高，相应的纵坡越小；路面的摩擦系数越小，附着系数越低，纵坡也不能太大；汽车动力性能越好，爬坡能力越强，纵坡也可大些。通常用比功率作为衡量汽车动力性能的一个综合指标。

3.4.1 比功率

单位汽车质量具有的功率称为比功率，具体是指汽车发动机最大功率与汽车总质量之比。一般来讲，对同类型汽车而言，比功率越大，汽车的动力性越好。

汽车的动力性是由汽车的驱动功率和行驶阻力决定的，发动机的输出功率通过传动系统推动汽车前进，扣除传动损失，即为驱动功率，汽车在行驶中，其驱动功率等于阻力功率。汽车的行驶阻力（滚动阻力、空气阻力、坡道阻力、惯性阻力）和车速的乘积称为阻力功率。汽车的阻力功率随车辆总重和车速的增加而增大，所以，汽车的动力性基本取决于比功率。当车速最大，坡度阻力功率、惯性阻力功率均为零（即 $P_i=P_j=0$）时，则功率平衡方程为：

$$P_e=\frac{1}{\eta_T}\left(\frac{mgf}{3\,600}v_{\max}+\frac{KA}{76\,140}v_{\max}^3\right) \tag{3-22}$$

则比功率即为：

$$\frac{P_e}{m}=\frac{gf}{3\,600\eta_T}v_{\max}+\frac{KA}{76\,140m\eta_T}v_{\max}^3 \tag{3-23}$$

目前，各级公路的最大纵坡是按货车的比功率来考虑的，我国路线规范最大纵坡取值主要依据 8t 载货汽车，比功率为 9.3W/kg（即 12.65 马力/t，0.949W/N）。

一般而言，坡度对重车运行的影响，远大于对小客车的影响。

“坡度在 3%以下的上坡道，对小客车的运行影响极小，超过 3%

时，车速随着坡度的增加而降低，一般小客车均能克服 7%或 8%的坡道。而载货货车在上坡道时，坡度超过 7%时车速即明显降低。[5]”

有的国家对汽车的比功率有规定，以保证路上行驶的汽车动力性不低于一定的水平，防止阻碍正常交通流。

3.4.2 最大纵坡

轻型高速公路服务对象是小客车，其动力性能好，比功率大。普通国产低档车的比功率大概为 40～70kW/t；中档车的比功率大概为 60～100kW/t；高档车则更高，范围也更广，大概为 80～130kW/t。小客车的比功率通常是标准载货货车的几倍到十几倍，爬坡能力远远超过载货货车，同样车速情况下，所爬最大纵坡相应的也要大些。从图 3-10 可以看出，某款轿车(1.6L，比功率 51.2kW/t)车使用Ⅳ挡时，在 5%的纵坡上能以 140km/h 的速度匀速行驶，在 6%的纵坡上能保持 120km/h 的车速。轻型高速公路最大纵坡考虑的车辆比功率按普通国产低档小客车的下限 40kW/t 进行控制。根据图 3-11，按Ⅳ挡行驶，稳定速度为 80km/h 时所爬最大纵坡为 6%，稳定速度为 100km/h 时所爬最大纵坡为 5%；在 120km/h 时，Ⅳ挡所爬最大纵坡为 4.5%，Ⅴ挡所爬最大纵坡为 3%。最大纵坡取值较稳定速度所对应的纵坡在增加 1%～2%，同时结合油耗情况，轻型高速公路最大纵坡按表 3-5 设置。

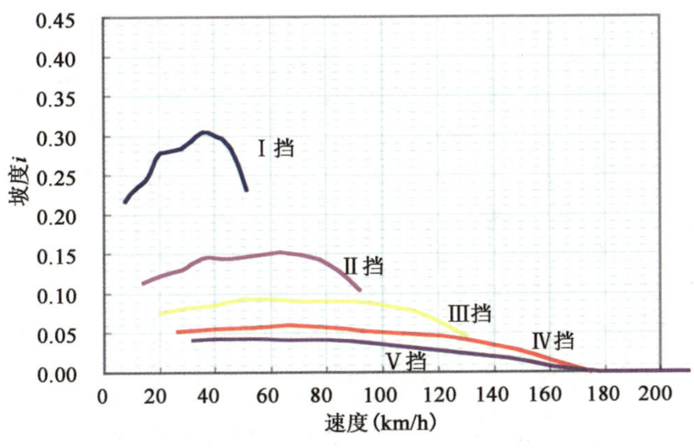

图 3-11 标准小客车(比功率 40kW/t)行驶爬坡图

轻型高速公路的最大纵坡　　表 3-5

设计车速(km/h)	80	100	120
最大纵坡(%)	7(8)	6(7)	5(6)

注:括号内数值为特殊地形条件下的建议值。

3.5　坡长限制

公路的最大纵坡及坡长限制,是以一定的典型的比功率车辆为设计依据。如一般公路的是依据典型(标准)载货货车以平均运行速度驶入坡道,然后以能够接受车辆在坡道上的速度降低的量(速度折减量)对应的坡长作为限制坡长。

如美国是将质量功率比 120kg/kW(相应的比功率为 8.333W/kg)的典型货车以上坡前的速度作为平均速度,车辆在坡道上的容许速度降低量为 15km/h 的坡长作为限制坡长[5]。如图 3-12 所示,15km/h 的折减量,纵坡 5%,限制坡长为 280m,纵坡 4%时,限制坡长 360m,3%时,坡长 510m。

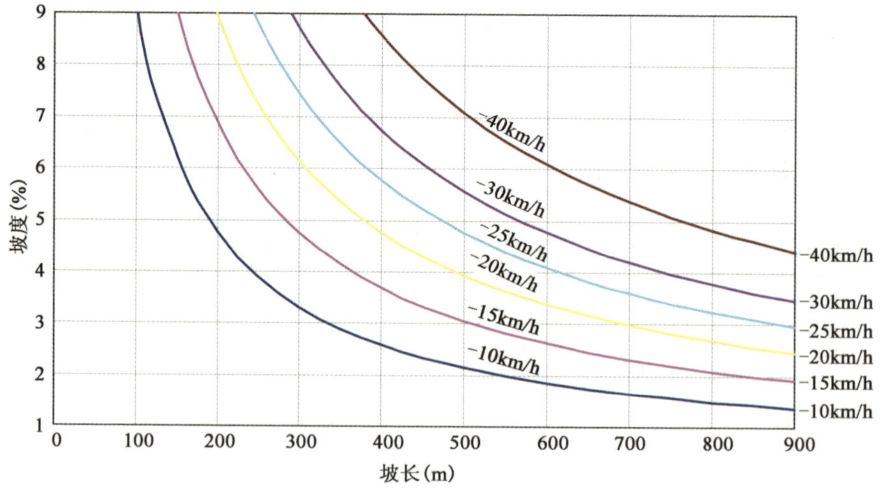

图 3-12　美国标准货车(比功率 8.33kW/kg,驶入速度 110km/h)的坡度与坡长关系曲线

我国公路工程技术标准中纵坡长度限制主要依据 8t 载货汽车("功率/质量"比是 9.3W/kg)的爬坡性能曲线,同时考虑坡底的入口速度及允许速度差确定。图 3-13 为驶入速度 100km/h,不同速度折减量和坡长的关系曲线。

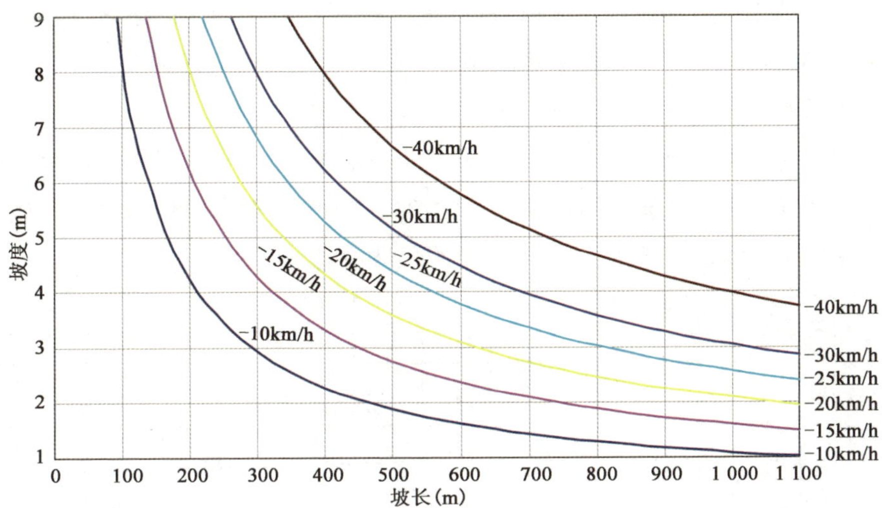

图 3-13 我国标准货车(比功率 9.3W/kg,驶入速度 100km/h)的坡度与坡长关系曲线

我国《公路工程技术标准》(JTG B01—2003)规定的最大纵坡及限制坡长如表 3-6 所示[3]。

各级公路纵坡坡长限制(m) 表 3-6

设计速度(km/h)		120	100	80	60
纵坡坡度(%)	3	900	1 000	1 100	1 200
	4	700	800	900	1 000
	5		600	700	800
	6			500	600

从表 3-6 和图 3-13 可知,我国最大坡长是按速度降低 25～35km/h 来控制的,有些纵坡及坡长规定要宽松些,而有些要求较高。

小客车的动力性能好,比功率大,驾驶员在 4%～5%的纵坡的高速公路行驶很少感觉到纵坡对速度的影响。研究表明,小客车行驶在 3%的纵坡上与平坡相当,其速度仅仅有轻微的变化。而在较陡的纵坡上行驶,上坡时,速度会随纵坡的增大而有所降低;下坡时,车速较平坡上稍快些。在确定限制坡长的设计数值中,车辆的爬坡能力是决定性因素,需要以下数据或假定。

(1)作为设计车型所采用的具有代表性的小汽车的尺寸和功率,以及有关的动力性能参数。

日本的小型道路设计车辆荷载(自重+载重)为 30kN。道路纵坡及坡长依据的车辆为标准小客车单位重量功率 3.0W/N(29.4W/kg),标准车辆总体性能处于较低水平[4]。

我国普通国产低档小汽车的比功率大概范围在 40~70W/kg,轻型高速公路采用普通国产小汽车动力性能的下限值(比功率 40W/kg)作为设计车型。图 3-14、图 3-15、图 3-16 反应了这种车型的爬坡性能。

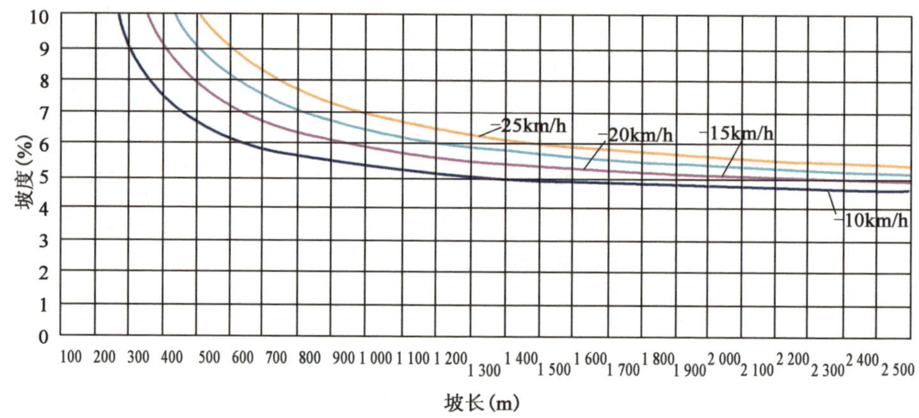

图 3-14　标准小汽车(比功率 40W/kg,驶入速度 120km/h)的坡度与坡长关系曲线

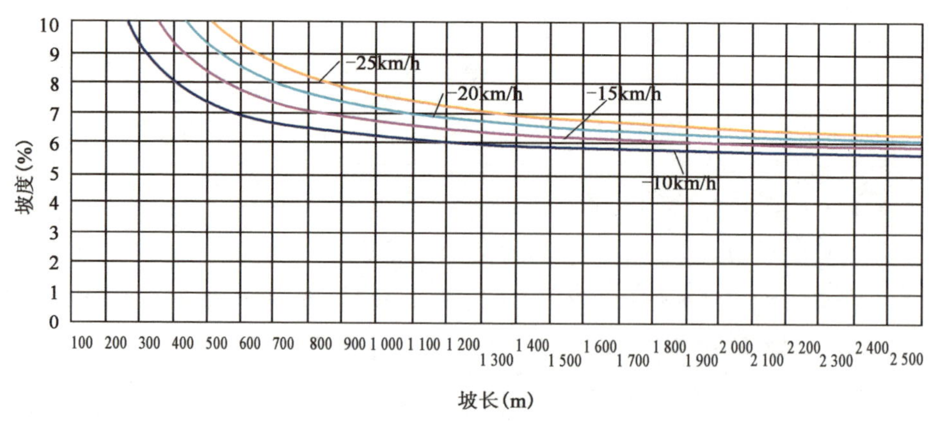

图 3-15　标准小汽车(比功率 40W/kg,驶入速度 100km/h)的坡度与坡长关系曲线

(2)确定进入坡道的车速。与设计车速相关的运行速度,可作为小汽车进入坡道开始爬坡的速度,实际运行中应考虑相邻段的平纵面线形条件。若车辆从平缓纵坡进入坡道,则可以直接采用设计速度;当邻接坡为下坡,则应将设计速

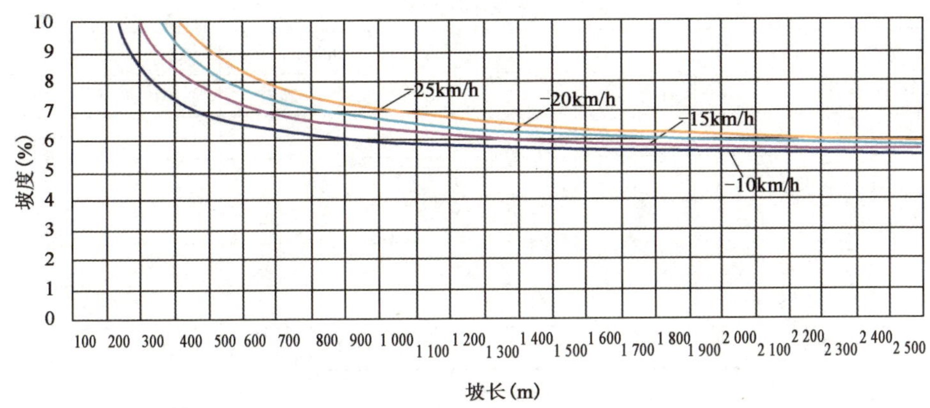

图 3-16 标准小汽车(比功率 40W/kg,驶入速度 80km/h)的坡度与坡长

度适当提高一些;若邻接路段为上坡,则采用由前一坡道驶出的行驶速度作为驶入坡道的速度。

(3)坡道上所接受的最小速度。由于不同小客车的动力性能也存在较大差别,小客车的比功率范围通常在 40～130W/kg,极少量小客车(如排量 1.0L 左右,功率 50kW 以下)比功率在 35W/kg 左右(如装配 CA3GA2 发动机的夏利 2012 款 N3 1.0L 三厢舒适型,其最大功率为 48kW),这些车辆在高速公路上行驶,速度上会存在一定的差异。坡道上所考虑的最小车速,是不至于对尾随车辆产生较大的影响。

研究表明,车辆偏离平均速度越多,造成的事故的概率越大。美国有一项研究,利用一个州的车速分布与事故率关系,得出四轴或更多车轴的载货汽车行驶在较平缓的道路上的事故率。将事故率与速度折减量(降低的幅度)为10km/h、15km/h、25km/h 和 30km/h 建立关联,表明速度降幅 25km/h 的事故率是降幅 15km/h 的 2.4 倍。据此推荐使用 15km/h 速度折减量来作为确定临界坡长的设计原则,把折减量为 25km/h 的相应坡长作为限制坡长。

考虑小客车的总体爬坡性能较好,因此将速度折减量 10km/h 对应的坡长作为轻型高速公路纵坡设计所期望的临界坡长,将速度折减量为 15km/h 对应的坡长作为纵坡设计时的限制坡长。根据图 3-14、图 3-15、图 3-16,轻型高速公路的最大纵坡及坡长见表 3-7。

各级公路纵坡坡长限制(m)　　　　表 3-7

设计速度(km/h)		120		100		80	
坡度		临界坡长	限制坡长	临界坡长	限制坡长	临界坡长	限制坡长
纵坡坡度(%)				—	—		
	4			—	—		
	5	1 300	2 000				
	6	550	850	1 100	1 700		
	7			460	700	—	—
	8					900	1 400

注:折减量 10km/h、15km/h 对应的临界坡长和限制坡长。

3.6 纵坡仿真验证

根据理论计算结果,选取坡度 6%,坡长 3 500m;坡度 7%,坡长 3 200m;坡度 8%,坡长 3 000m 和坡度 9%,坡长 2 800m 作为仿真场景不同的坡度与坡长值。

根据以上目的和计算结果,拟定设计仿真纵断面上、下坡如图 3-17 所示,仿真场景设置如图 3-18 所示。

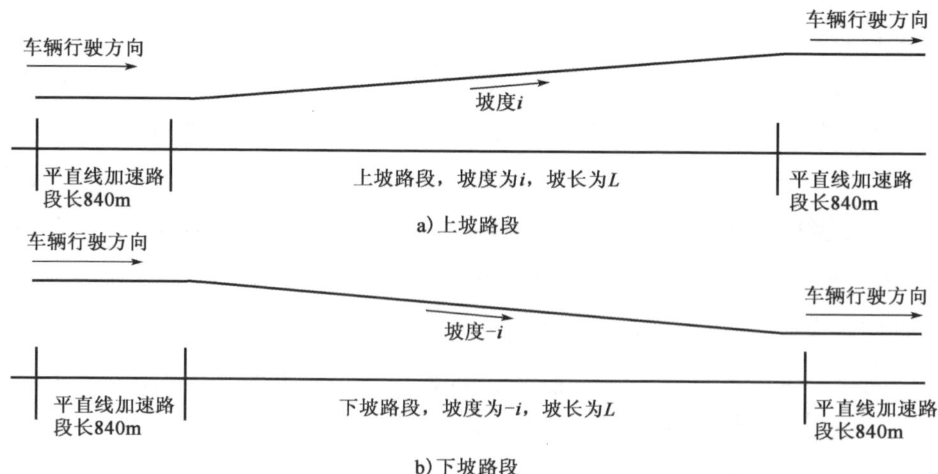

图 3-17　实验纵断面方案示意图

图 3-18 仿真场景设置

根据拟定的试验设计方案，在试验场景中，选用 1.6L 排量的代表车型，按照 140km/h、120km/h、100km/h 和 80km/h 的设计速度上坡行驶。由于理论计算所得的结果和实际情况有所差异，因此，根据上坡试验中得到的速度随坡长的变化数据，对理论计算进行修正，得到在模拟驾驶舱中的代表车型在不同坡度下以 140km/h 的初速度爬坡时的速度折减曲线如图 3-19 所示。

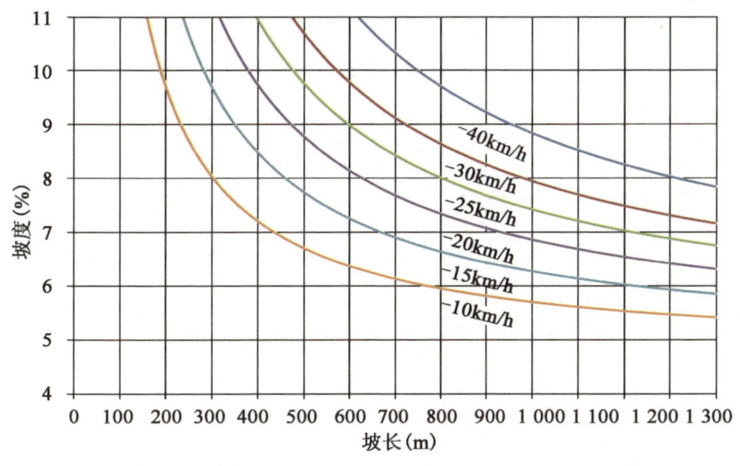

图 3-19 模拟条件下小客车上坡速度折减曲线

由图 3-19 可以看出，车辆在上坡过程中，速度变化与理论分析的基本一致。小客车在 5%的纵坡爬坡，速度折减较慢；当坡度达到 6%时，速度折减 15km/h 时对应的坡长为 1 200m。因此，对于纵断面指标研究中得到的在 120km/h 和 100km/h 时轻型高速公路的坡长分别为 1 300m 和 1 100m 的限定是合理的，并且仍有增大的余地。

在模拟舱试验中，坡度7%的试验场景下得到当车辆以80km/h上坡时的速度变化曲线如图3-20所示。

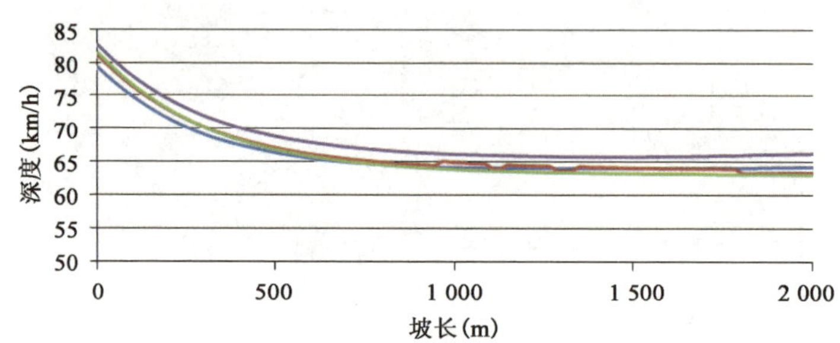

图3-20　模拟车辆以80km/h的初速度上坡时的速度变化图

由图3-20可以看出，模拟车辆在7%坡度的道路上以80km/h的初速度上坡过程中，车速逐渐降低至65km/h左右能够达到平衡状态。因此，对于纵断面研究中提出的80km/h的设计速度下，7%坡度的小客车专用公路不限制坡长也是能够满足车辆行驶要求的。

本章参考文献

[1] 许洪国，等. 汽车运用工程网络课程. 吉林大学，长春大学.

[2] 中交公路规划设计院有限公司. 轻型高速公路节地关键技术研究[R]. 2007，12.

[3] 中华人民共和国行业标准. JTG B01—2003　公路工程技术标准[S]. 北京：人民交通出版社，2004.

[4] 日本国土交通省道路局. 道路构造令. 2003.

[5] American Association of State Highway and Transportation Officials. Geometric Design of Highways and Streets. 2004.

[6] 蒋承楷. 道路勘测设计[M]. 北京：人民交通出版社，1996.

[7] 俞培泳，崔振伟. GA3GA2发动机进气歧管得设计与开发[J]. 天津汽车，2008，7.

4 轻型高速公路路基横断面宽度

4.1 路基横断面组成要素及主要影响因素

路基横断面由中间带(中央分隔带及左侧路缘带)、行车道、路肩(硬路肩及土路肩)组成,见图 4-1。其宽度由中间带宽度、行车道宽度、行车道数量、路肩宽度决定。影响路基横断面宽度的主要因素为行驶车辆的几何尺寸、预测交通流量及车辆的行驶速度,其中预测交通流量在第 2 章中已经介绍,这里主要介绍设计车辆和行驶速度的确定。

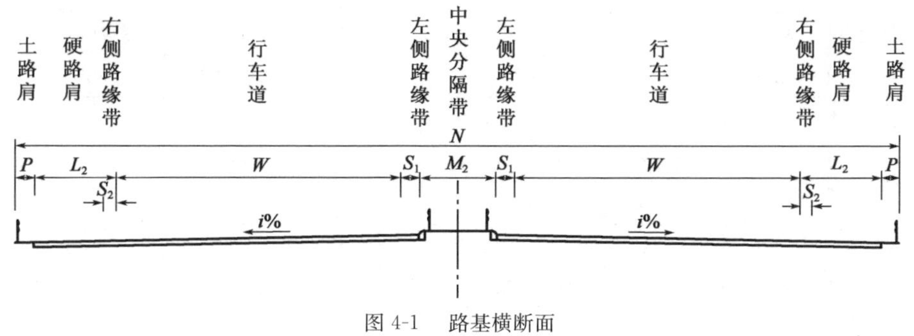

图 4-1 路基横断面

4.1.1 设计车辆

轻型高速公路为专供小客车分向、分车道行驶并全部控制出入的多车道高速公路。这里指的小客车是《公路工程技术标准》(JTG B01—2003)中定义的不大于 19 座的客车,不包括不大于 2t 的货车。《公路工程技术标准》(JTG B01—2003)条文说明 2.0.1 指出"根据我国行驶车辆的具体情况、汽车发展远景规划和经济发展水平,出于经济和实用的考虑,设计车辆的外廓尺寸是按现有车型的尺寸进行统计后,满足 85%以上车型的外廓尺寸作为设计标准。"[1]

小客车的外廓尺寸见表 4-1，典型小客车外形尺寸见表 4-2。

小客车外廓尺寸表 表 4-1

总长(m)	总宽(m)	总高(m)	前悬(m)	轴距(m)	后悬(m)
6	1.8	2	0.8	3.8	1.4

典型小客车外形尺寸一览表 表 4-2

别　名	车型牌号	外形尺寸(mm) 长×宽×高	满载质量(kg)	轴距(mm)
桑塔纳普通型	SANTANA GLi99 新秀	4 546×1 710×1 427	1 490	2 548
桑塔纳旅游车型	SANTANA VARIANT GLi	4 546×1 710×1 427	1 550	2 548
桑塔纳 2000 型	SANTANA 2000 GLi	4 680×1 700×1 423	1 540	2 656
	SANTANA 2000 GLi 时代超人	4 680×1 700×1 423	1 560	2 656
新帕萨特型	SHANGHAI PASSAT	4 794×1 736×1 490	1 070	2 803
奥迪 200	AUDI 200	4 807×1 814×1 428	1 850	2 687
捷达 GT 系列	GT 捷达王	4 385×1 674×1 415	1 470	2 471
捷达 AT 系列	AT 都市先锋	4 428×1 660×1 420	1 500	2 471
捷达 GTX 系列	GTX 新捷达王	4 428×1 660×1 420	1 480	2 471
神龙富康 1.4iRP	1.4 iRP	4 071×1 702×1 425	1 425	2 540
神龙富康 1.4iRL	1.4 iRL	4 071×1 702×1 425	1 425	2 540
神龙富康 1.6iAL	1.6 iAL	4 071×1 702×1 425	1 455	2 540
神龙富康 988EL	988EL	4 291×1 702×1 418	1 455	2 540
	JT7100A,JT7100A(PT)	3 610×1 600×1 385	1 140	2 340
	JT7100UA	3 995×1 600×1 385	1 140	2 340
	JT7130UA	3 995×1 615×1 385	1 180	2 340
	JT7130UAL	4 075×1 615×1 385	1 195	2 420
TJ7131U-99 金夏利	TJ7131U	3 995×1 615×1 385	1 215	2 340
红旗 7180 系列	CA7180	4 792×1 814×1 422	1 300	2 687
	CA7180E	4 792×1 814×1 422	1 710	2 687
红旗 7200 系列	CA7200AE 98 新星	4 792×1 814×1 422	1 710	2 687
红旗 7220 系列	CA7220AE	4 792×1 814×1 422	1 710	2 687
红旗 7247 系列	CA7220L	5 108×1 814×1 430	1 890	3 003
红旗 7300 系列	CA7300	4 792×1 814×1 422	1 740	2 687
Buick	Buick GL/GLX/新世纪	4 984×1 845×1 438	1 563	2 769

续上表

别　名	车型牌号	外形尺寸(mm) 长×宽×高	满载质量 (kg)	轴距 (mm)
长安奥拓系列	都市贝贝	3 300×1 405×1 440	965	2 175
YQZ 系列	YQ6370 世纪阳光	3 615×1 605×1 460	1 195	2 345
	YQ6390	3 935×1 605×1 455	1 230	2 345
英格尔系列	NJ6400GHR	3 746×1 610×1 394	1 345	2 443
新云雀系列	新云雀	3 367×1 462×1 350	660	2 255
全顺(TRANSIT)	9 座 GLX	4 616×1 974×2 178	1 842	2 835
	12 座 LX	4 616×1 974×2 178	1 842	2 835
	12 座 GL	4 616×1 974×2 178	1 842	2 835
	15 座 LX	5 368×1 974×2 242	2 072	3 570
	15 座 GL	5 368×1 974×2 242	2 072	3 570
	17 座 GL	5 918×1 974×2 269	2 120	3 570
BJ2020 系列	BJ2020 SG	4 068×1 768×1 990	1 550	1 470
	BJ2020 SM	4 068×1 768×1 913	1 591	2 300
	BJ2020 ST	4 068×1 768×1 990	1 550	2 300
	BJ2020 SY	4 068×1 768×1 913	1 550	2 300
BJ2023 系列	BJ2023S1C 轻型越野车标准型	4 025×1 768×1 900	425	2 300
	BJ2023Q1 轻型越野车豪华型	4 025×1 768×1 900	425	2 300
	BJ2023SAJ 四驱小客车	4 025×1 768×1 900	425	2 300
BJ2024 系列	BJ2024S 长轴距轻型越野车	4 225×1 768×1 940	425	2 500
顺途切诺基	顺途切诺基	4 200×1 790×1 645	1 375	2 576
超级切诺基	超级切诺基 2021A6L	4 342×1 790×1 760	1 620	2 678
	超级切诺基 2021E6L	4 342×1 790×1 760	1 620	2 678
	超级切诺基 2021EL	4 322×1 790×1 760	1 510	2 678
	超级切诺基 7250EL	4 322×1 790×1 695	1 400	2 678
CJY6421 系列	CJY6421A	4 685×1 695×1 955	2 500	2 725
越野车系列	ZN6440BK	4 365×1 690×1 640	2 280	2 650
SY6480A 系列 (金杯)	SY6480A	4 830×1 690×1 935	2 800	2 590
	SY6480A1	4 830×1 690×1 935	2 800	2 590
	SY6480A1 经济型	4 830×1 690×1 935	2 800	2 590
	SY6480AF	4 830×1 690×1 935	2 800	2 590

续上表

别　　名	车型牌号	外形尺寸(mm) 长×宽×高	满载质量 (kg)	轴距 (mm)
RZH115L 系列	RZH115LB(B)	4 900×1 690×1 935	2 800	2 590
	RZH115LB(H)	4 900×1 690×1 935	2 800	2 590
	RZH115LF(B)	4 830×1 690×1 935	2 800	2 590
	RZH115LF(H)	4 830×1 690×1 935	2 800	2 590
大众系列	大众夏朗	4 617×1 810×1 728	2 400	2 835
依维柯 A30-9 系列	NJ6486FCE	4 850×2 000×2 495	3 170	2 800
	NJ6486FCD	4 850×2 000×2 225	3 170	2 800
依维柯 A30-10 系列	NJ6486RDE	4 850×2 000×2 495	3 170	2 800
依维柯 A40-10 系列	NJ6596SFF	5 980×2 000×2 752	4 000	3 310
	NJ6596AEF	5 980×2 000×2 752	4 000	3 310

4.1.2 设计速度

《公路工程技术标准》(JTG B01—2003)规定高速公路设计车速为 120km/h、100km/h、80km/h，特殊困难的局部路段，且因新建工程可能诱发工程地质病害时，经论证，设计车速可以采用 60km/h，但长度不宜大于 15km，或仅限于相邻两互通式立体交叉之间[1]。

高速公路设计速度不宜过低，过低势必失去快捷的意义。高速公路设计速度也不宜过高，有研究资料表明，当运动速度超过 120km/h 时，静视力为 1.5，32 岁年龄组的人平均动视力在 0.6 左右，已达不到我国“交通法规”要求的“矫正视力不小于 0.7”的标准，会造成视认不全、丢失信息的后果，留有事故隐患。

另外，当人处于运动状态时，注视的焦点要前移，复合视野的范围变窄，称为动视野。运动速度越快，动视野范围越小，以至发生“隧道视”。速度超过 120km/h 时，视野由静止时的 60°收拢到注视点周围，只有 3°～5°，此时，很难注意到路边发生的情况。

轻型高速公路设计速度采用《公路工程技术标准》(JTG B01—2003)规定的

设计车速 120km/h、100km/h、80km/h。为了尝试拓展设计速度的范围，本研究对设计车速 140km/h 进行探索性研究。

4.2 路基横断面宽度研究方法

轻型高速公路横断面宽度研究采取理论分析、调查统计分析与车辆仿真试验相结合的方法进行。即通过收集、调查、分析国内外相关研究资料和数据，确定路基横断面宽度，然后通过车辆驾驶模拟仿真试验对设计车速 80～140km/h 的多种路基横断面宽度进行安全性验证后确定轻型高速公路路基横断面宽度值。

4.2.1 国内研究

1)概述

通常情况下，道路使用者往往认为道路横断面越宽越利于行驶安全。但根据研究机构对我国平原区 72 条公路进行横断面安全影响分析发现，上述认识并不完全正确。在一定范围内，随着横断面宽度增加，双车道公路安全水平逐渐提高，当宽度增加到一定程度后，再增加宽度对安全性提高没有贡献，甚至不利于安全，其中路面宽度对死亡率的影响则一直呈上升趋势，这与国外的研究结果基本一致。相对于双车道公路来说，路基宽度对四车道公路安全性的影响相对复杂，规律不如双车道公路明显。但在一定宽度范围内，路面宽度对事故率的影响规律与双车道公路基本一致，呈先降低后增加的趋势，只是死亡率的影响规律双车道公路与四车道公路不同。此外，有中央分隔带的四车道公路相对于无中央分隔带的公路，在同样的横断面指标下表现出较好的安全性。

轻型高速与城市道路相似，主要服务对象为小客车。由于车辆不断增加对城市道路交通产生的压力越来越大，城市道路横断面也在逐步优化，行车道宽度逐渐压缩，比如北京市的二环路，设计车速为 60～80km/h，大部分路段行车道宽度为 3.25m，局部路段已压缩至 2.75m；上海市的环路，设计车速 80km/h，大部分路段行车道宽度为 3.25m。

2)相关研究成果

(1)行车道

除了须考虑车辆宽度外,一条车道的基本宽度还应满足车辆不精确行车动作并能为相邻车道上的车流提供余宽的要求。

影响车辆横向运动的因素有:驾驶员驾驶的能力、在曲线段增加车道宽度的需求、曲线段车辆的动态横移(移动过分/移动不足)、反光镜位置或横向风的影响,并且与设计车速密切相关,见表 4-3[2]。

各级公路的车道宽度 表 4-3

公路等级	车道数	设计时速(km/h)	标准车辆宽度(m)	动态净空(m)	对向交通增宽(m)	计算宽度(m)	使用宽度(m)
高速公路	8	120	2.5	1.25	0	3.75	3.75
	6						
	4						
	4	100		1.25		3.75	3.75
	4	80		1.25		3.75	3.75
	4	60		1.00		3.50	3.50
一级公路	4	100		1.25		3.75	3.75
	4	60		1.00		3.50	3.50
二级公路	2	80		1.25	0.25	4.00	3.75
	2	40		0.75		3.50	3.50
三级公路	2	60		1.00		3.75	3.50
	2	30		0.50		3.25	3.00
四级公路	2	40		0.75		3.50	3.00
	1	20		0.50	0	3.00	3.00

(2)硬路肩

硬路肩应具有足够的宽度保证其功能的充分发挥,但过宽的硬路肩将使驾驶员把路肩当成外加的行车道使用。

硬路肩实现不同功能所需要的最小宽度见表 4-4[2]。

路肩功能与最小宽度　　表 4-4

硬路肩功能	最小宽度(m)
路面侧向支撑	0.5
控制湿度	1.0
紧急停车—小汽车	2.5
紧急停车—公共汽车停靠站	3.0
紧急停车—载货汽车	3.0

(3)路缘带

路缘带是硬路肩或中间带的一部分,其主要功能是诱导视线、提供侧向余宽。

高速公路和一级公路右侧应设置 0.5m 宽的路缘带,右侧路缘带宽度应计入硬路肩宽度之内。

综上所述,国内研究表明,路面宽度达到一定程度后,路面宽度的增加对安全性的提高没有贡献,甚至不利于安全。

以小客车为主的北京、上海城市环路行车道宽度在 3.25m 左右,车速可达到 60～80km/h。

有小汽车紧急停车需要的公路,硬路肩最小宽度为 2.5m,无小汽车停靠的公路硬路肩宽度要求满足行车安全、路面侧向支撑、湿度控制的功能需要。

高速公路和一级公路右侧应设置 0.5m 宽的路缘带,右侧路缘带宽度应计入硬路肩宽度之内。

4.2.2　国外研究

1)概述

车道宽度变窄是国家经济发展到一定水平,交通规模达到一定程度,土地供应日趋紧张,解决交通拥堵的一个办法。在对国外相关资料的收集中,可以发现,对于大多数国家,均没有系统的小汽车专用公路设计规范,小型车辆专用公路的建设一般均为一事一议。对于大多数欧美发达国家,解决交通饱和的方法,主要采用了疏导、限制等措施,只有日本明确地提出了小型汽车的专用车道设计规定。

2)相关研究成果

美国一些学者认为,当车道宽度超过 11 英尺(3.35m)后,安全水平难以提高,当车道宽度超过 12 英尺(3.66m)后,甚至不利于安全。

日本公路横断面研究比较早。为缓解交通拥堵,日本于 1994 年提出并开始研究小客车专用公路的有关课题,并将小型汽车专用道路称为小型道路。1997 年召开专家会议研讨了小客车道路技术标准,并于 2002 年提出小客车专用公路技术标准。经过近十年的研究,2003 年 7 月修订的《道路构造令》正式发布“小型汽车专用的小型道路技术指标”。

根据日本《道路构造令》,日本国内对道路做了四种分类,分别对应公路和城市道路,其中市区以外的汽车专用公路为第一种,城市区汽车专用道路为第二种。同时,每种分类又根据交通量做了不同分级[3]。我国设计车速为 120km/h、100km/h、80km/h 的高速公路,基本可以对应于日本第一种公路的第一、二、三级。由于日本的城市分布比较密集,小型轿车普及率较高,因此针对小型轿车出行密集的区域,专门划定了小型道路。作为一种单独的形式,对小型道路的车道宽度、中间带宽度、路缘带宽度及路肩等横断面指标都做了相应规定,具体指标见表 4-5。

日本《道路构造令》横断面尺寸一览表 表 4-5

道路等级		车道宽度		中间带宽度		左侧路缘带		硬路肩宽度	
		普通路	小型路	普通路	小型路	普通路	小型路	普通路	小型路
第一种	第一级	3.5	—	4.5	—	0.75	—	2.5	1.25
	第二级	3.5	—	4.5	—	0.75	—	2.5	1.25
	第三级	3.5	3.25	3.0	—	0.5	—	1.75	1.0

可以看出,在横断面各项指标中,车道宽度及硬路肩的宽度值中,小型道路都较同级别的要窄,而对中间带及隶属于中间带的左侧路缘带,做了相同的宽度规定。

美国是当今世界上公路交通最发达,高速公路通车里程最长的国家。由于地广人稀,美国的高速公路横断面布置比较宽松,主要体现在中央分隔带上。根据 AASHTO 相关规范规定[4],美国公路机动车道宽度范围在 2.7～3.6m 之间，其中，3.6m 宽度对应高速公路的要求。硬路肩根据是否有停车需要，宽度设置从 0.3～3.6m 不等，当不考虑停车时，建议采用不小于 0.6m，对于考虑停车及重交通高速公路，建议硬路肩宽度最小为 3m，最好为 3.6m。中间带宽度则根据需要，宽度设置范围为 1.2～24m 不等。在实际使用中，中间带宽度一般为 11m 左右，城区和山区公路宽度也不小于 4.9m。美国加利福尼亚州公路委员会的资料显示，随着分隔带宽度的增加，行车相撞事故的数量明显减少。美国研究人员认为，当中间带宽度等于或大于 12.2m 时，才能真正将两个方向的车流分隔，对向交通气浪压力及噪声就会减轻，又能降低夜间车灯炫目影响。由于中间带较宽，有的内侧防撞栏也不再设置。为增加中间带的宽度，大部分路段的预留车道也并入中间带内，并种草植树，布置成优美的环境。中央分隔带以凹形为主，仅在市区附近才采用凸形。

图 4-2 为美国城市道路，图 4-3 为中国香港城市道路。

澳大利亚《公路设计手册》中对于高速公路整体式横断面中间带宽度设计见表 4-6。

图 4-2 美国城市道路

图 4-3 中国香港城市道路

澳大利亚中间带宽度 表 4-6

设计速度(km/h)		120	100	80	60
中央分隔带宽度(m)	一般值	3.00	2.00	1.50	1.50
	最小值	2.00	1.50	—	—
左侧路缘带宽度(m)	一般值	0.75	0.75	0.50	0.50
	最小值	0.5	0.50	0.25	0.50

续上表

设计速度(km/h)		120	100	80	60
中间带宽度(m)	一般值	4.50	3.50	2.50	2.50
	最小值	3.00	2.50	2.00	2.00

注:采用新泽西混凝土块护栏分离双向车流的中央分隔带最小宽度为0.7m。

汇总国外相关研究成果发现:供小汽车行驶的公路行车道及硬路肩宽度可以适当减窄。日本公路技术标准中,小型车道最小宽度为2.75m,普通公路行车道最大宽度为3.50m。美国城市车道宽度采用3.05~3.35m,俄罗斯、法国、瑞典等国车道宽度也采用3.0m或3.25m。中央分隔带宽度则为越宽越有利于安全。

4.3 横断面宽度组成要素

4.3.1 行车道

行车道是指专为车辆纵向排列、安全顺适地通行的公路带状部分。行车道宽度的大小影响着交通安全和行车顺适。行车道宽度取决于公路行驶车辆的大小、车速的高低以及公路提供的服务水平。

行车道宽度必须满足车辆行驶的需要,对于超车或并行来说,必须具有足够的富余,行车道宽度对交通容量和驾驶员的舒适性有影响。

1)国内现行技术标准的行车道宽度规定

《公路工程技术标准》(JTGB01—2003)[1]规定行车道宽度见表4-7。

高速公路行车道宽度表 表4-7

设计速度(km/h)	120	100	80
车道宽度(m)	3.75	3.75	3.75

《城市道路工程设计规范》(CJJ37—2012)[5]规定行车道宽度见表4-8。

我国城市道路行车道宽度 表4-8

车型及车道类型	设计速度(km/h)	
	>60	≤60
大型车或混行车道(m)	3.75	3.50
小客车专用车道(m)	3.50	3.25

高速公路，设计速度为 80～120km/h 的行车道宽度均为 3.75m，市政道路小客车专用车道设计速度大于 60km/h，车道宽度为 3.5m，设计速度小于等于 60km/h，车道宽度为 3.25m。

2)行车道宽度理论计算

根据前苏联的波良可夫公式[6]，计算正常行驶时车辆间距如下：

$$d = 0.7 + 0.02v^{3/4}$$

式中：d——正常行驶车辆与车辆的安全距离；

v——车速。

车辆分布见图 4-4。

图 4-4　轻型高速小客车分布图

M_2-中央分隔带宽度；a-小客车宽度；d-设计时速行驶下车辆间安全距离；S_1-左侧路缘带宽度；S_2-右侧路缘带宽度；L_2-右侧硬路肩宽度；P-土路肩宽度

行车道理论宽度计算结果见表 4-9。

行车道理论宽度计算结果表　　表 4-9

设计时速(km/h)	小客车宽度(m)	车辆安全距离 d(m)	车道理论宽度(m)
80	1.8	1.23	3.03
100	1.8	1.33	3.13
120	1.8	1.43	3.23
140	1.8	1.51	3.31

3)国内行车道宽度状况调查

国内行车道宽度状况调查以北京二环路作为调查对象。北京二环路大部分地段设计速度为 60～80km/h，并选取 4 个具有代表性断面尺寸（图 4-5），具体数据见表 4-10。

图 4-5　北京二环路部分路段

北京二环路行车道宽度　　表 4-10

调 查 地 点	设计时速(km/h)	行车道宽度(m)
北京北二环德胜门桥	80	3.25
北京西二环复兴门桥	60	2.75
北京南二环永定门桥	80	3.25
北京东二环朝阳门桥	80	3.25

调查结果显示，设计时速为 80km/h，3.25m 的行车道宽度，车辆运行正常，并且通过对多名驾驶员的询问发现，绝大部分驾驶员并未发觉二环路比首都机场高速路窄。事实上，首都机场高速公路行道宽度为 3.75m，北京二环路大部分路段行车道宽度比首都机场高速窄 0.5m。

北京西二环复兴门桥段行车道宽度为 2.75m，比北京二环路大部分路段窄 0.5m，多数驾驶员认为该路段有明显拥挤感。该路段长度约为 600m，驾驶员在此路段行驶时间较短，不易造成疲劳，但长时间行驶，存在较大的安全隐患。60～80km/h 的设计速度下，2.75m 的行车道宽度显然过于狭窄。

4）国内驾驶员问卷调查数据分析

调查日期为 2006 年 9 月 26 日，调查选择在首都机场出租车停车场，从上千辆出租车中随机调查了 112 名驾驶员。表 4-11 为驾驶员认为在不同时速下车辆与车辆之间安全距离的人员分布数。

车辆间安全距离调查人员分布表　　表 4-11

速度(km/h)	车辆与车辆之间安全距离(m)			
	<0.5	0.5～1.0	1.00～1.5	1.5～2.0
80	7	35	49	21
100	2	15	50	45
120	2	9	32	68

调查数据分析见图 4-6～图 4-8。

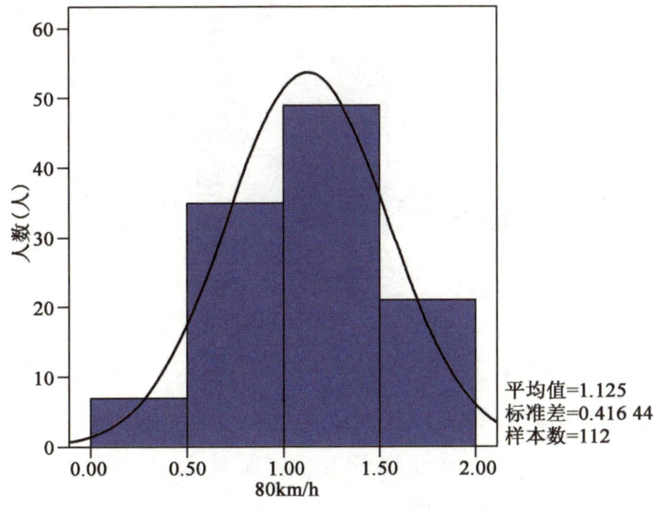

图 4-6　80km/h 车辆安全间距正态分布图

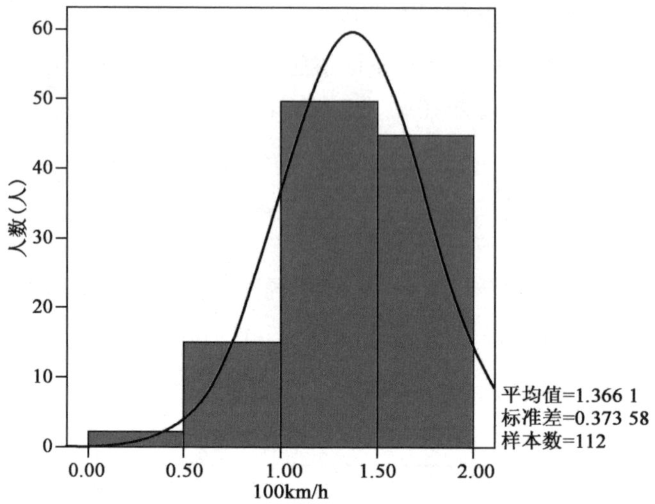

图 4-7　100km/h 车辆安全间距正态分布图

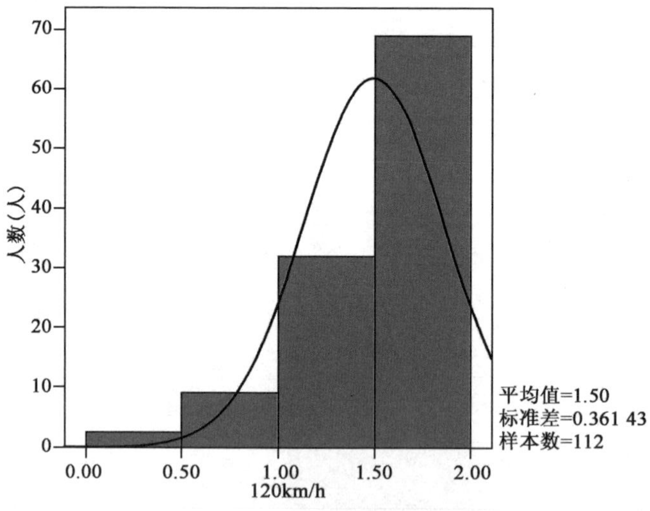

图 4-8　120km/h 车辆安全间距正态分布图

速度 80km/h，车辆间安全距离调查样本服从 $N(1.125, 0.416\,4^2)$ 正态分布。计算结论：85%被调查者可以接受的车辆间安全距离为 1.56m。

速度 100km/h，车辆间安全距离调查样本服从 $N(1.366\,1, 0.373\,6^2)$ 正态分布。计算结论：85%被调查者可以接受的车辆间安全距离为 1.75m。

120km/h 车辆间安全距离调查样本按 $N(1.50, 0.361\,4^2)$ 正态分布考虑。

计算结论：85％被调查者可以接受的车辆间安全距离为1.88m。

本次调查的数据分析结论见表4-12。

根据理论计算结果，综合北京二环路、上海环路、日本道路构造令，及结合问卷调查结果，拟定轻型高速公路行车道宽度见表4-13。

85％被访者接受的车道宽度统计表　　表4-12

设计时速(km/h)	小汽车宽度(m)	85％被访者接受的安全距离(m)	85％被访者接受的车道宽度(m)
80	1.8	1.56	3.36
100	1.8	1.75	3.55
120	1.8	1.88	3.68

轻型高速公路行车道宽度　　表4-13

设计时速(km/h)	公路规范(m)	城市道路规范(m)	理论计算(m)	日本道路构造令(m)	85％被访者(m)	推荐行车道宽度(m)	
						最小值	一般值
80	3.75	3.50	3.03	3.25	3.36	3.00	3.25
100	3.75	3.50	3.13	—	3.55	3.25	3.50
120	3.75	3.50	3.23	—	3.68	3.50	3.50

4.3.2　硬路肩及右侧路缘带

1)硬路肩的作用

高速公路应在行车道相邻位置设置硬路肩。硬路肩的主要作用如下：

(1)为遇到机械故障或紧急情况的车辆提供在车道外停车的空间；

(2)为临时停车的驾驶员提供停靠空间；

(3)提供额外空间，以使驾驶员轻松驾驶，降低疲劳程度；

(4)改善挖方路段的视距并因此而改善交通安全；

(5)提高公路通行能力，使车辆行车更加平稳；

(6)为道路养护提供空间；

(7)使雨水能够在远离行车道的位置排放，最大限度地限制雨水从土路肩向行车道渗透，从而减少对路面的损坏；

(8)为路面提供结构支撑。

2)高速公路硬路肩宽度规定

《公路工程技术标准》(JTG B01—2003)规定右侧硬路肩宽度见表 4-14。

高速公路右侧硬路肩宽度表 表 4-14

设计速度(km/h)	120	100	80
一般值(m)	3.00 或 3.50	3.00	2.50
最小值(m)	3.00	2.50	1.50

3)城市道路硬路肩宽度规定

《城市道路设计规范》(CJJ 37—2012)规定硬路肩宽度见表 4-15。

市政道路硬路肩宽度表 表 4-15

设计速度(km/h)	80	60,50	40
最小宽度(m)	1.00	0.75	0.50

4)理论计算宽度

根据前苏联的波良可夫公式,计算正常行驶与硬路肩有停靠车辆的安全距离如下,硬路肩理论宽度计算结果见表 4-16。

$$d = 0.7 + 0.02v^{3/4}$$

$$c = 0.4 + 0.02v^{3/4}$$

式中:d——正常行驶车辆与车辆的安全距离;

c——正常行驶车辆与停靠在硬路肩车辆的安全距离;

v——车速。

硬路肩理论宽度计算表 表 4-16

设计速度 v (km/h)	车辆间横向安全距离 d (m)	小客车宽 a (m)	正常行驶与靠在硬路肩车辆的安全距离 c (m)	硬路肩停车距护栏安全距离 n (m)	硬路肩理论宽度(不停靠车辆) $c-d/2$ (m)	硬路肩理论宽度(停靠车辆) $c-d/2+a+n$ (m)
80	1.23	1.8	0.93	0.5	0.32	2.615
100	1.33	1.8	1.03	0.5	0.37	2.665
120	1.43	1.8	1.13	0.5	0.41	2.715
140	1.51	1.8	1.21	0.5	0.46	2.757

5)国内驾驶员问卷调查分析

调查日期为 2006 年 9 月 26 日,调查选择在首都机场出租车停车场,从上千辆出租车中随机调查了 112 名驾驶员。表 4-17 为驾驶员认为在不同时速下车辆与右侧护栏安全宽度的人员分布数。

车辆与右侧护栏安全宽度调查人员分布表 表 4-17

速度(km/h)	车辆与右侧护栏安全宽度(m)			
	<0.75	0.75~1.00	1.00~1.25	1.25~1.50
80	46	39	18	9
100	21	53	25	13
120	10	37	40	24

调查数据分析见图 4-9~图 4-11。

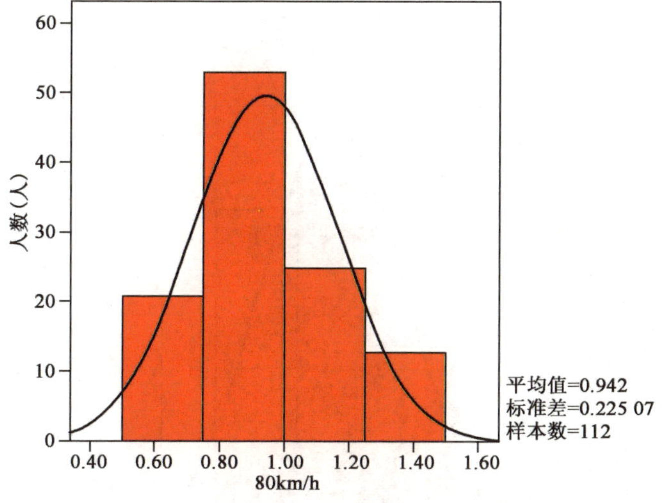

图 4-9 80km/h 车辆与右侧护栏安全间距正态分布图

80km/h 车辆与右侧护栏安全宽度调查样本服从 $N(0.942, 0.225\,1^2)$正态分布。计算结论:85%被调查者可以接受的车辆与右侧护栏间的安全距离为 1.18m。

100km/h 车辆与右侧护栏安全宽度调查样本服从 $N(1.053\,6, 0.228\,7^2)$正态分布。计算结论:85%被调查者可以接受的车辆与右侧护栏间的安全距离为 1.29m。

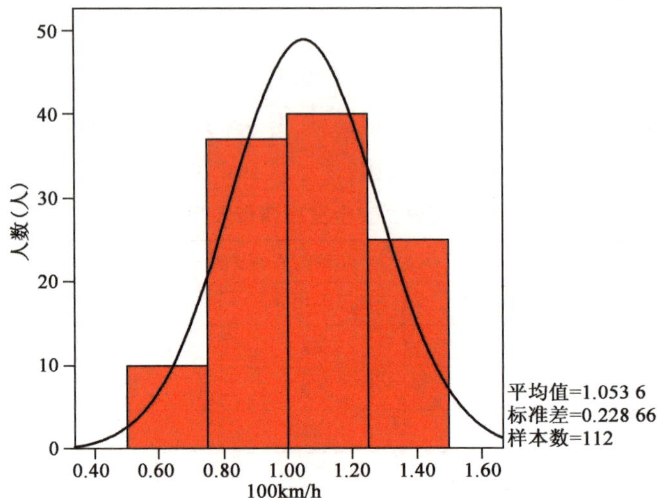

图 4-10　100km/h 车辆与右侧护栏安全间距正态分布图

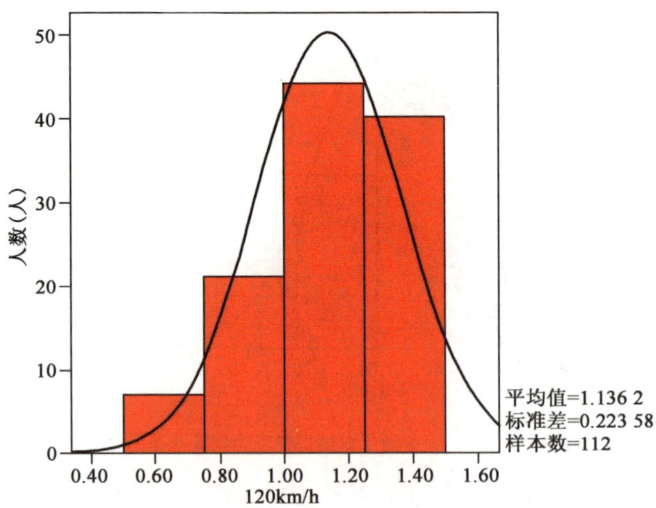

图 4-11　120km/h 车辆与右侧护栏安全间距正态分布图

120km/h 车辆与右侧护栏安全宽度调查样本按 $N(1.136\,2, 0.223\,6^2)$ 正态分布考虑。计算结论：85%被调查者可以接受的车辆与右侧护栏间的安全距离为 1.37m。

本次调查的数据分析结论见表 4-18。

85%被访者接受的硬路肩宽度统计表 表 4-18

设计时速(km/h)	小汽车宽度 n (m)	85%车辆与右侧护栏安全距离 c (m)	85%车辆安全距离 d (m)	硬路肩宽度(不停车) $c-d/2$ (m)
80	1.8	1.18	1.56	0.40
100	1.8	1.29	1.75	0.42
120	1.8	1.37	1.88	0.43

《公路工程技术标准》(JTG B01—2003)规定的右侧硬路肩最小值与理论计算、调查分析结果有一定偏差。《西方发达国家道路横断面设计方法概览》指出:"车辆与路边障碍物距离小于 1.8m 时,车道通行能力将受到影响。"从实际行车来看,右侧硬路肩较窄时,临近硬路肩的车道使用率明显小于其他车道。结合以上分析,推荐右侧硬路肩宽度见表 4-19。

轻型高速公路右侧硬路肩宽度表 表 4-19

设计时速(km/h)	公路规范(m)		城市道路规范(m)	理论计算(m)		日本道路构造令(m)	85%被访者(m)	推荐硬路肩宽度(m)		
	最小值	一般值		停车	不停车			不停车最小值	停车一般值	停车最小值
80	1.50	2.50	1.00	2.615	0.32	1.00	0.40	1.00	2.5	2.5
100	2.50	3.00		2.665	0.37	1.25	0.42	1.00	2.5	2.5
120	3.00	3.00/3.50		2.715	0.41	1.25	0.43	1.00	3.0	2.5

轻型高速公路右侧硬路肩小于 2.5m 时,应设紧急停车带。紧急停车带间距不大于 2km,宽度一般为 3m,有效长度一般为 50m,并设 100m 和 150m 左右的过渡段。

轻型高速应在硬路肩宽度内侧设置右侧路缘带,其宽度为 0.5m。

4.3.3 中间带

1)高速公路中间带的组成及作用

作为高等级公路安全和性能的保障,在对向行车的高速公路上,中间带必不可少。高速公路中间带由两条左侧路缘带及中央分隔带组成,见图 4-12。

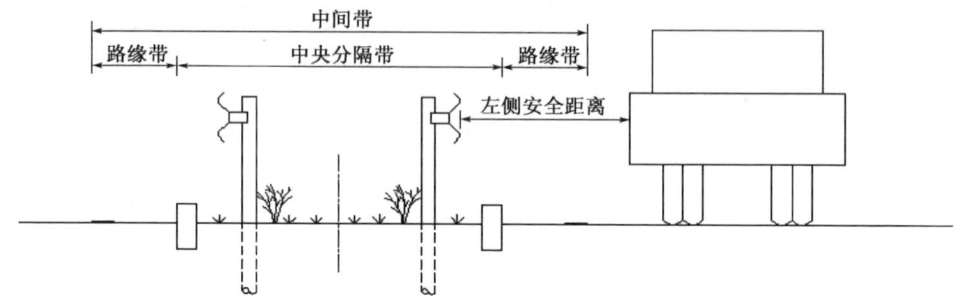

图 4-12　中间带构造图

左侧路缘带作为中间带的一部分,设置在行车道与中央分隔带之间,使得行车道外侧有一定宽度。路缘带主要是保证行车所需的侧向余宽,提高行车道的使用效率,同时还能诱导视线,增加行车的安全性和舒适度。

中央分隔带是将上下行车辆分离、通过设置护栏等设施避免对向车辆相互干扰,达到安全目的的路基部分。通常中央分隔带中设置的设施有:安全护栏、通信或排水管线、防眩设施等。

综合而言,中央分隔带的设置,可以起到以下几方面作用:

(1)分隔对象车流,减少交通事故,提高车道通行能力;

(2)引导驾驶员视线,提高行车的安全性和舒适度;

(3)可以作为设置公路标志牌及其他交通管理设施的场地;

(4)通过绿化或设置防眩板,起到夜间行车防眩的作用;

(5)美化路容。

2)中央分隔带的宽度设置

对于轻型高速公路而言,由于服务的对象不同,轻型高速公路中央分隔带的设置与传统高速公路有较大差别。

对于传统高速公路而言,中央分隔带宽度原则上越宽越有利于安全。美国高速公路的中央分隔带宽度一般约为 11m 左右,即使在城区或山区,宽度一般也不小于 4.9m。美国的相关研究表明,即便中间带宽度大于 12m,对向行车仍会对对向的行车产生影响。如不设置中间的隔离设置,只有当中间带宽度大于

18m 时，影响才能基本消除。

但宽度越大意味着对土地的占用越大、建设投资越大，因此，应控制在一个合理的范围值之内。根据《公路路线设计规范》(JTG D20—2006)规定，当中央分隔带内需埋设管线等设施时，其宽度不得小于 2m，当中央分隔带采用刚性护栏，且无须设置中墩或埋设管线时，其宽度可采用 1m。《公路路线设计规范》(JTG D20—2006)[7] 中央分隔带宽度最小值在《公路工程技术标准》(JTG B01—2003)[1] 的基础上进行了修正。

我国高速公路中间带宽度见表 4-20 所示。

普通高速公路中间带宽度表 表 4-20

设计速度(km/h)		120	100	80
中央分隔带宽度(m)	一般值	3.00	2.00	2.00
	最小值	1.00	1.00	1.00
左侧路缘带宽度(m)	一般值	0.75	0.75	0.50
	最小值	0.75	0.50	0.50
中间带宽度(m)	一般值	4.50	3.50	3.00
	最小值	2.50	2.00	2.00

我国城市道路规范规定：设计车速大于 60km/h，中央分隔带最小宽度为 1.50m，两侧路缘带宽度 0.50m，中间带最小宽度为 2.50m。

日本的《道路构造令》中对中间带宽度仅按道路等级进行设定，未考虑小型道路与普通道路的区别[3]，见表 4-21。

日本的《道路构造令》中间带、路缘带宽度表 表 4-21

道路等级		设计速度(km/h)	中间带宽度		路缘带宽度	
			一般值	最小值	一般值	最小值
第一种	第一级	120	4.5	2	0.75	0.25
	第二级	100	4.5	2	0.75	0.25
	第三级	80	3	1.5	0.5	0.25

中央分隔带主要作用是分隔对向车流，避免对向车流带来的侧风、灯光影响，以及当对向车流偏离车道时的安全威胁。因此这个分隔有两个含义，即正常

行驶和非正常行驶状态下的分隔。我们从这两个方面对中央分隔带的宽度加以分析。

对于正常行驶状态，在传统的高速公路上，完全分隔很难做到。高速公路上的分隔措施主要为路缘石、防撞护栏以及中间绿化带或防眩设施。行驶在路上的车辆，高度可能会达到3m或4m，视线高度达到2m以上。而对于中央分隔带这样的设施带而言，无论采取哪种隔离措施，都很难做到彻底的分隔。但对于轻型高速公路而言，这一点变得比较容易。轻型高速公路的服务对象是小客车，车身高度一般低于2m，行驶中驾驶员视线高度为1.1～1.5m。在这个高度范围内，完全可以通过绿化或设置防眩设施来进行隔离。

对于非正常行驶状态，车辆偏离行车道与护栏发生碰撞，国内外对此进行的研究较多，主要是从安全性能角度考虑。

车辆对中央分隔带碰撞可能会导致四种情况：第一种情况，车辆碰到护栏后，被护栏弹回；第二种情况，车辆碰撞护栏后，护栏破损，车辆侵入中央分隔带；第三种情况，由于前保险杠或重心过低，钻至护栏下；第四种情况，车辆重心高于护栏高度，在高速状态下，碰撞后翻倒越过护栏。之所以出现这么多情况，主要原因是行驶车辆的几何尺寸离散较大，交通安全设施的设置无法做到面面俱到，因此我国现行规范中，对考虑护栏碰撞条件时遵循的原则是“确保85%～90%以上的失控车辆不会跃出、冲断或下穿护栏”，根据相关研究资料，目前我国高速公路的护栏安全设计，都是以大客车作为研究对象。

相对于小客车而言，由于其车身质量轻、重心低的特点，较易发生的是第一种和第三种情况，而一般不会侵入中央分隔带或翻越护栏。

3)左侧路缘带的宽度设置

对于在道路上行驶的车辆而言，两侧的安全宽度绝不仅限于车道的剩余宽度，侧向净距也是一个重要的设计参数。对于中央分隔带而言，路缘带作为设在行车道和中央分隔带之间的一条侧向安全带，其值的大小与行车的安全舒适性和工程建设的经济性密切相关。在左侧存在护栏，或同时存在路缘石的情况下，如路缘带宽度过小，驾驶员会下意识地靠路中行驶，无形中压缩了右侧车道的侧向安全宽度，增加了不安全因素，容易诱发交通事故。若路缘带宽度过大，将增加高速公路的占地和工程造价。同时，有资料表明，当左侧路缘带宽度过大时，容易导致车辆对防撞护栏的大角度碰撞，危及行车安全。

我国普通高速公路的左侧路缘带设置宽度一般为0.5～0.75m。日本《道路构造令》中对此要求与我国现行规范有一定差异，对于中间带两侧的路缘带，未进行普通道路和小型道路的区别，但最小宽度仅为0.25m。

4)左侧路缘带宽度理论计算

根据前苏联的波良可夫公式，计算靠路中心车道行驶车辆的左侧安全距离如下：

$$c = 0.4 + 0.02v^{3/4}$$

式中：c——靠中央分隔带行驶车辆与隔离设施的安全距离；

v——靠中央分隔带行驶车辆的车速。

根据此公式，计算可得靠路中心车道行驶车辆的左侧安全距离，此距离应为最小容许距离，左侧路缘带理论计算最小宽度值见表4-22。

左侧路缘带理论最小宽度计算表 表4-22

设计速度 v (km/h)	靠路中心车道行驶车辆的左侧安全距离 c (m)	车辆间安全距离 d (m)	左侧路缘带理论最小宽度($c-d/2$) (m)
80	0.93	1.23	0.32
100	1.03	1.33	0.37
120	1.13	1.43	0.41
140	1.21	1.51	0.46

在表4-22结果中可以看出，在行车道充分考虑车速的因素进行设置后，不同车速下左侧路缘带的最小宽度差别不大。

5)国内驾驶员问卷调查分析

调查日期为2006年9月26日，调查选择在首都机场出租车停车场，从上千辆出租车中随机调查了112名驾驶员。驾驶员认为在不同时速下车辆与左侧护栏之间安全距离的人员分布数，见表4-23。

车辆与左侧护栏间安全距离调查人员分布表　　表 4-23

速度(km/h)	车辆与左侧护栏之间安全距离(m)			
	<1.00	1.00～1.25	1.25～1.50	1.50～1.75
80	60	36	13	3
100	38	45	21	8
120	23	36	38	15

根据提供的 112 个调查样本进行数据分析，调查数据分析见图 4-13～图 4-15。

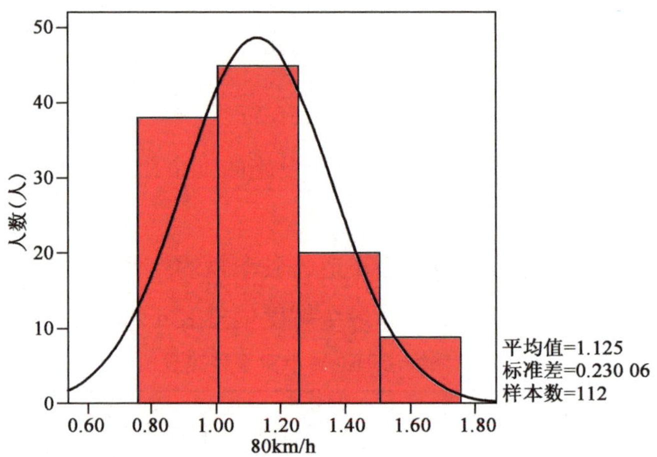

图 4-13　80km/h 车辆与左侧护栏安全间距正态分布图

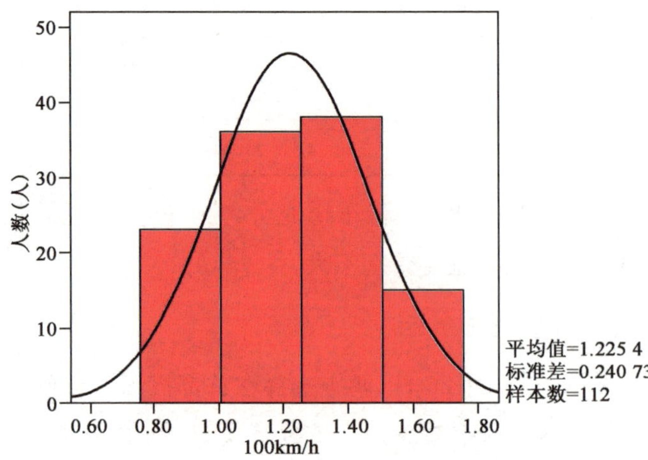

图 4-14　100km/h 车辆与左侧护栏安全间距正态分布图

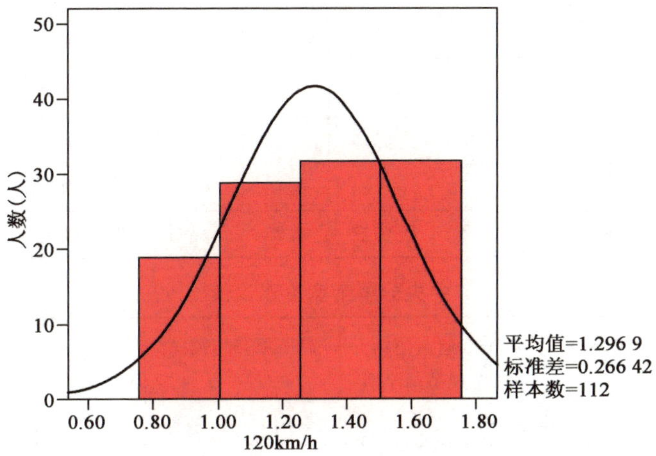

图 4-15 120km/h 车辆与左侧护栏安全间距正态分布图

80km/h 车辆与左侧护栏安全宽度调查样本服从 $N(1.125, 0.230\,1^2)$ 正态分布。计算结论：85%被调查者可以接受的车辆与左侧护栏安全宽度为 1.36m。

100km/h 车辆与左侧护栏安全宽度调查样本服从 $N(1.225\,4, 0.240\,7^2)$ 正态分布。计算结论：85%被调查者可以接受的车辆与左侧护栏安全宽度为 1.48m。

120km/h 车辆与左侧护栏安全宽度调查样本按 $N(1.296\,9, 0.266\,4^2)$ 正态分布考虑。计算结论：85%被调查者可以接受的车辆与左侧护栏安全宽度为 1.57m。

本次调查的数据分析结论见表 4-24。

85%被访者接受的左侧路缘带宽度统计表 表 4-24

设计时速(km/h)	小汽车宽度 n (m)	85%车辆与左侧护栏安全距离 c (m)	85%车辆安全距离 d (m)	硬路肩宽度(不停车) $c-d/2$ (m)
80	1.8	1.36	1.56	0.58
100	1.8	1.48	1.75	0.61
120	1.8	1.57	1.88	0.63

根据以上理论分析及调查结果，参考相关规范规定，左侧路缘带、中央分隔带宽度建议值见表 4-25 和表 4-26。

左侧路缘带宽度建议值　　表 4-25

设计时速(km/h)	公路规范(m)		城市道路规范(m)	日本道路构造令(m)		理论计算(m)	85%被访者(m)	推荐宽度(m)	
	最小值	一般值		最小值	一般值			最小值	一般值
80	0.50	0.50	0.50	0.25	0.50	0.32	0.58	0.50	0.50
100	0.50	0.75	0.50	0.25	0.75	0.37	0.61	0.50	0.50
120	0.75	0.75	0.50	0.25	0.75	0.41	0.63	0.50	0.75

中央分隔带宽度建议值　　表 4-26

设计时速(km/h)	公路规范(m)		城市道路规范最小值(m)	日本道路构造令(m)		理论(m)	推荐宽度(m)	
	最小值	一般值		最小值	一般值		最小值	一般值
80	1.00	2.00	1.50	1.00	2.00	1.00	1.00	2.00
100	1.00	2.00	1.50	1.50	3.00	1.00	1.00	2.00
120	1.00	3.00	1.50	1.50	3.00	1.00	1.00	2.00

理论计算与调查分析中,路侧安全距离均以护栏为参照物。在我国高速公路建设中,中央分隔带有凸形、凹形和齐平式三种常见做法。在凸形中央分隔带中,护栏面一般距离路缘石边界有一定的内缩值,这个距离差的存在,对于高速行驶的车辆而言,实际是一个不小的安全隐患。对国内某两条高速公路所发生事故进行调查,同样采用凸形中央分隔带的情况下,其中一条路路缘石高 15cm,护栏面内缩 25cm,因路缘石引发的爆胎事故占中间带事故的 15%,另一条路路缘石高 20cm,护栏面内缩 20cm,因路缘石引发的爆胎事故占中间带事故的 22%。究其原因,从行车视角出发,在护栏存在的情况下,缘石的高度很容易被人忽略。因此,建议在轻型高速公路中,应采用齐平式或凹形中间带。如有功能要求,路缘石面应不超出护栏面。

4.3.4 土路肩

土路肩是公路必要的组成部分,位于路基标准断面中最边缘的位置,土路肩的设置,起到了保护路面、放置路侧安全设施及增加安全侧向净宽的作用。

由于土路肩的功能和作用与车型和车速关系不大,轻型高速公路中对土路肩的宽度要求宜与普通高速公路标准相同，见表 4-27。

轻型高速公路土路肩宽度建议值　　表 4-27

设计速度(km/h)	120	100	80
宽度(m)	0.75	0.75	0.75

4.4 驾驶模拟仿真试验验证

4.4.1 仿真试验条件

仿真试验模拟车辆在正常天气情况下一级服务水平行驶。道路设计为一条城际双向四车道高速公路，全线为直线段，沥青混凝土路面，公路纵坡为 0.3%，路拱横坡为 1.5%，驾驶车辆与路面附着系数为 0.6，道路长度为 10km。

4.4.2 仿真试验横断面方案

模拟横断面要素分别在理论宽度的基础上，上下各浮动一挡(0.25m 或 0.50m)，拟定轻型高速公路的横断面仿真场景方案共 11 种，见表 4-28。

轻型高速公路横断面仿真场景方案　　表 4-28

方案	运行速度(km/h)	行车道宽度(m)	右侧路缘带宽度(m)	中间带宽度(m)		护栏形式
				中央分隔带	左侧路缘带	
方案 1	140	3.75	1.5	1	0.75	波形梁护栏
方案 2	140	3.75	1	1	0.5	波形梁护栏
方案 3	120	3.75	0.5	1	0.25	波形梁护栏
方案 4	120	3.5	1.5	1	0.75	波形梁护栏
方案 5	120	3.5	1	1	0.5	波形梁护栏
方案 6	100	3.5	0.5	1	0.25	波形梁护栏
方案 7	100	3.25	1.5	1	0.75	波形梁护栏
方案 8	100	3.25	1	1	0.5	波形梁护栏
方案 9	80	3.25	0.5	1	0.25	波形梁护栏
方案 10	80	3	0.75	1	0.5	波形梁护栏
方案 11	80	3	0.5	1	0.25	波形梁护栏

4.4.3 试验结果

不同的道路横断面设计尺寸对驾驶员生理、心理的影响各不相同,进而驾驶行为和驾驶工作负荷都会产生异常变化。不同运行速度下能满足驾驶员安全舒适性的轻型高速公路仿真试验横断面推荐指标见表 4-29。

仿真试验横断面推荐指标 表 4-29

设计速度(km/h)	车道宽度(m)	左侧路缘带(m)	右侧硬路肩—不停车(m)
140	≥3.5	≥0.75	≥1.5
120	≥3.5	≥0.5	≥0.5
100	≥3.25	≥0.5	≥0.5
80	≥3.25	≥0.5	≥0.5

4.5 路基横断面宽度

4.5.1 仿真结果与理论研究结果对比分析

通过行车仿真试验对理论研究推荐的横断面技术指标进行了验证,对照见表 4-30。

理论研究与模拟试验结果对照表 表 4-30

<table>
<tr><th>设计速度(km/h)</th><th colspan="2">说　明</th><th>行车道宽度(cm)</th><th>左侧路缘带宽度(cm)</th><th>右侧硬路肩宽度不停车(cm)</th></tr>
<tr><td rowspan="3">140</td><td colspan="2">仿真推荐</td><td>350</td><td>75</td><td>150</td></tr>
<tr><td rowspan="2">理论研究</td><td>一般值</td><td>375</td><td></td><td></td></tr>
<tr><td>最小值</td><td>350</td><td></td><td></td></tr>
<tr><td rowspan="3">120</td><td colspan="2">仿真推荐</td><td>350</td><td>50</td><td>50</td></tr>
<tr><td rowspan="2">理论研究</td><td>一般值</td><td>350</td><td>75</td><td>100</td></tr>
<tr><td>最小值</td><td>350</td><td>50</td><td>100</td></tr>
<tr><td rowspan="3">100</td><td colspan="2">仿真推荐</td><td>325</td><td>50</td><td>50</td></tr>
<tr><td rowspan="2">理论研究</td><td>一般值</td><td>350</td><td>50</td><td>100</td></tr>
<tr><td>最小值</td><td>325</td><td>50</td><td>100</td></tr>
</table>

续上表

<table>
<tr><td>设计速度(km/h)</td><td colspan="2">说　明</td><td>行车道宽度(cm)</td><td>左侧路缘带宽度(cm)</td><td>右侧硬路肩宽度不停车(cm)</td></tr>
<tr><td rowspan="3">80</td><td colspan="2">仿真推荐</td><td>325</td><td>50</td><td>50</td></tr>
<tr><td rowspan="2">理论研究</td><td>一般值</td><td>325</td><td>50</td><td>100</td></tr>
<tr><td>最小值</td><td>300</td><td>50</td><td>100</td></tr>
</table>

行车道:100～140km/h 设计速度,行车道宽度理论研究最小值基本为仿真推荐值。但是 80km/h 设计速度,理论研究行车道宽度最小值比仿真推荐值小 0.25m,故修正 80km/h 设计速度行车道最小宽度为 3.25m。

左侧路缘带:仿真推荐结果与理论研究推荐结果基本一致,故不需修正。

右侧硬路肩:右侧硬路肩不考虑停车,仿真推荐 0.5m 即可,但是考虑硬路肩对行车道路面的湿度控制以及发生交通事故后警察摩托车可以从硬路肩上通行的需要,故硬路肩理论研究推荐宽度不作修正。

4.5.2 路基横断面宽度

轻型高速公路路基宽度见表 4-31。

轻型高速路基宽度表　　表 4-31

<table>
<tr><td colspan="3">设计速度(km/h)</td><td>120</td><td>100</td><td>80</td></tr>
<tr><td colspan="2" rowspan="2">中间带宽度(cm)</td><td>一般值</td><td>350</td><td>300</td><td>300</td></tr>
<tr><td>最小值</td><td>200</td><td>200</td><td>200</td></tr>
<tr><td colspan="2" rowspan="2">左侧路缘带宽度(cm)</td><td>一般值</td><td>75</td><td>50</td><td>50</td></tr>
<tr><td>最小值</td><td>50</td><td>50</td><td>50</td></tr>
<tr><td colspan="2" rowspan="2">中央分隔带宽度(cm)</td><td>一般值</td><td>200</td><td>200</td><td>200</td></tr>
<tr><td>最小值</td><td>100</td><td>100</td><td>100</td></tr>
<tr><td colspan="2" rowspan="2">行车道宽度(cm)</td><td>一般值</td><td>350</td><td>350</td><td>325</td></tr>
<tr><td>最小值</td><td>350</td><td>325</td><td>325</td></tr>
<tr><td rowspan="3">右侧硬路肩宽度(cm)</td><td rowspan="2">停车</td><td>一般值</td><td>300</td><td>250</td><td>250</td></tr>
<tr><td>最小值</td><td>250</td><td>250</td><td>250</td></tr>
<tr><td colspan="2">不停车</td><td>100</td><td>100</td><td>100</td></tr>
<tr><td colspan="3">土路肩宽度(cm)</td><td>75</td><td>75</td><td>75</td></tr>
</table>

续上表

设计速度(km/h)		120	100	80
四车道总宽度(cm)	一般值	2 500	2 350	2 250
六车道总宽度(cm)	一般值	3 200	3 050	2 900

本章参考文献

[1] 中华人民共和国行业标准. JTG B01—2003　公路工程技术标准[S]. 北京:人民交通出版社,2004.

[2] 陈胜营,汪亚干,张剑飞. 公路设计指南[M]. 北京:人民交通出版社,2000.

[3] 日本国土交通省道路局. 道路构造令. 2003.

[4] Geometric Design of Highways and Streets 2004. American Association of State Highway and Transportation Officials.

[5] 中华人民共和国行业标准. CJJ 37—2012　城市道路工程设计规范[S]. 北京:中国建筑工业出版社,2012.

[6] 王连威. 城市道路设计[M]. 北京:人民交通出版社,2002.

[7] 中华人民共和国行业标准. JTG D20—2006　公路路线设计规范[S]. 北京:人民交通出版社,2006.

5 轻型高速公路路面

影响路面结构设计的三大因素是交通荷载、气候、材料。与普通高速公路相比，轻型高速公路最大的变化是所承担的交通荷载不同。本章主要针对轻型高速公路荷载特点进行路面结构方面的讨论，而不涉及两种高速公路都面临的气候条件和材料要求的研究。

轻型高速公路的主要服务对象是"小客车"，不完全等同于《公路工程技术标准》(JTG B01—2003)中规定的小客车概念。轻型高速公路的小客车不包括少于 19 座的中型客车以及载质量小于 2t 的小型货车。

我国路面设计方法中没有车辆分型的概念，路面设计直接针对轴型和轴载。美国联邦公路管理局(FHWA)按车型对车辆进行了分类[1]，如图 5-1 所示，根据轻型高速公路的定义可知，轻型高速公路主要服务的车辆一般为②、③类，其中③类车中也包括座位数较少的轻型客车(如我国目前的小巴类客车)，代表车型为以下三种：

(1)小轿车，图 5-2 中Ⓘ；

(2)轻型小客车，图 5-2 中Ⓘⓘ；

(3)轻型小货车，图 5-2 中Ⓘⓘⓘ。

代表车型的各级荷载都较轻，对路面结构的作用可理解为"欠载"模式，与目前各规范所使用的设计轴载下的响应和破坏模式不同。实际上，各国路面结构设计中，对于图 5-1 中①～③类车都是不考虑的，认为其对路面结构的影响可忽略不计。因此目前的设计轴载不适宜轻型高速公路的设计，无法进行结构层厚度的设计，设计指标也不再适用。

轻型高速公路的路面结构可以选择水泥混凝土路面或沥青混凝土路面，但针对轻型高速公路的功能定位和轻型轴载情况，宜选择沥青混凝土路面，主要原

图 5-1 美国 FHWA 分类车型

因是：

(1)轻型高速公路对舒适性的要求，如对噪声、平整度的要求相对较高，则沥青路面明显优于水泥混凝土路面。

(2)虽然轻型高速公路的荷载较轻，但路面结构要考虑消防、抢险等偶然重型荷载的需求。其作用次数可能很少，但一次作用对路面结构的损伤，无疑水泥

图 5-2 轻型高速公路代表车型

混凝土路面更为不利(两种路面结构都较薄,水泥混凝土路面在一次重型荷载作用下易发生断裂损坏[2])。

本章以沥青路面为研究对象,分析因荷载降低而带来结构组合上的变化,以评估轻型高速公路路面结构的设计方法并推荐结构组合。轻型高速公路代表车型的变化同样对路面结构的材料要求、验收标准及功能性要求(如抗滑性能、车辙、低温开裂等)带来新的标准,本章不作重点论述。

5.1 路面设计轴载

5.1.1 设计轴载的概念

设计荷载的概念最早是由美国联邦航空局(FAA)提出的,其目的是为了反映不同机型的轴重对机场跑道的破坏作用。路面上行驶的车辆形式更为多样,轴重和车轮的形式也各不相同。为了设计的方便,大多数国外设计方法都采用设计轴载的概念,即利用一定的换算关系把各级荷载的作用次数换算成设计轴载的作用次数。尽管车辆各种各样、载重各不相同、车轮形式多样,但只要对轴重、轮组形式、接触压力统一作出规定，形成标准，那么不同的荷载形式就有了转换依据。

设计轴载除了用于路面结构分析，其设计年限内的累计作用次数还可以表征结构的承载能力，反映交通的繁重程度，判断结构所适用的交通等级。设计轴载的确定原则是该轴载应该能够代表当前或未来较长一段时间内路面上行驶的大部分车辆荷载，是当前阶段汽车保有水平、道路建设水平的反映。

轻型高速公路设计荷载的分析和确定方法与普通高速公路一致，应能反映和代表轻型高速公路上的行驶车辆。

5.1.2 国内外设计方法对轴载的考虑

各国路面设计方法中规定的设计轴载不尽相同，是不同地区车辆荷载类型和所使用路面结构的反映。实际路面上行驶的车辆以单轴居多，因此国外的设计方法中设计轴载的轴型都为单轴。为了防止过重的轴载对路面结构的破坏作用，国外很多国家提出了法定轴载的概念，即路面上行驶的某一种轴型的轴重不能超过一定的限值。对于单轴，国际上大多数国家的法定轴载限定在80～90kN。

国内外设计方法中的设计轴载如表5-1所示。

国内外设计方法中设计年限及设计轴载[3-6] 表5-1

国家、设计方法	设计年限(年)	设计轮压(MPa)	设计轴载(kN)
AASHTO1993	10～20	—	80
Australia	20～40	0.75	80
AI	20	0.483	80
China	15	0.7	100
France	30	0.662	130
Germany	20	—	100
Japan	20	0.61	98
Shell, British	20	0.6	80
South Africa	20	0.52	80

国外的设计轴载一般在 80～130kN，当路面上行驶的车辆单轴达到这样的轴载水平时，轮组的形式一般为双轮组，因此，表 5-1 的设计轴载都为单轴双轮组形式。设计轴载的另一个参数是轮胎与路表的接触压力，各国在确定接触压力时考虑了轮胎的制作水平、形式及充气压力等各方面因素。为了设计的方便，国外设计方法中都假定接触压力按圆形均匀分布，同时假定接触压力与轮胎胎压相同[7]。

设计轴载的概念目前被国外大多数设计方法采用，但随着路面设计方法的发展，如 AASHTO2002 设计方法已经取消了 AASHTO1993 中设计轴载的概念，而是针对路面上的代表车型，使用轴载谱的概念分别计算不同车辆荷载对路面结构的累计破坏作用[8]。AASHTO2002 轴载谱的概念明确，更反映实际的路面荷载，但分析过程过于复杂，不利于设计人员使用。因此在以后相当一段时间内，设计轴载仍然是国内外设计方法所接受和使用的参数。

我国目前的沥青路面设计规范[9]中规定，路面结构设计的设计轴载为单轴双轮组 100kN，接地压力为圆形均布荷载 0.7MPa，接触面当量圆直径为 21.30cm。这一标准在国外常用的设计轴载范围之内，反映了我国当前及以后一段时间内车辆的荷载水平，最大范围地代表了目前路面上行驶的各种类型的车辆和轴重。

轻型高速公路的设计轴载必须能广泛代表轻型高速公路上行驶的轻型车辆。通过调查（表 5-2～表 5-4）可知轻型高速公路代表车型的单轴重很少超过 25kN，无疑目前国内外各种设计方法中的设计轴载都是不适用的。如果用目前的设计轴载 100kN 设计轻型高速公路，则轻型轴载转换为设计轴载的次数极小，不能进行结构层厚度的计算，这也是现行规范和各国设计方法规定较小的轴载可以忽略不计的原因。

在我国以前的公路柔性路面设计规范（86 版）[10]中，考虑了两种设计轴载，如表 5-5 所示，其目的是为了适应不同交通等级的路面结构的需要。低等级的三、四级公路使用 BZZ-60 的轻型标准。低等级公路与轻型高速公路的区别除了设计标准的不同外，对车辆荷载的考虑其实质是一致的，即路面结构都只满足轻型荷载。因此确定轻型高速公路的设计荷载时，可以参考 86 版规范的概念，根据轻型高速公路的适应车辆，重新分析设计荷载。

表 5-2

小轿车Ⓘ的典型轴载

车辆名称（型号）	外廓尺寸（mm）	整车整备质量（kg）	载客人数（人）	满载质量（kg）	轴距（mm）	前轴满载分配（kg）	后轴满载分配（kg）	轮胎型号
黑豹 SM6470ME 轻型客车	4 660×1 690×1 690	1 390	5	1 715	2 850	943	772	205/80R14/205/80R14
克莱斯勒 300M	5 000×1 892×1 416	1 660	5	2 110	2 870	1 161	950	
梅赛德斯—奔驰	4 818×1 822×1 452	1 740	5	2 170	2 854	1 194	977	225/55 R16
沃尔沃 Volvo S80 2.5T	4 822×1 832×1 452	1 465	5	2 140	2 791	1 177	963	225/55 R16
雷克萨斯 GS300	4 825×1 820×1 425	1 640	5	2 125	2 850	1 169	956	225/50R 17
红旗世纪星	4 890×1 814×1 422	1 360	5	1 760	2 687	968	792	
风神 EQ7200-II	4 660×1 695×1 415	1 265	5		2 620			
上海帕萨特	4 794×1 736×1 490	1 420	5	1 795		987	808	195/65R15 91V/H
上海别克	4 984×1 845×1 438	1 551	5	1 976		1 087	889	P215/70R15
广州本田雅阁	4 854×1 821×1 466	1 576	5		2 378			205/60 R16 92V
富康系列 DC7161EX1	4 291×1 702×1 418	1 140	5	1 515	2 540	833	682	185/60R14 81T
爱迪尔轿车	3 560×1 600×1 670	930	5	1 360		748	612	
桑塔纳 2000	4 546×1 710×1 427	1 120	5	1 540	2 548	847	693	195/60R14 86H
马自达 6	4 365×1 705×1 410	1 386	5	1 855	2 610	1 020	835	195/55 R15

表 5-3

轻型小客车Ⅱ的典型轴载

车辆名称（型号）	外廓尺寸（mm）	整车整备质量（kg）	载客人数（人）	满载质量（kg）	轴距（mm）	前轴满载分配（kg）	后轴满载分配（kg）	轮 胎 型 号
一汽瑞宝 CA6500A 轻型客车	5 165×1 965×1 960	1 735	11	2 450	3 000	1 103	1 348	
金杯 SY6474A 系列轻型客车	4 855×1 770×1 940	1 770	10	2 470	2 600	1 107	1 313	
金杯 SY6475A 系列轻型客车	4 855×1 770×1 940	1 730	10	2 430	2 600	1 088	1 294	6.50-R16.8,343±10kPa
哈飞中意	3 721×1 480×1 918	980	7～8	1 530	1 960	689	842	
丰田大霸王 PREVIA	4 780×1 790×1 820	1 725	7	2 400	2 900	1 320	1 080	215/60R16
华翔驭虎 FQ6510C	5 160×1 895×1 870		7	2 860	2 850	1 573	1 287	
KZ6490A	4 998×1 780×1 850	1 640	7	2 270	2 600	1 249	1 022	
大地牌 RX6470Y 轻型客车	4 715×1 865×1 735	1 930	5～7	2 520	2 630	1 386	1 134	P255/70R15,P265/70R15
大迪 6492C 轻型客车	4 880×1 780×1 860	1 795	5～7	2 386	3 025	1 312	1 074	P225/75R15
夏利	4 070×1 615×1 385	900	5～7	1 500	2 340	825	675	165/70R13

轻型小货车Ⅲ的典型轴载　　表 5-4

车辆名称(型号)	外廓尺寸(mm)	整备质量(kg)	满载质量(kg)	轴距(mm)	轮 胎 型 号
长丰飞扬	5 105×1 700×1 775	1 610	2 435	3 025	
长城风骏 5	5 360×1 800×1 730	1 920	2 725	3 350	
长城 CC1027ACD	5 490×1 690×1 720	1 690	2 495	3 380	P215/75R15,215/75R15
长城 CC1021PS07	5 090×1 720×1 675	1 565	2 370	3 050	215/75R15,P215/75R15
金杯 SY1023EC35	5 070×1 700×1 640	1 615	2 440	3 025	215/75R15
大迪 BDD1031SLC-3	5 465×1 860×1 700	1 790	2 560	3 390	P215/75R15,P225/75R15
道奇公羊 1500	5 770×2 017×1 899		3 084		
东风虎视	4 950×1 720×1 650	1 550	2 365	3 050	
福迪雄狮	5 275×1 690×1 670	1 545	2 480	3 380	
福田萨普	5 178×1 750×1 745	1 620	3 025	2 420	
黄海大柴神	5 350×1 725×1 690	1 725	2 495	3 380	
吉奥财运 500	5 155×1 690×1 710	1 520	2 345	3 025	
江淮瑞驰	5 620×1 710×1 710	1 550	2 425	3 380	
金杯大力神	5 370×1 725×1 690	1 600	2 425	3 380	
庆铃五十铃	4 800×1 695×2 160	1 980	4 100	2 490	
北汽皮卡 BJ2031HMS42	5 088×1 820×1 804	1 910	2 735	3 035	
中兴旗舰皮卡标准型	5 063×1 696×1 705	1 420	2 245	2 850	
江铃宝典	4 975×1 690×1 645	1 670	2 495		
庆铃 TF 系列	4 975×1 690×1 610	1 770	2 600	3 025	

86 版公路柔性路面规范设计轴载的计算参数[9-10] 表 5-5

设计轴载	BZZ-100	BZZ-60
设计轴载 P(kN)	100	60
轮胎接地压强 p(MPa)	0.70	0.5
单轮传压面当量圆直径 d(cm)	21.30	19.50
两轮中心距(cm)	1.5d	1.5d

5.1.3 轻型高速公路的设计轴载

从上述分析可知，要确定轻型高速公路的设计轴载，必须先确定轴重(轴型)、轮组形式、轮胎接地压力(作用面形式)三个主要参数，以及确定其他等级的荷载转换为轻型设计轴载的转换关系。

1)轴重、轴型

对于图 5-2 中轻型高速公路的代表车型，调研轴型、轴重数据，统计结果如表 5-2～表 5-4 所示(调研数据来自网络)。

轻型高速公路的代表车型前后轴都为单轴单轮，形式单一。汇总表 5-2～表 5-4，形成表 5-6，相比普通高速公路上车型轴重的分布区间，轻型荷载的轴重区间较窄，这为路面结构力学简化分析带来可能。

轻型高速公路代表车型轴重分布 表 5-6

轻型高速代表车型	整备质量(kg)	满载总质量(kg)	轴距(m)
小轿车Ⅰ	950～1 750	1 350～2 200	2 400～2 900
轻型小客车Ⅱ	950～1 950	1 500～2 900	1 960～3 050
轻型小货车Ⅲ	1 450～1 980	2 250～3 100①	2 420～3 390

注：仅仅有个别车型的满载质量较大，如庆铃五十铃。

对于小轿车Ⅰ和轻型小客车Ⅱ，在满载情况下，前后轴的荷载分配比例为前轴：后轴为(47%～60%)：(53%～40%)；对于轻型小货车Ⅲ，前后轴的荷载分配比例为前轴：后轴为(32%～40%)：(68%～60%)[11]。以此分配比例分析表 5-6，可知轻型高速公路的代表车型中，小轿车较重的单轴多集中在 10kN 附近；轻型小客车单轴最重一般不超过 15kN，而轻型小货车大多数单轴荷重不超过 20kN。考虑车辆的满载总质量，则小轿车、轻型小客车的整车最大荷重绝大部分不超过 25kN，轻型小货车整车最大荷重绝大部分不超过 30kN，以在 25kN 附近分布最多。

表 5-2～表 5-4 中，三种主要代表车型的轴距范围为 2 400～3 400mm，多数集中在 2 900mm。

综上所述，路面结构力学分析时轻型轴载可按两种方式考虑：

(1)按单轴单轮进行，轴重范围为 10～20kN，则每辆车通过一次按两次单轴进行统计。

(2)按整车双轴单轮进行，双轴总重 25kN，轴距 2.9m，每辆车通过一次按一次双轴组进行统计。

两种方式的轴型布置如图 5-3 所示。

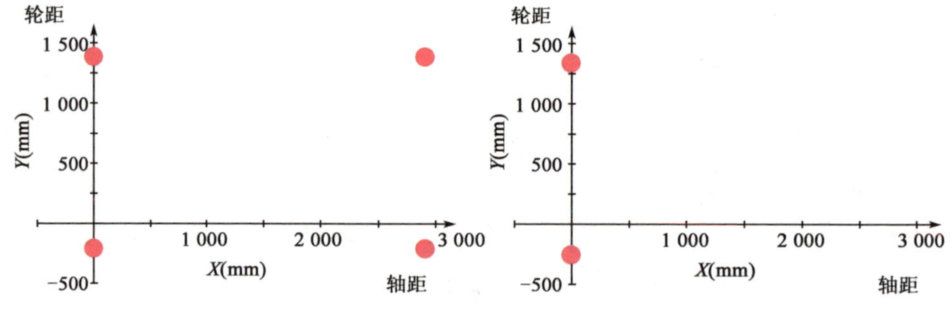

图 5-3　轻型车辆荷载双轴和单轴的轴型布置

2)轮胎接地压力、轮型

国内外大量的研究表明，路面结构设计所选用的接地压力与轮胎的制作、轮载及轮胎的充气压力有关，其中最重要的是与轮胎的充气压力相关[12-16]。接地压力与胎压的关系在国际道路界研究很广泛，如南非 De Beer 发展的 SIM 技术[12](stress-in-motion，可见相关网站 http://asphalt. csir. co. za/sim/index. htm)，与静态称重系统配合使用，可用于量测行驶速度小于 5km/h 动态系统下轮胎的接地压力。国外很多文献给出了轮胎接地压力与胎压的回归关系式，IKEDA 依据轮胎接触压力的测定试验结果，提出了轮印面积内(包含胎面花纹间沟槽面积)的平均接触压力与轮重和充气压力间的经验关系式[17]：

$$p = 0.00420P + 0.290p_i + 0.1448 \tag{5-1}$$

式中：p——轮胎接触压力(MPa)；

P——双轮轮胎荷重(kN)；

p_i——轮胎充气压力(MPa)。

南非学者 Beer M 对一些型号的轮胎作用于路面的压力分布进行量测发现，轮胎在一定负荷范围内，中部(约占整个轮胎宽度的 60%)的接地压力 p_0 是基本保持不变的，而增加的荷载被作用在轮胎的两侧，接地压力值为 p_1。在轮胎的整个接地长度范围内，接地压力的集度是保持不变的，回归公式为[18]：

$$p_0 = 0.86P + 175$$

$$p_1 = -0.53F^2 + 57.46F - 534.05 \tag{5-2}$$

式中：P——轮胎的胎压(kPa)，适应范围为 420～720kPa；

F——轮胎负载(kN)，适用范围为 20～50kN。

图 5-2 中轻型高速公路的代表车型轴载全部为单轴单轮情况。就目前行驶的轻型车辆，调查轮胎的形式和胎压范围，如表 5-2～表 5-4 所示，代表车型的胎压较小，范围为 0.2～0.4MPa，一般不超过 0.25MPa，轻型小货车的胎压在满载或超载时略高，可达到 0.35MPa 左右。随着车辆的发展、轮胎技术的改进，胎压还有进一步加大的趋势，但主要指的是大型货车胎压，而轻型客车或货车的胎压一般很少增长。

虽然国内外的研究表明接地压力不是均匀分布的，一些文献也研究了均匀分布的压力和非均布压力对路面结构的影响[7,13,15,18]，但对于路面结构设计来说，采用圆形均布压力是方便的，并不会对厚度设计造成影响。轮胎的形式多种多样、测量的方法不同，都造成了轮胎接地压力预估的差异。虽然在理论研究上可以对接地压力进行较为繁琐的预估，但目前在国内外的设计方法中，对接地压力的考虑都是假定接地压力等于轮胎充气压力，且均匀分布在圆形面积内。

从车辆调查的结果看，轻型车辆的轮胎充气压力都较小。以往的研究表明，确定标准轴载的接地压力时，传统设计方法保守地低估了低压情况，而高估了高压情况[16]。对常用的沥青路面结构而言，轮胎充气压力的影响比轮胎总重量的影响更大。考虑以上原因，轻型设计轴载的接地压力可取为 0.25MPa。

确定了设计轴载轴重、接地压力大小以及作用面的形式，则圆形均布荷载作用面的面积可由式(5-3)计算：

$$r = 100\sqrt{\frac{P}{p \cdot \pi}} \tag{5-3}$$

式中：r——圆形均布荷载作用面的半径(cm)；

P——轮重(kN)；

p——轮胎的接地压力(即轮胎的充气压力)(kPa)。

3)设计轴载的转换关系

目前，我国沥青路面设计方法和其他国家的设计方法中对轻型荷载的代表车型都不予考虑，但对于轻型高速公路来说，服务的车辆主要是轻型荷载，因此必须评估较小轴载对路面结构的累计破坏作用。

由于轻型荷载的轴重、轴型、轮型都较为单一，为了便于统计和计算，考虑将每辆车转换为单轴进行分析，即轻型高速公路的代表车型通过一次按设计单轴轴载运行一次累计。轴重的等效转换以路面结构的等效损坏为基础，即双轴25kN的整车作用一次对路面所造成的损坏同某一轴重的单轴作用一次产生相同的损坏效应，其原理如下：

$$\frac{D_\mathrm{i}}{D_\mathrm{s}} = 1 = \frac{N_\mathrm{s}}{N_\mathrm{i}} = \left(\frac{R_\mathrm{i}}{R_\mathrm{s}}\right)^b \tag{5-4}$$

式中：D_i——整车双轴一次作用的损坏效应，$D_\mathrm{i}=1/N_\mathrm{i}$；

N_i——相应的某种损坏类型的寿命；

D_s——等效的单轴设计轴载一次作用的损坏效应，$D_\mathrm{s}=1/N_\mathrm{s}$；

N_s——相应的某种损坏类型寿命；对某种损坏类型的寿命由性能模型计算得到，性能模型在不同的设计方法中表现形式不同，但 b 值相差不大；

b——各类损坏预估模型中应力或应变变量项的乘幂数；

R_i、R_s——分别为整车双轴和设计单轴轴载所产生的有效力学响应量，如沥青层底面拉应变、无机结合料结构层底面拉应力、粒料层顶面压应力、路基顶面压应变等。

不同国家或设计方法中选用不同的损坏预估模型，这样造成 b 值不同[19-20]：我国以弯沉为设计指标时，n=4.35；以沥青面层拉应力为设计指标时，法国沥青路面的转换系数 n=5；Shell 设计方法根据 AASHTO 试验路经验，确定转换系数 n=4；AI 设计方法中 n=4；日本设计方法中 n=4；对于澳大利亚，如果按经验法，综合转换系数 n=4，如果按照力学法，沥青层疲劳的转换指数为 5，变形和车辙为 7。根据西部交通建设科技项目"基于多指标的沥青路面结构设计方法"的研究成果[20]，用于沥青层疲劳和土基顶面压应变模型时，b 可取为 4；用于半刚性基层疲劳模型时，b 为 12。

整车双轴作用下的有效力学响应量 R_i 的计算在国内外的研究中有多种不同的计算方法，如多峰值法、峰值—中点法、单峰值法、KENLAYER 法和等效厚度法。各种方法对多轴效应的考虑侧重点不同，结果有一定的差异。考虑到小客车轴重较小、轴距较大的特点，本章按多峰值法进行分析[20]，计算按照弹性层状理论求解。

在我国目前的沥青路面设计规范中，性能模型为路表弯沉以及沥青层和半刚性基层的劈裂开裂，分别由路表弯沉值和面层、基层底面的弯拉应力控制。而在国外的设计方法中，沥青层疲劳开裂性能模型以沥青层底部最大拉应变控制；半刚性基层的疲劳开裂以半刚性基层底部的拉应力或应变控制；柔性基层结构中结构总体永久变形性能模型以土基顶面的最大压应变控制。

转换系数主要受路面结构组合的影响，为此初步拟定轻型高速沥青路面的典型结构模型参数见表 5-7～表 5-9。

结构组合 1 半刚性基层结构模型参数 表 5-7

层次	材料	厚度(cm)	模量(MPa)	泊松比	劈裂强度(MPa)
面层	沥青混凝土	12	2 000	0.35	1.1
基层	水泥处治碎石	20	1 500	0.25	0.5
底基层	级配碎石	15	250	0.35	—
土基	黏土、粉土	—	40	0.40	—

结构组合 2 沥青处治基层结构模型参数 表 5-8

层次	材料	厚度(cm)	模量(MPa)	泊松比	劈裂强度(MPa)
面层	沥青混凝土	5	2 000	0.35	1.1
基层	大粒径沥青碎石	10	800	0.35	0.7
底基层	水泥稳定砂砾	20	1 500	0.25	0.5
垫层	天然砂砾	15	250	0.35	—
土基	黏土、粉土	—	40	0.40	—

结构组合 3 粒料基层结构模型参数 表 5-9

层次	材料	厚度(cm)	模量(MPa)	泊松比	劈裂强度(MPa)
面层	沥青混凝土	15	2 000	0.35	1.1
基层(底基层、垫层)	级配碎石	30	250	0.35	—
土基	黏土、粉土	—	40	0.40	—

分别使用单轴和双轴两种形式(图 5-3),接地压力为 0.25MPa,计算结构的有效力学响应量,包括沥青层底部最大拉应变、半刚性基层底部最大拉应力和土基顶面最大压应变,分别对应沥青路面结构的三种主要损坏预估模型,采用式(5-4)中模型的力学响应量乘幂数 b 值,计算整车双轴 25kN 转换的单轴设计轴载,结果如表 5-10 所示。

整车双轴 25kN 转换为单轴设计轴载 表 5-10

典型结构	结构组合 3		结构组合 1
转换标准	沥青层底拉应变标准	路基顶面压应变标准	半刚性基层底拉应力标准
单轴设计轴载 P_s(kN)	16.0	14.9	13.5

双轴整车 25kN 作用一次转换为单轴设计轴载作用一次时,根据不同的损坏标准,单轴设计轴重为 13.5~16.0kN。综合考虑,轻型高速公路的单轴设计轴重可选定为 15kN,记为 QBZ-15。

从表 5-2~表 5-4 中,可知部分轮胎的尺寸规格,以奔驰 225/55-R16 为例:

225 为断面宽度,也就是轮胎可以接地的面积,以 mm 为单位。

55 为轮胎扁平率,即轮胎断面高与断面宽的比值。

R 为构造记号，R 是子午线轮胎的缩写。

15 为轮胎内径，也即轮毂的直径，一般以 in 为单位。

表 5-2～表 5-4 中轮胎的接地宽度为 16.5～26.5cm，以 18.5～22.5cm 为主。按照 15kN 的设计轴载、0.25MPa 的接地压力，由式(5-3)计算设计荷载当量圆直径为 19.55cm，与实际的轮胎接地宽度相差不大，表明设计轴载的确定是可行的。轻型高速公路的设计轴载如图 5-4 所示。显而易见，对于单轮形式，结构的力学响应量最大值发生在轮底中心。

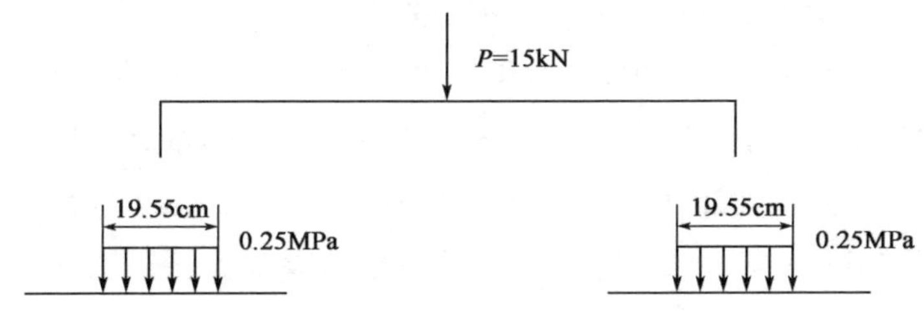

图 5-4　轻型高速公路设计轴载示意图

假定轻型荷载的轴重分别按(10＋10)kN、(10＋12.5)kN、(12.5＋12.5)kN、(10＋15)kN、(12.5＋15)kN 组合，则整车通过一次相对于单轴设计轴载通过的次数见表 5-11。

轻型荷载转换为设计轴载的作用次数　　表 5-11

典型结构	结构组合 3		结构组合 1
转换标准	沥青层底拉应变	路基顶面压应变	半刚性基层底拉应力
(10＋10)kN	0.629	0.413	0.021
(10＋12.5)kN	0.919	0.699	0.142
(12.5＋12.5)kN	1.208	0.984	0.263
(10＋15)kN	1.315	1.206	1.011
(12.5＋15)kN	1.604	1.492	1.132

虽然轻型高速公路的荷载由图 5-2 中代表车型构成，但三种车型在公路上的构成比例不同。毫无疑问，车型①将占绝大多数，而车型Ⅱ、Ⅲ将占较小的比例。另一方面，轻型高速公路的荷载较小，路面结构将以结构组合 3 为主(比结

构组合 1 有一定的优势,见后文论述)。假定路面结构为结构组合 3,车型①由(10+10)kN 和(10+12.5)kN 两种轴载构成,各占整个交通量的 50%和 30%,车型②由(12.5+12.5)kN、车型③由(12.5+15)kN 构成,各占整个交通量的 10%、10%,则按整车计算的设计轴载作用次数与直接按设计轴载的作用次数之比分别为:0.87(沥青层底拉应变)、0.68(路基顶面压应变)。由此可见,轻型荷载整车运行一次按设计轴载 15kN 作用一次计算是偏于保守的,也是可行的。

综上所述,轻型高速公路的交通荷载效应可以交通量的绝对数计算,即设计车道内运行的车辆数即是设计轴载 15kN 的作用次数。

轻型高速以轻型车辆为主,但运营过程中,由于消防、抢险等救援需求不可避免地会出现重型车辆,这些车辆对普通高速公路是正常的,但对于轻型高速相当于"超载"。以目前设计规范标准轴载单轴双轮 BZZ-100kN 为例,其与轻型设计荷载 QBZ-15kN 在不同结构组合下的力学响应量如图 5-5、图 5-6 所示,两者的作用次数之比按式(5-4)计算,见表 5-12。

轻型设计荷载 QBZ-15 和 BZZ-100 对比 表 5-12

典型结构	结构组合 3		结构组合 1
转换标准	沥青层底拉应变	路基顶面压应变	半刚性基层底拉应力
QBZ-15	6.86×10^{-5}	-1.22×10^{-4}	5.47×10^{-2}
BZZ-100	2.70×10^{-4}	-6.89×10^{-4}	2.87×10^{-1}
作用次数 $N_{QBZ-15}/N_{BZZ-100}$	242	1 021	4.29×10^{8}

对于半刚性基层结构,损坏类型以基层的疲劳开裂为主,两种轴载的换算关系表明,当前沥青路面的设计荷载单轴双轮 100kN 作用一次相当于轻型设计荷载单轴单轮 15kN 作用 4.29×10^{8} 次,此时基层层底弯拉应力达到 0.287MPa。实际上,研究表明[19],半刚性基层的模量应按动态模量计算,其模量范围为 6 000~15 000MPa,要远大于表 5-7 中的 1 500MPa,这意味着基层底拉应力更大,可达到 0.6MPa,接近半刚性材料的弯拉强度,即半刚性基层可能在轴载作用下一次断裂损坏。

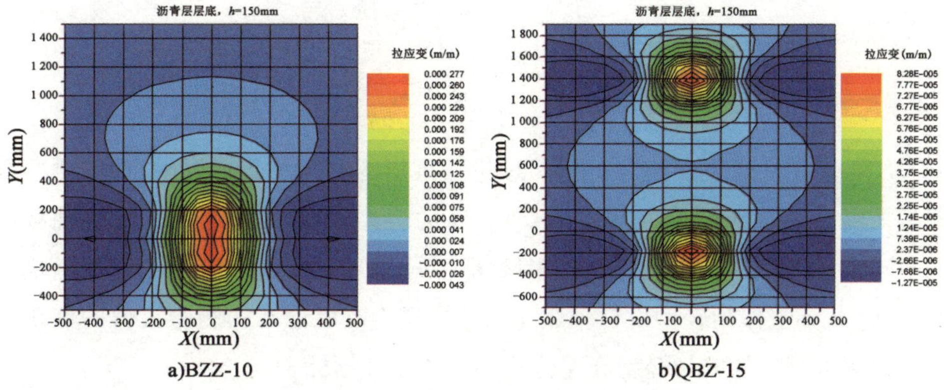

图 5-5　BZZ-100 和 QBZ-15 沥青层底拉应变对比

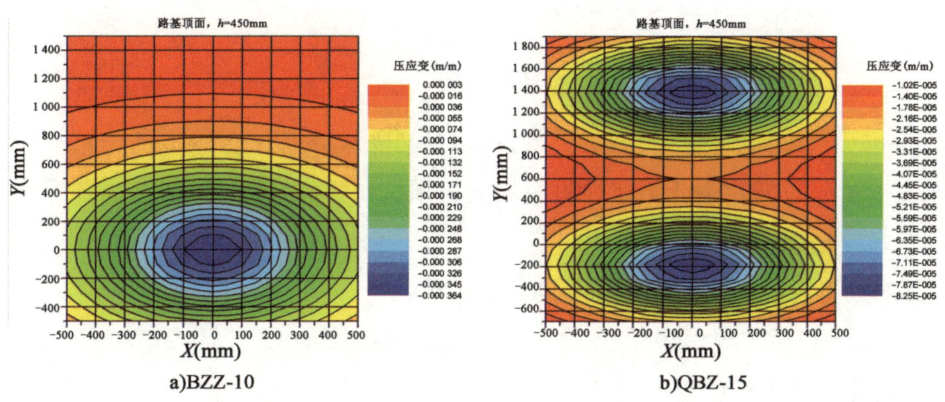

图 5-6　BZZ-100 和 QBZ-15 路基顶面压应变对比

5.2　路面结构的设计指标

5.2.1　国内外沥青路面设计指标

1)我国沥青路面设计指标

我国现行的沥青路面设计规范以 100kN 作为标准荷载，以路表回弹弯沉值、沥青层层底拉应力及半刚性材料层的层底拉应力为设计指标。路表回弹弯沉值的计算如式(5-5)所示。

$$l_s = 1\,000\frac{2p\delta}{E_1}\alpha_c F \tag{5-5}$$

式中：F——弯沉综合修正系数，$F=1.63\left(\frac{l_s}{2\,000\delta}\right)^{0.38}\left(\frac{E_0}{p}\right)^{0.36}$。

F 的建立是通过实测弯沉值与理论弯沉值的回归关系得到的，而实测弯沉值是采用标准轴载 100kN 测定的。15kN 的轻型设计轴载与 100kN 的轴载形式不同，对路面结构的力学影响范围等都不同，以往也没有 15kN 的弯沉值检测值，因此 F 不能作为轻型设计轴载 15kN 的理论弯沉值和实测弯沉值的修正关系。故弯沉值不能成为轻型高速公路的一个设计指标。

沥青层底部拉应力和半刚性基层底部拉应力的设计和验算指标如式(5-6)～式(5-9)所示。

$$\sigma_R = \frac{\sigma_s}{K_s} \tag{5-6}$$

式中：σ_R——路面结构层材料的容许拉应力(MPa)；

σ_s——沥青混凝土或半刚性材料的极限抗拉强度(MPa)；

K_s——抗拉强度结构系数。

对沥青混凝土面层的抗拉强度结构系数：

$$K_s = 0.09N_e^{0.2}/A_c \tag{5-7}$$

对无机结合料稳定集料类：

$$K_s = 0.35N_e^{0.11}/A_c \tag{5-8}$$

对无机结合料稳定细粒土类：

$$K_s = 0.45N_e^{0.11}/A_c \tag{5-9}$$

预估方程式(5-6)～式(5-9)的形式是直接把力学响应量同结构的寿命相联系，因此可以不考虑轴载的形式，故 15kN 的轻型轴载也可适用。但同样的问题是式(5-6)～式(5-9)的建立也考虑了车辆荷载作用的间歇时间、交通量折减系数、路面裂纹传播速率、横向分布系数等因素，用于联系和修正材料层试验室寿命与路面实际使用寿命之间的关系。轻型车辆与一般车辆对上述修正系数的影响是不同的，因此预估方程式(5-6)～式(5-9)直接作为轻型高速公路的设计指标有一定的局限性。

2)国外沥青路面的设计指标

国外沥青路面设计方法与我国设计方法有较大的区别,主要表现在对结构损坏类型和设计指标的选用上。对于半刚性基层沥青路面,主要损坏类型是半刚性基层的疲劳损坏,选用的力学参数为半刚性基层底部最大拉应力或拉应变,代表性的预估模型为 AASHTO2002、Shell 和 South Africa,如式(5-10)～式(5-12)所示。

AASHTO2002 模型[8]:

$$\log N_f = \frac{0.972 - \dfrac{\sigma_t}{\sigma_r}}{0.0825} \tag{5-10}$$

式中:N_f——轴载(每一种轴型下的轴重)的重复作用次数;

σ_t——半刚性基层底部的最大弯拉应力(psi);

σ_r——28d 劈裂强度(弯拉强度)(psi)。

Shell 模型[4]:

$$\sigma_r = \sigma_s(1 - 0.075\lg N) \tag{5-11}$$

式中:σ_s——一次荷载下的极限弯拉强度(MPa)。

South Africa 模型[5]:

$$N_f = 10^{6.72\left(1-\frac{\varepsilon_t}{3.40\times125}\right)} \tag{5-12}$$

式中:ε_t——半刚性基层底部的最大拉应变($\mu\varepsilon$)。

对于柔性基层路面结构,主要损坏类型是沥青层的疲劳损坏和结构永久变形损坏,典型的设计方法如 AASHTO2002、Shell 和 AI。

AASHTO2002 沥青层的疲劳损坏模型[8]:

$$N_f = 0.00432k_1C\left(\frac{1}{\varepsilon_t}\right)^{3.9492}\left(\frac{1}{E}\right)^{1.281} \tag{5-13}$$

式中:k_1——考虑开裂类型系数;

C——考虑沥青混合料体积参数的函数;

ε_t、E——分别为临界位置的拉应变和沥青混合料劲度模量(psi)。

Shell 设计方法[4]中,沥青层的疲劳损坏同样使用沥青层底部最大拉应变作为力学参数,如式(5-14)所示。

$$N_{f,SPDM} = 10 \times (0.856V_b + 1.08)^5 (10^6 S_m)^{-1.8} (\frac{1}{\varepsilon})^5 \tag{5-14}$$

式中：N_f——荷载累计作用次数，疲劳寿命；

ε——沥青面层内部水平拉应变；

V_b——沥青体积含量(%)；

S_m——沥青混合料劲度模量(MPa)。

为了限定结构的最终永久变形，Shell 和 AI 都使用土基顶面最大压应变模型限定，如式(5-15)、式(5-16)所示。

Shell[4]：

$$\varepsilon_z[m/m] = 2.1 \times 10^{-2} \cdot N^{-0.25} \quad (85\% \text{保证率}) \tag{5-15-1}$$

$$\varepsilon_z[m/m] = 1.8 \times 10^{-2} \cdot N^{-0.25} \quad (95\% \text{保证率}) \tag{5-15-2}$$

$$\text{AI}^{[3]}: N_d = 1.365 \times 10^{-9} (\varepsilon_z)^{-4.477} \tag{5-16}$$

式中：ε_z——路基顶面容许竖向压应变。

同样，国外的设计方法在建立上述预估模型时也未考虑轻型荷载，因此模型的修正参数有一定的局限性。

5.2.2 轻型高速公路的路面设计指标

以典型的沥青路面结构组合为基础，表 5-7～表 5-9，分别选用我国和国外的设计指标对结构寿命、结构层厚度进行预估，从而评估轻型高速公路路面结构的承载能力。

对于半刚性基层结构(表 5-7)，以结构组合 1 为代表，使用不同设计指标预估不同面层厚度 4～15cm 下结构的寿命(轻型设计轴载 15kN 的累计作用次数)，预估结果如表 5-13 所示。

半刚性基层路面结构寿命预估 表 5-13

沥青面层厚度(cm)	沥青层底拉应力	半刚性基层层底拉应力(MPa)	我国设计指标式(5-8)寿命	式(5-10) AASHTO 寿命	式(5-11) Shell 寿命
4	压应力	8.61×10^{-2}	1.23×10^{11}	5.47×10^{10}	1.53×10^{12}
9	压应力	6.40×10^{-2}	1.81×10^{12}	1.01×10^{11}	3.02×10^{12}
12	压应力	5.47×10^{-2}	7.64×10^{12}	1.32×10^{11}	4.02×10^{12}
15	压应力	4.72×10^{-2}	2.91×10^{13}	1.62×10^{11}	5.06×10^{12}

表 5-13 的计算说明，半刚性基层结构的沥青面层底部通常为压应力，因此设计指标式(5-6)和式(5-7)是不适用的。

根据第 2 章轻型高速公路通行能力的研究结果，按照 20 年计算设计轴载的累计作用次数。根据 5.1 节轴载的换算关系，标准小客车 pcu 运行一次即为设计轴载 QBZ-15 作用一次，则设计年限内累计轴次如表 5-14 所示。表中数据假定年交通增长率为 5%，运营 15 年后达到通行能力，后 5 年保持设计通行能力运行。四车道、六车道、八车道的车道系数分别取用 0.45、0.35、0.3。

轻型高速公路设计年限内设计轴载累计次数 表 5-14

类型	通行能力(pcu/d)		运营第一年日交通量(pcu/d)		设计年限累计作用次数(pcu/ln)	
四车道	20 000	55 000	10 101	27 779	6.90×10^{7}	1.90×10^{8}
六车道	30 000	80 000	15 152	40 405	9.27×10^{7}	2.47×10^{8}
八车道	40 000	100 000	20 203	50 507	1.16×10^{8}	2.91×10^{8}

表 5-13 所预估的结构承载能力远大于表 5-14 的设计轴载累计作用次数。忽略式(5-8)、式(5-10)、式(5-11)中模型参数建立时与轻型荷载有一定的差异，说明半刚性基层材料的承载能力高，而轻型荷载又很小，因此预估的结构寿命很大。这种情况可从实际路面的损坏情况调研得到证明，如北京首都机场高速公路。

机场高速公路 1993 年 9 月全线建成通车，为双向六车道，路面除局部维修外，未进行过大修。全线以通行小客车为主，截至 2004 年年底，累计通过机动车约 1.822 亿辆，其中小型车(小客车和小货车，总质量不大于 5t)90%、中型车(中货车和大客车，总质量 5～15t)6.6%、大型车(大货车，总质量 15～30t)3.4%，无明显超载现象。可以说，机场路与轻型高速公路的定义是十分吻合的。

2005 年机场路大修前对原有路面损坏进行了详细的调查，包括路况调查、弯沉检测、钻孔取芯试验等。调查的结果表明，机场路的主要损坏形式是横向裂缝，其性质为温缩裂缝，而半刚性基层在经过 11 年的使用后，结构仍然完整，有足够的强度。这说明了轻型荷载下，半刚性基层较少发生疲劳损坏。结构的损坏主要受环境、材料本身性能的影响。

采用 South Africa 设计方法预估轻型设计荷载 QBZ-15 的累计作用次数，半刚性基层损坏预估模型如式(5-12)所示，各结构层模量和泊松比采用南非设计方法中的默认参数，则结果见表 5-15。

South Africa 预估半刚性基层结构寿命 表 5-15

沥青面层(cm)		4	9	12	15	
水稳碎石基层(cm)		20	20	20	20	
级配碎石底基层(cm)		15	15	15	15	首先基层疲劳开裂，然后沥青层疲劳开裂
90%保证率	基层疲劳寿命	2.54×10^6	3.11×10^6	3.38×10^6	3.59×10^6	
	最终寿命	8.62×10^6	3.20×10^7	1.60×10^8	7.31×10^8	
95%保证率	基层疲劳寿命	1.88×10^6	2.31×10^6	2.50×10^6	2.66×10^6	
	最终寿命	7.19×10^6	1.68×10^7	8.11×10^7	3.67×10^8	

South Africa 不同于其他方法的是力学响应量为半刚性基层层底拉应变，其认为半刚性基层受水和反射裂缝的影响大，寿命较低。结构设计要考虑半刚性基层性能衰变对整体寿命的影响，即基层疲劳损坏后，材料等效为一定承载能力的粒料层，路面结构继续发挥效用，直到沥青层发生疲劳损坏，结构最终寿命由两阶段寿命构成。

由于半刚性基层厚度不变，沥青层厚度变化导致基层的疲劳寿命变化不大。表 5-15 的结果表明，轻型高速公路的沥青面层同样需要一定的厚度，按表 5-14 预估的轻型高速公路累计轴次，沥青层厚度应为 12～15cm。

对于粒料柔性基层路面结构(表 5-9)，以结构组合 3 为代表，使用不同设计指标预估不同面层厚度 4～15cm 下结构的寿命(轻型设计轴载 15kN 的累计作用次数)，预估结果如表 5-16 所示。

现行规范中设计指标式(5-7)的预估结果偏小，原因是式(5-7)中模型参数考虑的是普通高速公路上以单轴双轮 100kN 为代表的车型，如考虑荷载的作用间歇修正系数为 7，是为了综合考虑各种等级的道路，特别是城市的混合交通。对于一般的高速公路而言，其间歇系数远大于 10，而对轻型高速公路则更大。式(5-7)中荷载横向分布频率为 57%，而在同样设计速度下轻型高速公路的车道宽度小于普通高速公路的车道宽度，因此，荷载横向分布频率较大。如轻型高速公路的荷载间歇修正系数取用 15，横向分布频率取用 65%，经过修正后，式(5-7)调整为式(5-17)。调整后的预估结果见表 5-16。

$$K_s = 0.080 N_e^{0.2} \tag{5-17}$$

粒料基层路面结构寿命预估 表 5-16

沥青面层厚度(cm)	沥青层拉应力(MPa)	沥青层拉应变(m/m)	土基顶压应变(m/m)	我国规范沥青层疲劳		Shell 沥青层疲劳寿命	Shell 永久变形寿命	
				式(5-7)	式(5-17)	式(5-14)	式(5-15-1)	式(5-15-2)
4	3.07×10^{-1}	1.34×10^{-4}	-2.74×10^{-4}	1.87×10^{7}	3.19×10^{7}	5.186×10^{8}	3.46×10^{7}	1.87×10^{7}
9	2.97×10^{-1}	1.12×10^{-4}	-1.85×10^{-4}	2.19×10^{7}	3.74×10^{7}	1.269×10^{9}	1.66×10^{8}	8.94×10^{7}
12	2.37×10^{-1}	8.78×10^{-5}	-1.49×10^{-4}	6.08×10^{7}	1.04×10^{8}	4.345×10^{9}	3.96×10^{8}	2.14×10^{8}
15	1.88×10^{-1}	6.86×10^{-5}	-1.22×10^{-4}	1.75×10^{8}	3.00×10^{8}	1.493×10^{10}	8.81×10^{8}	4.75×10^{8}

对于 Shell 设计方法，表 5-16 中结构的最终寿命由路基顶面压应变决定的整体永久变形控制，其先于沥青层疲劳开裂发生，这个结论对于路面结构整体较薄的粒料基层结构是正确的，符合 Shell 设计方法理念，与实际情况是相符的。

同样采用 South Africa 设计方法预估粒料基层结构的 QBZ-15 累计作用次数，各结构层模量和泊松比采用南非设计方法中的默认参数，结果见表 5-17。

South Africa 预估粒料基层结构寿命 表 5-17

沥青面层厚度(cm)		4	9	12	15	损坏类型：沥青层疲劳
级配碎石基层厚度(cm)		30	30	30	30	
累计作用次数	90%保证率	8.98×10^{6}	3.67×10^{7}	1.93×10^{7}	8.78×10^{8}	
	95%保证率	7.84×10^{6}	1.84×10^{7}	9.69×10^{7}	4.40×10^{8}	

粒料基层结构的损坏类型以沥青层疲劳开裂或结构整体永久变形为代表。以表 5-16、表 5-17 对比表 5-14，同时考虑轻型高速公路的设计保证率较高，则设计通行能力下，粒料基层结构的沥青面层厚度为 12～15cm，与半刚性基层结构的沥青层厚度一致。对比表 5-15 和表 5-17，可知南非设计方法中粒料基层结构的性能要好于半刚性基层结构，这与其设计理念是一致的。但对于我国或其他国家设计方法，半刚性基层结构不考虑基层开裂后的继续使用功能，寿命组成是一阶段的，此时表 5-13 结构的预估寿命远大于设计通行能力。

5.3 路面结构组合设计

5.3.1 结构组合特性

为了确定轻型高速公路路面结构组合的选用原则，分析轻型设计轴载与目前国内外较重的标准轴载对路面结构的影响及由此带来的轻型路面结构的损坏模式，为此引入等量损坏因子的概念 Equivalent Damage Factors(EDF)[13]。其原理是标准轴载(100kN)作用 N_{100} 次后，路面结构最终损坏，则作用 1 次对路面结构的损耗率为 $1/N_{100}$，同理轻型标准轴载(15kN)对路面结构 1 次的损耗率为 $1/N_{15}$，将轻型标准轴载的损耗率与 100kN 的损耗率相比，便可判断它们对路面结构损坏程度的差异，这一比值称为等量损坏因子，即：

$$\mathrm{EDF}=\frac{N_{100}}{N_{15}}=\left(\frac{R_{15}}{R_{100}}\right)^{b} \tag{5-18}$$

式中：N_{100}、R_{100}——当前设计方法中设计轴载 100kN 的寿命(累计作用次数)、对应的力学响应量；

N_{15}、R_{15}——轻型设计轴载 15kN 的寿命(累计作用次数)、对应的力学响应量。

等效损坏因子 EDF 本质与式(5-4)是一致的，即为表 5-12 中最后一行的倒数。不同的设计方法对沥青路面损坏指标的选取不同，等量损坏因子计算时式(5-18)的 b 值不同，计算结果如表 5-18 所示。

等量损坏因子 EDF 计算 表 5-18

典型结构	表 5-9 结构组合 3		表 5-7 结构组合 1
转换标准	沥青层底拉应(力)变	路基顶面压应变	半刚性基层底拉应力
我国设计方法	3.89×10^{3}	—	2.89×10^{7}
AASHTO2002	4.44×10^{3}	—	1.91×10^{9}
Shell	1.05×10^{3}	9.79×10^{4}	2.56×10^{10}
AI	—	4.29×10^{4}	—

粒料柔性基层可能发生沥青层的疲劳损坏和结构的永久变形损坏，不同设计方法下，沥青层疲劳的损坏因子约为 $1\times10^{-3}\sim4\times10^{-3}$，即 BZZ-100 作用一次相当于 QBZ-15 作用 250～1 000 次；同样，路基顶面压应变的损坏因子约为 $4\times10^{-4}\sim1\times10^{-3}$，即 BZZ-100 作用一次相当于 QBZ-15 作用 1 000～2 500 次。而半刚性基层疲劳损坏的等量损坏因子更小，BZZ-100 作用一次相当于 QBZ-15 作用 $3.5\times10^{6}\sim3.5\times10^{9}$ 次。不同结构的损坏因子说明设计轴载减小时，针对结构损坏类型的寿命增长幅度不同。对于粒料柔性基层结构，轴载的降低首先提高结构的抗永久变形能力，其次是沥青层的疲劳性能；对于半刚性基层和沥青基层结构，轴载的降低显著提高基层的寿命。但正如表 5-12 计算的半刚性基层层底拉应力非常大，基层极有可能在“超载”作用下一次断裂损坏。

等量损坏因子越大，说明该结构层对荷载减小越不敏感。如果路面寿命由等量损坏因子较大的设计指标控制，那么轴载的减小所带来的效益较小。轴载的降低对提高各种结构的整体寿命是非常有利的，寿命的提高意味着使用 15kN 作为轻型高速公路的设计轴载时，路面结构的厚度可显著降低。

5.3.2 推荐的路面结构

设计轴载降低后，路面结构的厚度可相应减薄，或者说承载能力较弱的结构类型，如粒料基层的柔性路面结构也可以用于轻型高速公路，路面结构有更广泛的选择机会。按照基层材料的不同，可以选用的结构类型主要有三类：半刚性基层结构、沥青处治基层结构和柔性基层结构，见表 5-19。

根据 5.2 所分析的过程，按轻型高速公路的设计通行能力，计算三种典型结构组合的结构层厚度范围。结果表明，轻型标准轴载 15kN 可以使目前普通高速公路的路面结构厚度显著减薄。

(1)对于半刚性基层结构，沥青面层的厚度可以减薄 5～10cm，半刚性基层的厚度可以减薄 15～20cm；

(2)对于沥青处治基层结构，沥青面层和基层的总厚度可以减薄 5～12cm；

(3)对于柔性基层结构，沥青面层的厚度可以减薄 5～15cm。

综合各种计算结果，轻型高速公路的推荐结构组合如表 5-19 所示。

轻型高速公路推荐结构组合 表 5-19

结构类型	结构组合	结构层	结构层材料	结构层厚度(cm)
半刚性基层结构		沥青上面层	中粒式 AC-16(或 AC-13)	4～6
		沥青下面层	粗粒式或中粒式沥青混凝土	6～8
		半刚性基层	水稳(或二灰)粒料	18～20
		底基层	粒料(级配碎石、未筛分碎石)	15～20
沥青处治基层结构		沥青上面层	中粒式 AC-16(或 AC-13)	4～6
		沥青基层	沥青碎石 ATB-25(或 ATB-30)	8～12
		半刚性底基层	水稳(或二灰)粒料	18～20
		垫层	粒料(级配碎石、未筛分碎石)	15～20
柔性基层结构		沥青上面层	中粒式 AC-16(或 AC-13)	4～6
		沥青下面层	粗粒式或中粒式沥青混凝土	6～8
		粒料基层	级配碎石(砾石)，一层或两层	20～30
		粒料底基层	未筛分碎砾石等粒料	15

表 5-19 的推荐厚度仅仅是从结构分析角度给出的，并没有考虑气候条件，如冰冻、水文的影响。在表 5-19 中，路面结构的总体厚度一般为 45～55cm，这

样的厚度对于气候寒冷地区可能不满足防冻要求，因此需另外进行抗冻层设计，对不满足要求的结构应增加防冻垫层。

轻型高速公路的服务对象是轻型车辆，行驶在一般高速公路上较重的荷载如果作用在轻型高速公路上，无疑是一种“超载”，因此必须对轻型高速公路上行驶的车辆荷载进行严格的限定。

通过表 5-12 和表 5-18 的计算分析，如果考虑运营过程中救援车辆的“超载”效应，则粒料柔性基层路面结构明显优于半刚性基层结构。选择半刚性基层结构，则必须保证基层在“超载”车辆一次或少量作用次数下不发生断裂损坏。

本章参考文献

[1] Karan Kapoor and Jorge A. Prozzi, Methodology for Quantifying Pavement Damage Caused by Different Axle and Load Configurations, Report NO. SWUTC/05/167827-1, Center for Transportation Research University of Texas at Austin.

[2] 中华人民共和国行业标准. JTG D40—2011 公路水泥混凝土路面设计规范[S]. 北京：人民交通出版社，2011.

[3] Thickness design-Asphalt pavements for Highways and streets, The Asphalt Institute, MS-1, Sept 1981.

[4] Addendum to the Shell Pavement design manual, Shell International Petroleum Company Limited, London, 1985.

[5] DRAFT TRH4:1996, structural design of flexible pavements for interurban and rural roads, Department of transport, Po Box415, Pretoria 001, Republic of South Africa.

[6] 沈金安. 国外沥青路面设计方法总汇[M]. 北京：人民交通出版社，2004.

[7] Dae-Wook Park, etc. EVALUATION OF PREDICTED PAVEMENT RESPONSE USING MEASURED TIRE CONTACT STRESSES. TRB 2005 Annual Meeting.

[8] Guide for Mechanistic-Empirical Design of new and rehabilitated pavement structure, AASHTO2002 final document, December, 1999.

[9] 中华人民共和国行业标准. JTG D50—2006 公路沥青路面设计规范[S]. 北京:人民交通出版社, 2006.

[10] 中华人民共和国行业标准(作废). JTJ 014—86 公路柔性路面设计规范[S]. 北京:人民交通出版社, 1987.

[11] 汽车质量在前后轴的轴荷分配, 百度文库.

[12] M De Beer, C Fisher. Evaluation of non-uniform tire contact stresses on thin asphalt pavements. 9th asphalt pavement international conference, Copenhagen August 2002.

[13] B. S Morton, E. Luttig, etc. The effect of axle load spectra and tire inflation pressures on standard pavement design methods, Proceedings of the 8th Conference on Asphalt Pavements for Southern Africa, Sept. 12-16, Sun City, South Africa.

[14] 胡小弟,孙立军. 实测轻型货车轮载作用下沥青路面力学响应分析[J]. 公路交通科技, 2005,22(9):1-6.

[15] Wei-Hsing Huang, Yu-Ling Sung, etc. Effects of Heavy Vehicle and Tire Pressure on Flexible Pavement Design in Taiwan. Paper Submitted for Presentation and Publication at the 80th Annual Meeting in January 2001 of the TRB, Washington, D. C.

[16] Randy B. Machemehl, etc. Analytical Study of Effects of Truck Tire Pressure on Pavements Using Measured Tire-Pavement Contact Stress Data. TRB 2005 Annual Meeting.

[17] 田波, 姚祖康,等. 承受特重车辆作用的水泥混凝土路面应力分析[J]. 中国公路学报, 2000,13 (2): 16-19.

[18] 胡小弟, 孙立军. 考虑非均布轮载效应时超载对沥青路面结构的力学响应[J]. 长安大学学报(自然科学版), 2003,23(2).

[19] 赵延庆,等. 交通荷载参数研究, 基于多指标的沥青路面结构设计方法研

究子课题，交通部西部交通建设科技项 2008 318 000 99. 大连理工大学，2011,11.

[20] 杨学良. 设计指标协调与平衡及设计方法验证，基于多指标的沥青路面结构设计方法研究子课题，交通部西部交通建设科技项 2008 318 000 99. 中交公路规划设计院有限公司，2011,11.

6　轻型高速公路桥梁

6.1　桥梁设计控制因素

桥梁作为高速公路的重要组成部分要承受各种荷载，包括恒载、汽车荷载、温度作用、风荷载、地震等。与普通高速公路桥梁相比，轻型高速公路桥梁主要差异在于汽车荷载小。因此，本章主要研究在现行规范的基础上，确定轻型高速公路桥梁设计的汽车荷载标准及对典型结构的影响。

6.2　荷载标准研究

6.2.1　现行公路桥梁设计荷载模式研究

各国桥梁规范的设计汽车荷载分为标准车队荷载和车道荷载，并配有重车(拖挂车或履带车)进行验算，采用标准车队荷载进行桥梁分析计算复杂，计算效率较低。与车队荷载相比，车道荷载具有以下优点：

(1)车道荷载的形式简明。在内力影响线上加载只要已知影响线面积与最大坐标值就可以，加载手续简便，电算和手算工作量均减小。

(2)通过车道荷载中的均布荷载加集中荷载的模式可解决大、中、小不同跨径的活载设计标准。例如均布荷载的集度在某个跨径区段可采用跳跃变化以满足不同跨径的要求。

(3)车道荷载中的集中荷载可采用双值，以满足弯矩与剪力的不同要求。

(4)车道荷载简单，而且实用性强，避免车队排列的繁琐。

因此，目前国际规范桥梁设计荷载多采用车道荷载，下面对国内外有关的车道荷载模式进行简单介绍。

1)美国车道荷载模式[1]

美国车道荷载分成三个等级(图 6-1)。车辆荷载与车道荷载并用,取其中最不利的荷载效应为依据。如图 6-1 所示,图中 M 和 Q 分别表示计算弯矩或剪力时的取值。

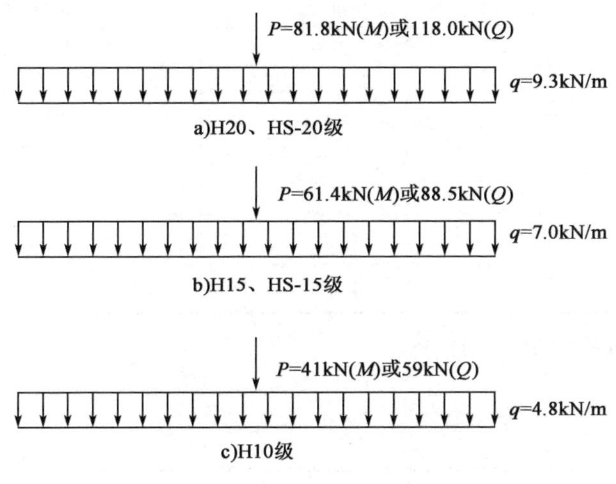

图 6-1 美国车道荷载模式

2)英国车道荷载模式[2]

英国 BS5400 对 HA 车道荷载规定为:当跨径小于等于 30m 时,均布荷载部分取 30kN/m;当跨径大于 30m 时集中荷载取常量 120kN,而均布荷载在弯矩或剪力影响线上均取同值(图 6-2)。

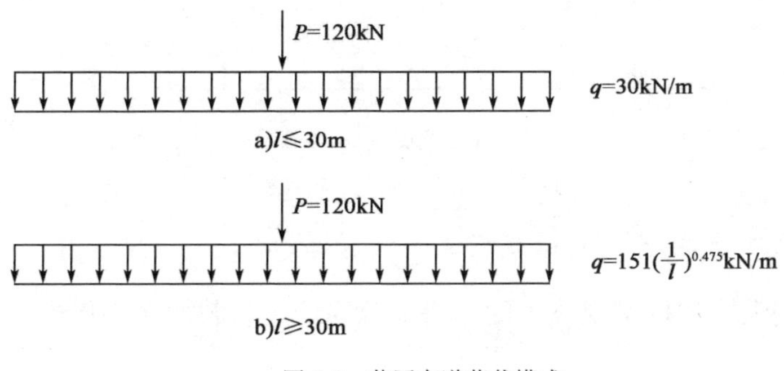

图 6-2 英国车道荷载模式

3)欧洲车道荷载模式[3]

该模式由双轴集中荷载 $\alpha_Q Q_k$(双轴系统:TS)和均布荷载 $\alpha_q q_k$(UDL 系统)组成,其中每条车道只能有一完整的双轴集中荷载,α_Q 和 α_q 均为调整系数,按表 6-1 选取。

荷载模型:标准值　　表 6-1

位　置	双轴系统(串联系统) TS	UDL 系统
	轴载 Q_{ik} (kN)	q_{ik}(或 q_{ik}) (kN/m²)
车道 1	300	9
车道 2	200	2.5
车道 3	100	2.5
其他车道	0	2.5
保留区 (q_{ik})	0	2.5

荷载模型细节如图 6-3 所示。

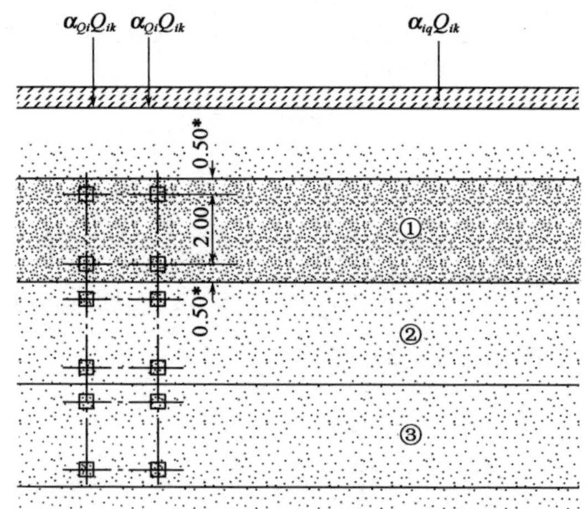

注:* 表示车道宽度为 3m 的情况。

图 6-3　欧洲车道荷载模式

4)加拿大安大略省车道荷载模式[4]

加拿大安大略省桥梁规范中的车道荷载为均布荷载加多个集中荷载的模式(图 6-4)。

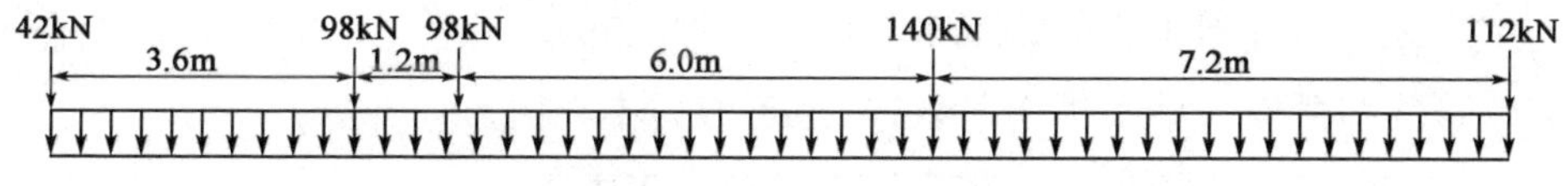

图 6-4　加拿大车道荷载模式

5)日本车道荷载模式[5]

日本的车道荷载,跨径小于等于 80m 时,则集中荷载 $P=50\text{kN/m}$(横向延米),均布荷载 $q=3.5\ \text{kN/m}^2$;当跨径大于 80m 时,集中荷载不变,均布荷载 $q=(430-l)\times10\text{kN/m}^2$,但必须大于 $3.0\ \text{kN/m}^2$(图 6-5)。

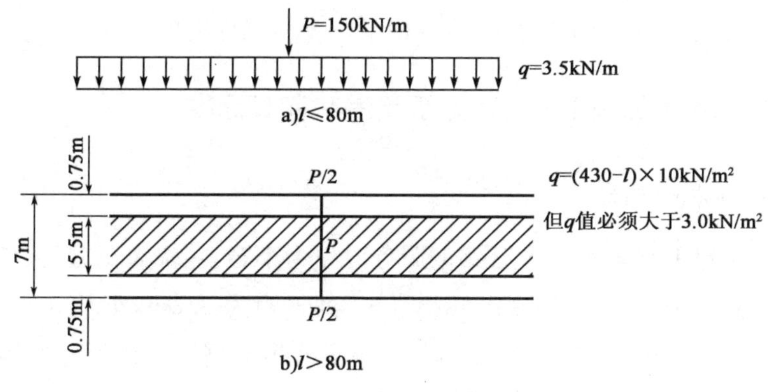

图 6-5　日本车道荷载模式

6)德国车道荷载模式[5]

德国的车道荷载为阶梯形均布荷载,无集中荷载(图 6-6)。

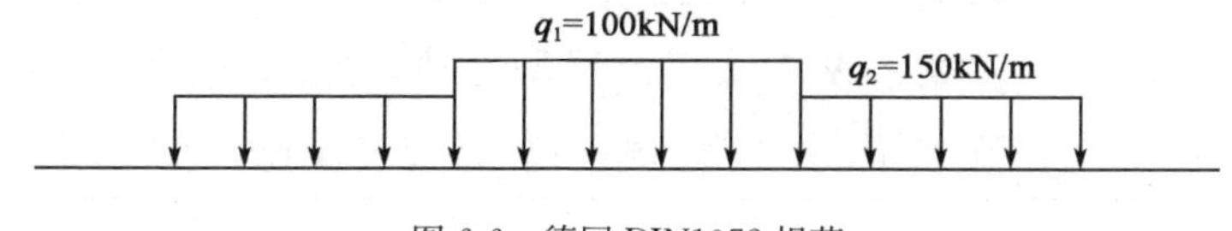

图 6-6　德国 DIN1072 规范

7)我国公路桥涵设计规范车道荷载模式[6]

我国的车道荷载模式如图 6-7 所示。

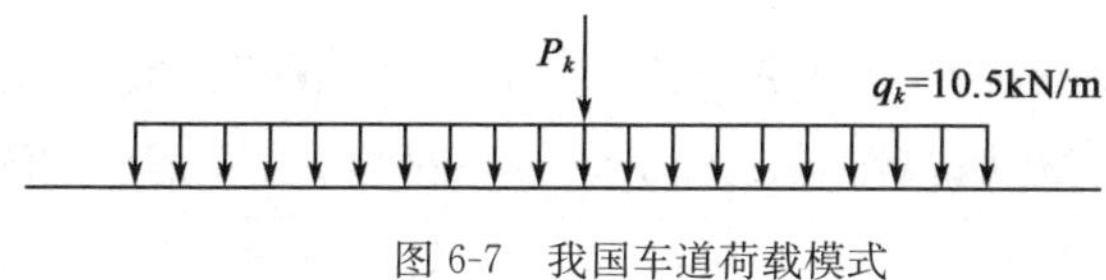

图 6-7　我国车道荷载模式

综上所述，各国车道荷载基本为以下几种模式：

(1)均布荷载＋单一集中荷载(弯矩与剪力不同值)；

(2)随跨径变化的均布荷载＋不变的单一集中荷载；

(3)均布荷载＋多个单一集中荷载；

(4)均布荷载＋线集中荷载(与车道宽度有关，车道外取 1/2 计算)；

(5)阶梯形均布荷载，无集中荷载。

由此可见，我国现行规范中采用的均布荷载＋集中荷载的模式符合国际发展趋势，且已被广大设计人员所接受，为与现行规范相协调，确定轻型高速公路桥梁车辆荷载模型时，应采用现行公路桥梁汽车荷载标准的模式。

6.2.2 采用概率分析法确定桥梁汽车荷载标准

1)统计样本的确定

前述章节已明确轻型高速公路的服务对象为小客车，代表车型为《公路工程技术标准》(JTG B01—2003)规定的小客车，其轴距为 3.8m，车长 6.0m。实际车辆中，小型货车的轴距均在 3.5m 以下，可见代表车型的几何尺寸实际上涵盖了部分小型货车。由于目前轻型高速公路尚在探索阶段，随着研究的深入和发展的需要，不排除未来服务对象扩大到小货车的可能性。因此，统计样本的范围应当适当扩大到包含 3.8m 轴距以内的所有车辆，即包含一部分小货车。

由于实际中没有轻型高速公路，轻型高速公路汽车荷载研究所需的统计数据要从现状实际交通调查数据中筛选出轻型高速公路汽车荷载研究所需的样本。因此，首先要确定轻型高速公路汽车荷载研究样本筛选的标准。筛选标准使用 2008 年度广深高速公路和国道 107 线上的两个测点动态称重数据进行研究确定。

在两个测点数据中，所有两轴货车的平均轴距为 4.44m，因此，轴距小于 3.8m 的可以作为小型货车筛选标准之一。另外，在两个测点数据中均包含部分超载车辆，按 3.8m 轴距筛选的车辆中最大质量可达 30 多吨。而按照国家标准《道路车辆外廓尺寸、轴荷及质量限值》(GB 1589—2004)[7]中规定两轴货车的最大允许总质量为 16t。因此，总质量 16t 也可以作为小型货车筛选标准之一。两个筛选条件并用，既满足国家和行业标准要求，也为实际运行中可能出现的应急救援车辆(如消防车、救护车等)通行留有一定的余地。

2)轻型车辆的统计分析

按照上述筛选标准对两个测点的两轴车辆进行筛选，将两个测点筛选后所得样本进行统计分析。分析的目的主要是建立轻型车辆的概率分布。按照概率统计学理论，建立随机变量的概率分布主要包括：①根据随机变量频数直方图初步拟定概率分布；②利用样本数据进行参数估计。

(1)轻型车辆总重频率直方图

统计数据的概率特性分析通常从其直方图开始，通过对统计数据直方图的观测，总体上了解其分布特性，再选取合适的概率分布进行分布的拟合，确定其最终的概率分布。轻型车辆总质量样本的频数分布直方图如图 6-8 所示。

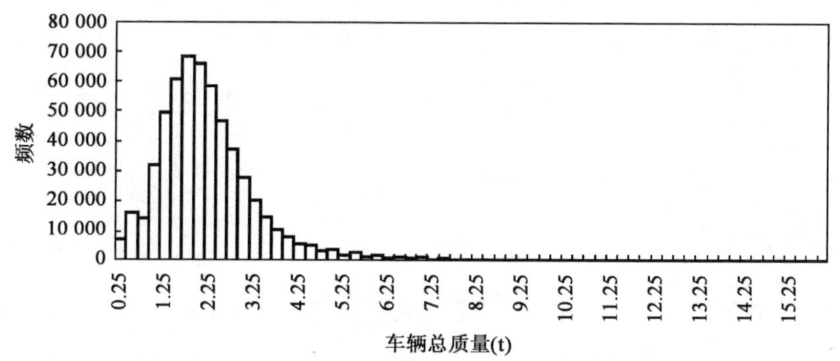

图 6-8　轻型车辆总质量频数分布直方图

由图 6-8 可见，轻型车辆的总质量分布呈现偏态的单峰分布，因此，可选择常见偏态概率分布进行描述，选择的分布有对数正态分布、威布尔分布、伽马分布[8]。

对数正态分布的概率分布函数为：

$$F(x)=\frac{1}{\sqrt{2\pi}\sigma}\int_{-\infty}^{x}\frac{1}{t}\mathrm{e}^{-\frac{(\ln t-\mu)^2}{2\sigma^2}}\mathrm{d}t \tag{6-1}$$

威布尔分布的概率分布函数为：

$$F(x)=\begin{cases}0, & x<0\\ 1-e^{-(\frac{x}{\eta})^m}, & x\geqslant 0\end{cases} \tag{6-2}$$

伽马分布的分布函数为：

$$F(x)=\frac{1}{\Gamma(\alpha)}\int_0^x x^{\alpha-1}e^{-x}dx \tag{6-3}$$

(2)概率分布函数参数估计

利用样本数据去估计概率分布函数的参数取值或参数的最可能变化范围是数理统计的一个重要任务，前者是参数的点估计，后者是参数的区间估计。概率分布函数的确定主要进行参数的点估计，点估计的方法主要有矩估计法、极大似然估计法、贝叶斯估计法以及最小二乘法等，这里重点介绍矩估计法和极大似然估计法[9]。

①矩估计法

矩估计法的理论依据是辛钦大数定律，即若随机变量序列 $X_1,X_2\cdots,X_n,\cdots$ 独立同分布，且数学期望 $E(X_i)=\mu$ 存在，则对 $\forall\varepsilon>0$ 有：

$$\lim_{n\to+\infty}P\left(\left|\frac{1}{n}\sum_{i=1}^{n}X_i-\mu\right|<\varepsilon\right)=1$$

即当 $n\to+\infty$ 时，$\frac{1}{n}\sum_{i=1}^{n}X_i$ 依概率收敛于 μ。

如果设总体 $X\sim F(x,\theta)$，且 $E(X)$ 存在，$X_1,X_2\cdots,X_n$ 是来自总体的简单随机样本，那么，$X_1,X_2\cdots,X_n$ 满足辛钦大数定律，即当 n 很大时，样本均值 $\frac{1}{n}\sum_{i=1}^{n}X_i$ 与总体均值 $E(X)$ 近似相等。不仅如此，样本的 k 阶矩 $A_k=\frac{1}{n}\sum_{i=1}^{n}X_i^k$ 与总体 k 阶矩 $E(X^k)$ 也近似相等，此处假设 $E(X^k)$ 存在，则有如下近似等式：

$$A_k=E(X^k),k=1,2,\cdots \tag{6-4}$$

因为 $E(X^k)$ 是 θ 的函数，故从上式解出 θ，就得到了 θ 的点估计。这就是矩估计法。

②极大似然估计法

设总体 X 的概率密度函数为 $f(x,\theta)$，θ 为未知参数，其样本的联合密度函数为 $\prod_{i=1}^{n}f(x_i,\theta)$。确定 θ 后，与该函数最大值相应的一组样本取值 $(x_1,x_2,\cdots,$

x_n)是所有取值组中可能性最大的,此即极大似然估计法的估计准则。它按照所得的样本观察值(x_1,x_2,…,x_n)使该函数达到最大来确定参数 θ 的估计值。定义似然函数 $L(\theta)$为:

$$L(\theta) = \prod_{i=1}^{n} f(x_i, \theta) \tag{6-5}$$

要使 $L(\theta)$取最大值,θ 必须满足:

$$\frac{\mathrm{d}L(\theta)}{\mathrm{d}\theta} = 0 \tag{6-6}$$

由上式解得极大似然估计值 $\hat{\theta}$。

由于 $L(\theta)$与 $\ln L(\theta)$在同一值处取得极值,因此为了简便,大多数情况下 $\hat{\theta}$ 按下式求解:

$$\frac{\mathrm{d}\ln L(\theta)}{\mathrm{d}\theta} = 0 \tag{6-7}$$

对于多个参数的确定原则与上面相同。

轻型车辆总质量的概率分布函数参数估计即采用极大似然估计法确定,分析结果表明,对数正态分布的拟合效果较好。实测数据与拟合数据的对比如图 6-9 所示。

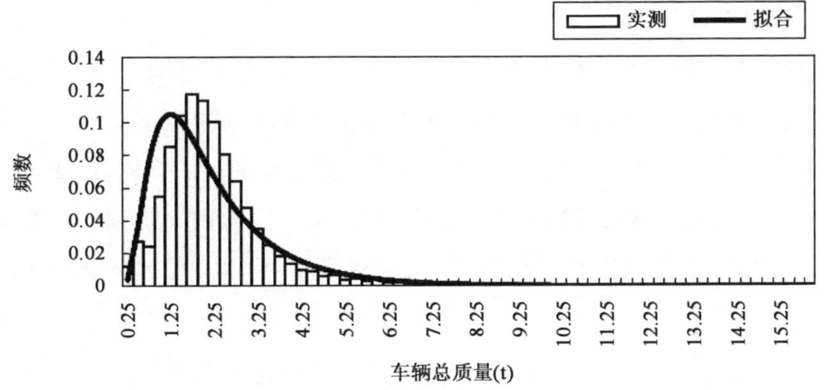

图 6-9　实测数据与拟合数据的对比

由图 6-9 可见,用对数正态分布可以较好地拟合轻型车辆总质量的概率分布,拟合所得对数正态分布的概率密度函数为:

$$f(x)=\frac{1}{\sqrt{2\pi}\times 0.629x}\exp\left[-\frac{(\ln x-0.607)^2}{2\times 0.629^2}\right] \tag{6-8}$$

根据相关工程经验，通常选取汽车荷载概率分布的 0.95 分位值作为标准值，上式 0.95 分位值对应的车辆质量为 5.15t，为了便于应用可取为 5 的倍数，即轻型车辆荷载的标准值为 5.5t。

3）轻型汽车荷载效应统计分析

对于公路桥梁而言，汽车荷载对结构的影响主要表现为汽车荷载效应，而汽车荷载是以多个参数相互影响着作用于桥梁结构中的效应，即除了车辆质量（轴质量）以外，还有车辆间距、轴距等因素。因此，还需对汽车荷载效应进行统计分析。

车辆行驶于桥梁上并使其产生效应，这是一个复杂的过程。由于客观条件的限制，目前无法对其进行直接的统计分析，只能在车辆荷载实测数据的基础上通过计算来确定。计算中忽略了结构（空间或平面）、材料（弹性或塑性）、计算（精确或近似假定）等因素对效应统计规律的影响。

汽车荷载效应的计算包括随机车队的生成和影响线加载计算，其中随机车队生成的主要内容为随机车辆间距。

（1）随机车队

车辆行驶密度对桥梁结构有着重要的影响。而实际车辆行驶密度随时间、季节变化差异很大。为了更接近最不利情况，需将连续的轻型车辆排成一个纵向车队，让该车队以密集运行状态（起控制作用）连续通过不同跨径、不同结构形式的桥梁，密集运行状态车辆间距按照堵车状况下的车辆间距确定。交通部公路规划设计院在《公路桥梁可靠度研究》中建立了堵车状况下车辆间距的概率分布[10]：

$$f(x)=\frac{1}{\sqrt{2\pi}\times 0.279\,707x}\exp\left[-\frac{(\ln x-1.561\,165)^2}{2\times 0.299\,707^2}\right] \tag{6-9}$$

确定了车辆间距的概率密度函数后，即可对其进行随机模拟，车辆间距的出现本身可以看做是一个随机试验问题，在得到其概率特性后，就可以按照需求产生足够多的样本，从而可以更为准确地反映实际运行的车辆。随机变量抽样最常用的方法就是蒙特卡洛方法，基本原理就是根据随机变量的概率特性，产生其随机样本的过程，当产生的样本足够多时，这些样本值统计上应符合用来抽样的随机变量的概率特性。一般情况下，产生随机变量的样本主要有两个过程，即随机数的产生和随机变量的抽样[11]。

①随机数的产生

随机数是随机模拟的基础，因此产生随机数的方法一直是随机模拟理论研究的一项重要内容。曾经使用过的随机数产生方法包括三种，即随机数表法、物理方法和计算机方法。

随机数表法是将通过某种方法（如高速转盘、电子装置等）产生的随机数记录于磁盘中，使用时输入计算机即可。物理方法是通过在计算机上安装一台物理随机数发生器，把具有随机性质的物理过程变换为随机数。目前这两种方法已不再采用。

通过计算机来产生随机数是目前应用最广泛的方法，这种方法产生随机数的速度快。用计算机产生随机数，是根据数论方法通过数学递推公式运算来实现的，递推公式一般可表达为：

$$r_i = f(r_{i-1}, r_{i-2}, \cdots, r_{i-k}) \tag{6-10}$$

用计算机产生随机数的方法主要有混合同余法和乘同余法等。

②随机变量的抽样

随机变量的抽样主要分为连续性随机变量抽样和离散型随机变量抽样，在结构工程中，大部分随机变量是连续的，如永久荷载、可变荷载、结构抗力等，车辆荷载同样属于这一范畴，所以这里只介绍连续型随机变量抽样的两种常用的方法，即反函数法和舍选法。

a. 反函数法

概率论中已经证明，如果随机变量 X 的概率分布函数为 $F_X(x)$，则 $F_X(x)$ 是一个服从[0,1]均匀分布的随机变量；相反，若 R 是一个服从[0,1]均匀分布的随机变量，则 $X=F_X^{-1}(R)$（R 的反函数）的概率分布函数为 $F_X(x)$。利用这一结果，可通过由均匀分布产生的随机数来实现对随机变量的抽样。如果产生了 R 的一个随机数 r，则由下式可得到 X 的一个样本值 x：

$$x = F_X^{-1}(r) \tag{6-11}$$

上式表示的样本值是通过求其概率分布函数的反函数得到的，故称为反函数方法。

b. 舍选法

舍选法有几种不同的抽样形式，这里只介绍最为常用、也是最简单的一种。

对于有限区间$[a,b]$上的随机变量 X，其概率密度函数为 $f_X(x)$，并且 $f_X(x)$ 的上确界为 $f_0=\max f_X(X)$，$X\in[a,b]$则舍选法的抽样过程为：

(a)产生区间$[a,b]$上均匀随机变量 U 的样本值 u；

(b)产生区间$[0,1]$上的随机数 r；

(c)如果 $r\leqslant\dfrac{f_X(u)}{f_0}$，则 u 为随机变量 X 的一个样本值，否则弃掉该值转入(a)步重新产生。

由这一抽样过程可以看出，舍选法不使用随机变量概率分布函数的反函数，因此，适用于反函数不易求得的情形。

对于这里需要研究的车辆间距，由于已经得出了其概率分布函数，因此，随机车辆间距的生成即可按照反函数法进行。按照反函数法的原理，进行随机车辆间距的蒙特卡洛模拟，与实测数据结合即可组成密集运行状态的随机车队。

(2)影响线加载计算

汽车荷载效应计算时将实测车队按密集运行状态送入影响线，计算各类桥型、各种跨径可能控制的效应值，包括跨中弯矩、支座负弯矩、支点剪力等。为了便于与现行规范进行比较，将计算结果与公路-I 级相应的效应值之比作为统计分析的对象，即取无量纲参数 $K=\dfrac{S}{S_K}$作为车辆荷载效应的基本统计对象，其中，S 为根据实测车队荷载计算的效应值，S_K 为根据现行规范公路-I 级的汽车荷载计算的效应值。由于采用效应比值作为统计对象，所以在桥型的选择上无须作过于严格的限制。简支梁桥是中小跨径桥梁普遍采用的桥型，连续梁桥在高等级公路上应用较为普遍，是较大跨径桥梁常用的桥型，而且可以将其作为超静定梁桥的代表。因此，计算选择可以这两种桥梁为代表性的桥型，桥梁跨径的选择以该结构的常用范围为主。

为了更接近实际情况，进行影响线加载计算时，将密集运行状态的车队在虚拟的简支梁和连续梁上以 1m 的步长移动，并记录每步移动所产生的效应值，如图 6-10 所示。

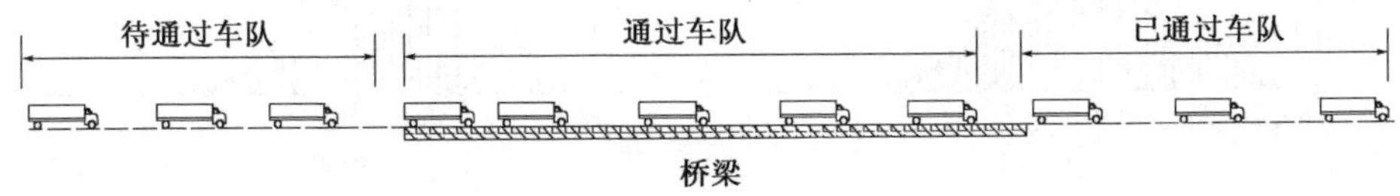

图 6-10 效应计算的仿真车队

车队通过相应的影响线时，简支梁的跨中弯矩影响线和支点剪力影响线是同号的，所以加载计算时，车队满布于梁跨上，而多跨连续梁的影响线在不同梁跨上的影响线可能符号相反，所以，为了获得最不利效应，在车队的加载计算时，只在影响线面积较大且符号相同的跨径上布置车队，图 6-11 所示为三跨连续梁边跨跨中弯矩计算时的加载工况。

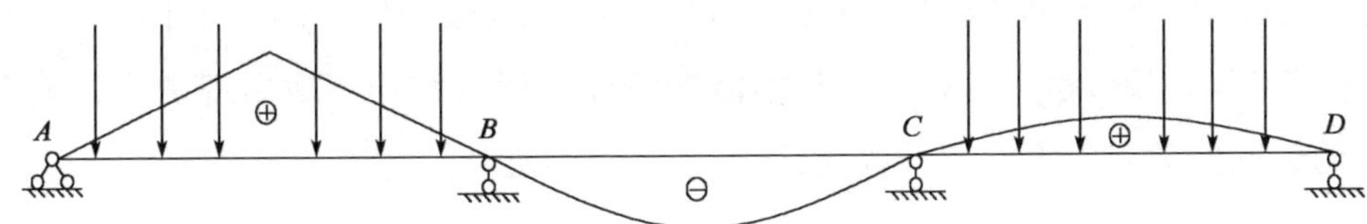

图 6-11 三跨连续梁边跨跨中弯矩影响线加载工况

(3)汽车荷载效应的统计分析

汽车荷载效应的统计分析基本方法与前述车辆荷载的统计分析方法相同。分析表明，汽车荷载效应比均服从正态分布，图 6-12 所示为拟合的对比图。弯矩比和剪力比的概率密度函数分别为：

$$f(x)=\frac{1}{\sqrt{2\pi}\times 0.079}\exp\left[-\frac{(x-0.227)^2}{2\times 0.079^2}\right] \tag{6-12}$$

$$f(x)=\frac{1}{\sqrt{2\pi}\times 0.077}\exp\left[-\frac{(x-0.209)^2}{2\times 0.077^2}\right] \tag{6-13}$$

同样选取上述概率分布的 0.95 分位值作为轻型高速公路桥梁设计汽车荷载效应的标准值，弯矩分布和剪力分布 0.95 分位值分别为 0.36 和 0.33，可选弯矩 0.95 分位值作为轻型高速公路的汽车荷载效应标准值。但确定汽车荷载

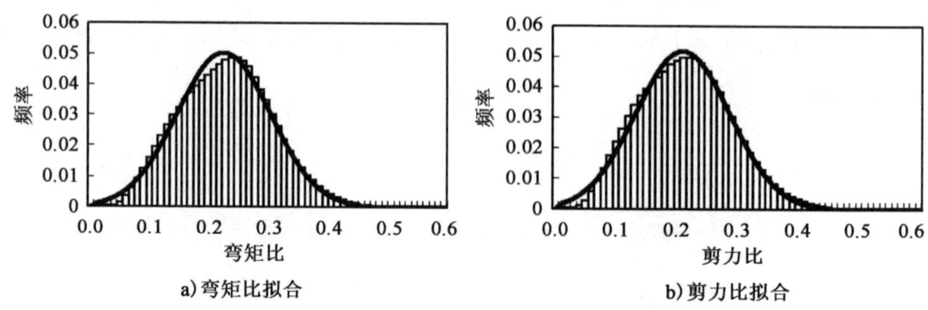

a)弯矩比拟合

b)剪力比拟合

图 6-12　不同效应比的实测数据与拟合数据的对比

效应标准值时，考虑车辆荷载的特殊性，并且是首次对轻型高速公路汽车荷载进行研究，样本数量偏少，测量地点具有一定的局限性，可偏保守地取 0.4 倍的公路—Ⅰ级汽车荷载作为轻型高速公路桥梁汽车设计荷载的技术标准，这样既满足了保证率的要求，又适当提高桥梁的安全度。此外，如果按照现行规范设计表达式的系数计算车辆荷载效应：$S=1.1\times1.4\times0.4S_K=0.62S_K$，与计算样本的最大值基本一致，这样可以保证某些极端情况下桥梁结构不致出现破坏。更合理的标准值尚需更多的基础数据，还需进一步的研究。

4)汽车荷载的有关系数研究[12-13]

(1)横向折减系数

多车道横向折减的含义是，在多车道桥梁上行驶的汽车荷载使桥梁构件的某一截面产生最大效应时，其同时处于最不利位置的大小。显然，这种可能性随车道数的增加而减小。而桥梁设计时各个车道上的汽车荷载都是按最不利位置布置的，因此，计算结果应根据上述可能性的大小进行折减。这是个概率事件，可以认为各车道上的汽车荷载加载是互不相关的，按重复独立随机事件的概率理论，建立多车道横向折减系数与相关变量的关系式，得到折减系数的具体数值。

在各车道上一个最不利截面同时出现最重车辆可能性的概率很小，因此在一个车道上用整车道荷载布载，而同时又在第 2、3、…n 等车道布载则应乘以合乎逻辑的多车道折减系数。对于车道荷载的横向折减的研究方法主要有以下几种。

①Harman 和 Davenport 计算公式

1976 年，加拿大的 Harman 和 Davenport 对小于 125m 跨径的中小桥涵的多车道折减系数进行研究，建议按下式计算：

$$m_{\mathrm{f}}=\lambda+\frac{(1-\lambda)}{\sum L_k}\sqrt{\sum L_k^2} \tag{6-14}$$

式中：λ——邻近车道上相关交通量的函数，建议采用 0.5～0.7；

L_k——第 k 个车道上引起的活载效应。

上式中的 m_{f} 取决于三个因素：a. 车道交通的统计资料；b. 多种车辆进入桥梁的概率分布曲线；c. 荷载横向分布效应的优劣。

②Jaeger 和 Bahk 计算公式

加拿大 Jaeger 和 Bahk 也进行了车道横向折减的研究，他们做了如下几个基本假定：

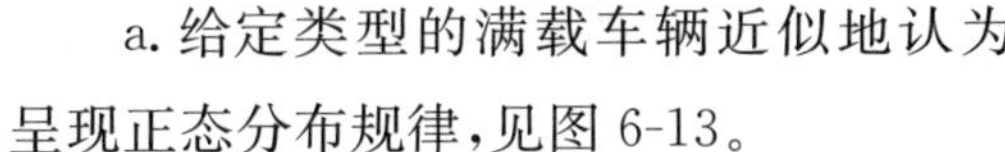

a. 给定类型的满载车辆近似地认为呈现正态分布规律，见图 6-13。

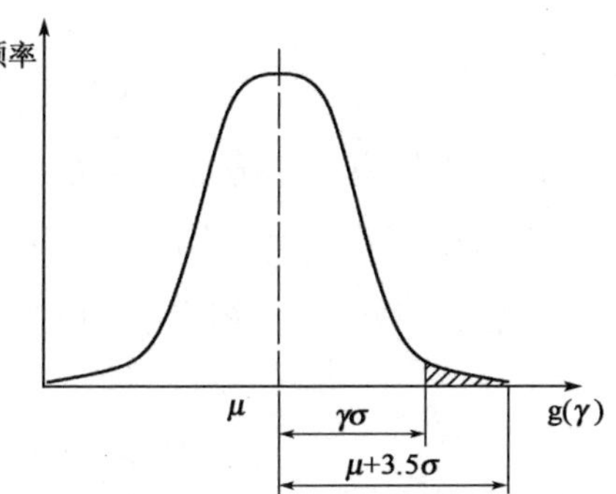

图 6-13 满载车辆分布规律

b. 行驶在桥上的车辆其变异系数(cov)在 0.1～0.3 之间。

c. 最大观测车质量通常为车辆的均值加上 3.5σ，σ 表示标准差，故：

$$W_{\max,1}=\mu+3.5\sigma \tag{6-15}$$

d. 满载货车约占总货车数量的 20%。

e. 假定 n 辆货车，至少各质量 $W_{\max,m}$ 同时出现在 m 个车道上，故：

$$W_{\max,m}=\mu+\gamma\sigma \tag{6-16}$$

式中，γ 为待定参数，它与车道数目 m、车辆通过 $\frac{l}{3}$ 区段的时间 T、桥梁基准期 B 和极限种类车辆进入一个车道上每天数目 n 有关。

$$g(\gamma/\sqrt{m})=\frac{(86\,400)^{m-1}}{365n^mBT^{m-1}} \tag{6-17}$$

由式(6-17)可求出 $g(\gamma/\sqrt{m})$ 值，然后查正态分布曲线表反求 γ，当 γ 确定

后，则可计算 m_f：

$$m_f=\frac{W_{\max,m}}{W_{\max,l}}=\frac{\mu+\gamma\sigma}{\mu+3.5\sigma}=\frac{1+\gamma\mathrm{cov}}{1+3.5\mathrm{cov}} \tag{6-18}$$

不同车道数目 m、γ 值不同，车道越多越近于均值 μ，B 越大，γ 越小。

在计算轻型高速公路桥涵车道荷载横向折减系数时，如采用 Harman 和 Davenport 计算公式，相关参数选取比较困难。所以，采用 Jaeger 和 Bahk 提出的计算公式，并结合轻型高速公路交通组成的特点，确定车道荷载横向折减。采用 Jaeger 和 Bahk 提出的计算公式，计算轻型高速公路桥涵横向折减系数时，考虑轻型高速公路服务对象较单一，速度和载质量差别不大，变异系数按 cov＝0.25计算；当多车道很多时，$\gamma=0$。则将 cov＝0.25 和 $\gamma=0$ 代入式(6-18)，即：

$m_f=\dfrac{1}{1+3.5\times0.25}=0.53$。

国内外规范对车道折减系数的规定差别很小(表 6-2)，公路规范比城市规范规定的值稍小。另外，城市桥梁设计规范规定车道多于 6 个时，m_f 趋向于 0.55，符合计算结果，所以对于轻型高速公路桥涵车道横向折减参照城市规范的规定。

国内外规范对多车道折减系数规定 表 6-2

车道数	1	2	3	4	5	6	7	8
英国规范 BS5400	1.00	1.00	0.78	0.67	0.60	0.56	0.52	0.50
加拿大 OHBDC	1.00	1.00	0.80	0.70	0.60	0.55	0.55	0.54
美国 ASCE	1.00	1.00	0.70	0.63	0.58	0.55	0.53	0.51
公路规范	1.00	1.00	0.78	0.67	0.60	0.55	0.52	0.50
城市规范	1.00	1.00	0.80	0.67	0.60	0.55	0.55	0.55

(2)车道荷载纵向折减

现行规范规定的汽车荷载标准值是在特定的条件下确定的，如在汽车荷载的可靠性分析中，用于计算各类桥型结构效应的车队，采用了自然堵塞时间的车辆间距；汽车荷载本身的重力，也采用了路上运煤车或其他重车居多的调查资料。但是，实际桥梁上通行的车辆不一定都能达到上述条件，特别是大跨径的桥梁。所以，国外一些规范对车辆荷载适用跨径做了限制。

根据现行规范，纵向折减系数 a 采用下式计算：

$$a(L_0) = 0.97913 - 4.7185 \times 10^{-5} L_0 \tag{6-19}$$

式中：L_0——计算跨径(m)。

通过计算表明，纵向折减系数较小，如按照式(6-19)计算，当 $L_0=20\text{m}$ 时，$a=0.978$；当 $L_0=50\text{m}$ 时，$a=0.977$；当 $L_0=150\text{m}$ 时，$a=0.972$ 时。且纵向折减系数主要反映纵向最不利情况出现的概率，从这个角度看，轻型高速公路与普通高速公路无异，所以轻型高速公路桥梁可以按照现行公路桥涵规范规定进行折减。

(3)汽车荷载冲击系数

在移动车辆作用下，桥涵不仅承受车辆各轴的重力作用，而且还将受到一定的冲击作用，从工程设计角度看，桥涵各构件截面中总的竖向车辆荷载效应等于车辆荷载静力效应与动力效应之和。在国内外的各种桥涵设计规范中，均采用在车辆竖向静力效应的基础上，乘以一个增大系数作为移动车辆荷载的竖向动力效应，即：

$$S_z = (1+\mu)S_j \tag{6-20}$$

式中：S_z——在移动车辆荷载作用下，桥涵结构在竖向产生的综合效应；

S_j——在移动车辆荷载作用下，桥涵结构在竖向产生的静力效应；

$(1+\mu)$——考虑移动车辆荷载对桥涵结构产生的竖向动力效应的增大系数，即为汽车荷载的冲击系数。

影响桥涵冲击系数的因素很多，如汽车荷载流的流量大小、车辆间距、轴重大小、行驶速度、车辆的横向位置、车辆的动力特性等都具有明显的不确定性，同时汽车荷载流通过桥涵的初始条件，如桥面的平整度、路桥连接缝的结构状态及引道路面的平整度等也具有不确定性，这些不确定性都是移动车辆荷载激振和对桥涵结构产生振动、冲击等重要的随机因素。因此，桥涵冲击系数本身就具有鲜明的随机性。

现行公路桥涵设计通用规范在修订期间对汽车冲击系数做了大量研究，总结得到了不同结构桥梁的基频计算公式，计算所得的冲击系数比原规范有所增

大,规定冲击系数 μ 按下式计算:

当 $f<1.5\text{Hz}$ 时,$\mu=0.05$;

当 $1.5\text{Hz}\leqslant f\leqslant 14\text{Hz}$ 时,$\mu=0.1767\ln f-0.0157$; (6-21)

当 $f>14\text{Hz}$ 时,$\mu=0.45$。

式中:f——结构的基频。

由于桥涵结构的基频受结构尺寸、类型及建筑材料等因素的影响,直接反映了冲击系数与桥涵结构之间的关系。不管桥梁结构建筑材料、结构类型、结构尺寸、跨径是否有差别,只要桥梁结构的基频相同,其冲击系数是基本一致的。建议轻型高速公路桥涵的汽车冲击系数计算按照公路桥涵相关规定取用。

对于桥涵的基频宜采用有限元方法计算。对于轻型高速公路桥涵常规结构,当无更精确的方法计算时,可按《公路桥涵设计通用规范》(JTG D60—2004)条文说明 4.3.2 中给出的估算公式进行估算。由于轻型高速公路桥涵大多为简支梁桥,下面给出其估算公式:

$$f_1=\frac{\pi}{2l^2}\sqrt{\frac{EI_c}{m_c}} \tag{6-22}$$

式中:l——结构的计算跨径(m);

E——结构材料的弹性模量(N/m^2);

I_c——结构跨中截面的截面惯矩;

m_c——结构跨中处的单位长度质量(kg/m)。

(4)基本组合分项系数

公路桥梁结构通常要同时承受多种作用。在进行结构设计时,无论是承载能力极限状态,还是正常使用极限状态,均必须考虑可能同时出现的多种作用的效应组合,求其总的作用效应,同时考虑作用出现的变化性质,包括作用出现与否及作用出现的方向,这种组合是多种多样的,应在必须考虑的所有可能的组合中,取其最不利的效应组合进行设计。

现行公路桥涵设计规范中承载能力极限状态设计时,作用效应组合是根据结构可靠度研究确定的各分项系数,可靠度研究需要大量的基础数据,本次研究只是取得了少量的车辆荷载数据,不具备进行可靠度研究的基本条件。但是,由于轻型高速公路与普通高速公路的差别主要体现在汽车荷载上，前述内容已给出了汽车荷载效应的标准值，因此，可按照现行公路桥梁结构设计规范规定的有关系数进行设计。值得指出的是，轻型高速公路汽车荷载较普通公路汽车荷载的变异性小，若按照现行规范设计表达式进行设计时，则结构是偏安全的。

6.3 对典型跨径桥梁梁高的影响

如上所述，轻型高速公路桥梁汽车设计荷载比现行高速公路桥梁汽车设计荷载要低60%。活载在整个结构作用中所占的比例更小，因此，可以降低桥梁梁高。

现行高速公路的桥梁大部分为装配式混凝土梁桥，按截面形式大致分为装配式板桥、装配式T形梁桥和装配式箱梁桥，如表6-3所示。轻型荷载对不同截面形式的桥梁梁高影响程度有所不同，按照图6-14所示的方法分别对装配式板桥、装配式T形梁桥、装配式箱梁桥和等截面箱梁桥四种截面形式的桥梁进行轻型高速公路汽车荷载下梁高的计算。

现行高速公路桥梁分类　　表6-3

截面形式	结构形式	施工方法
板式截面	简支梁桥	预制吊装
	连续梁桥	预制吊装，简支变连续
T形梁	简支梁桥	预制吊装
	连续梁桥	预制吊装，简支变连续
小箱梁	连续梁桥	预制吊装，简支变连续
整体箱梁	连续梁桥	预制吊装，简支变连续

6.3.1 装配式板桥

板桥的典型跨径为6m、8m、10m、13m、16m、20m。各种跨径板桥结构主要参数如表6-4所示，典型横断面布置图如图6-15、图6-16所示。

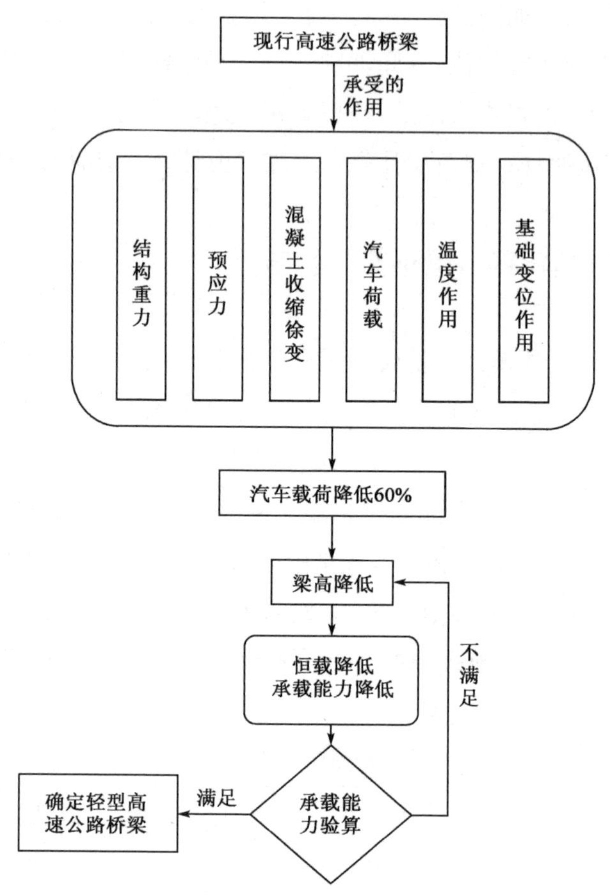

图 6-14　技术路线图

现行高速公路典型跨径板桥设计参数　　表 6-4

跨径(m)	结构类型	截面形式	梁高(m)	铺装层厚度(m)
6	钢筋混凝土结构	实心板	0.32	0.20
8		空心板	0.42	0.20
10		空心板	0.50	0.20
13	预应力混凝土结构	空心板	0.70	0.20
16		空心板	0.80	0.20
20		空心板	0.95	0.20

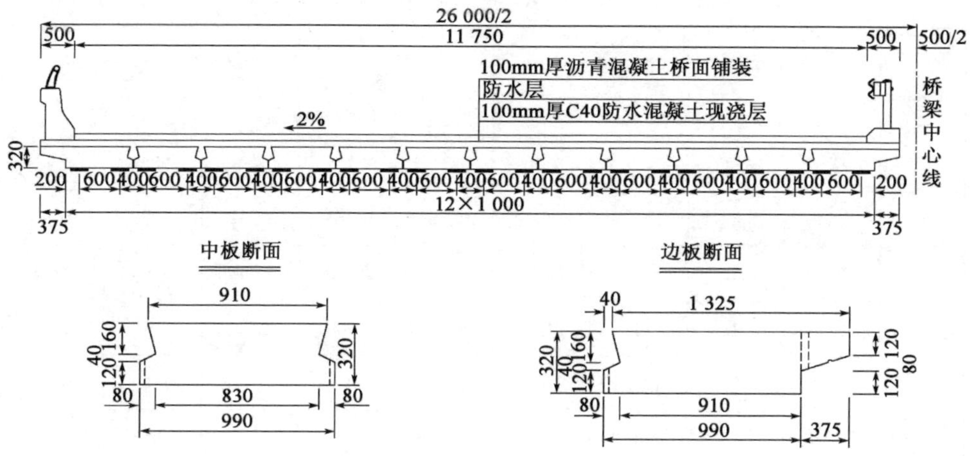

图 6-15　现行高速公路跨径 6m 简支板桥的横断面布置(尺寸单位:mm)

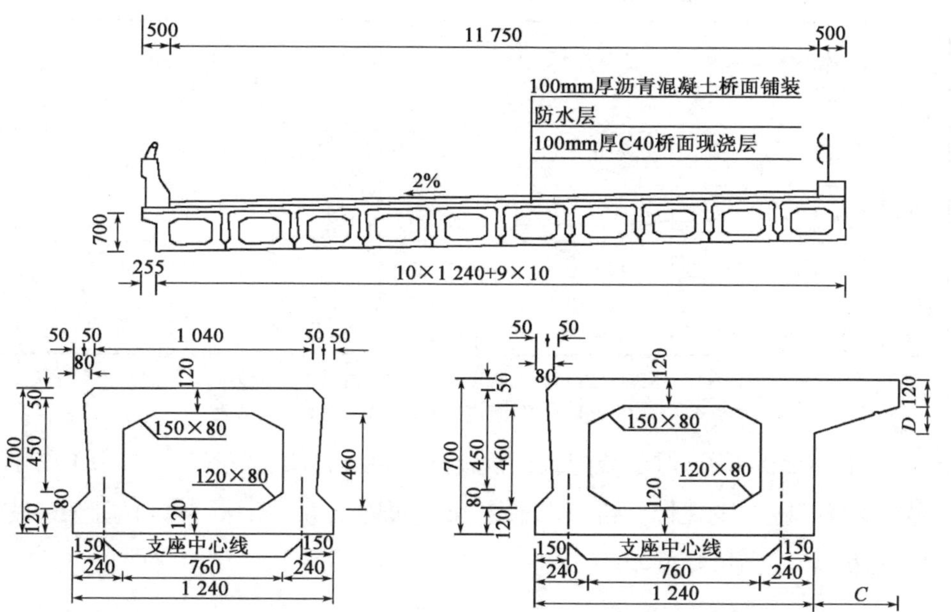

图 6-16　现行高速公路跨径 13m 简支板桥的横断面布置(尺寸单位:mm)

通过计算可以得到各跨径在公路 - Ⅰ级荷载和轻型高速公路 - Ⅰ级荷载作用下的比较表,如表 6-5、表 6-6 所示。

轻型高速公路汽车荷载对梁高影响验算表(简支板桥)　　表 6-5

跨径(m)	恒载跨中弯矩(kN·m)		活载跨中弯矩(kN·m)		恒/活		对应梁高(m)		梁高比(轻型/公路-Ⅰ)
	公路-Ⅰ	轻型	公路-Ⅰ	轻型	公路-Ⅰ	轻型	公路-Ⅰ	轻型	
6	68.5	53.3	191.7	79.5	0.357	0.670	0.32	0.20	0.63
8	128.2	117.2	258.5	110.4	0.496	1.062	0.42	0.30	0.71
10	221.9	201.9	324.4	143.0	0.684	1.412	0.50	0.40	0.80
13	493.6	449.5	484.2	224.4	1.019	2.003	0.70	0.55	0.79
16	800.5	732.9	604.3	288.5	1.325	2.540	0.80	0.65	0.81
20	1 374.2	1 231.3	771.7	385.5	1.781	3.194	0.95	0.75	0.79

轻型高速公路荷载对梁高影响验算表(四跨连续)　　表 6-6

跨径(m)	恒载跨中弯矩(kN·m)		活载跨中弯矩(kN·m)		恒/活		对应梁高(m)		梁高比(轻型/公路-Ⅰ)
	公路-Ⅰ	轻型	公路-Ⅰ	轻型	公路-Ⅰ	轻型	公路-Ⅰ	轻型	
13	421.1	378.8	410.9	190.4	1.025	1.989	0.70	0.55	0.79
16	691.8	626.1	511.2	245.3	1.353	2.552	0.80	0.65	0.81
20	1 202.2	1 062.9	649.4	324.1	1.851	3.280	0.95	0.75	0.79

注:降低梁高时,需考虑具体构造的改变,如跨径 8m 的梁高由 0.42m 降为 0.3m,截面由空心板变为实心板;预应力混凝土结构梁高降低时,预应力钢束的配设作相应的调整。

由上述分析可见,对于装配式板桥,跨径较小的桥梁(跨径小于 10m)采用轻型高速公路荷载,较现行公路-Ⅰ级荷载梁高可降低 30%～40%;对于跨径 10m 以上的板桥,梁高可降低 20%。

6.3.2 装配式 T 形梁桥

装配式 T 形梁桥的典型跨径为 30m、40m、50m。装配式 T 形梁桥各跨结构主要参数如表 6-7 所示,典型横断面布置图如图 6-17 所示。

现行高速公路典型跨径桥梁设计参数　　表 6-7

跨径(m)	结构类型	截面形式	梁高(m)	铺装层厚度(m)
30	预应力混凝土简支梁桥	T 形截面	2.0	0.18
40		T 形截面	2.5	0.18
50		T 形截面	2.8	0.18
30	预应力混凝土连续梁桥（四跨连续为例）	T 形截面	2.0	0.18
40		T 形截面	2.5	0.18
50		T 形截面	2.8	0.18

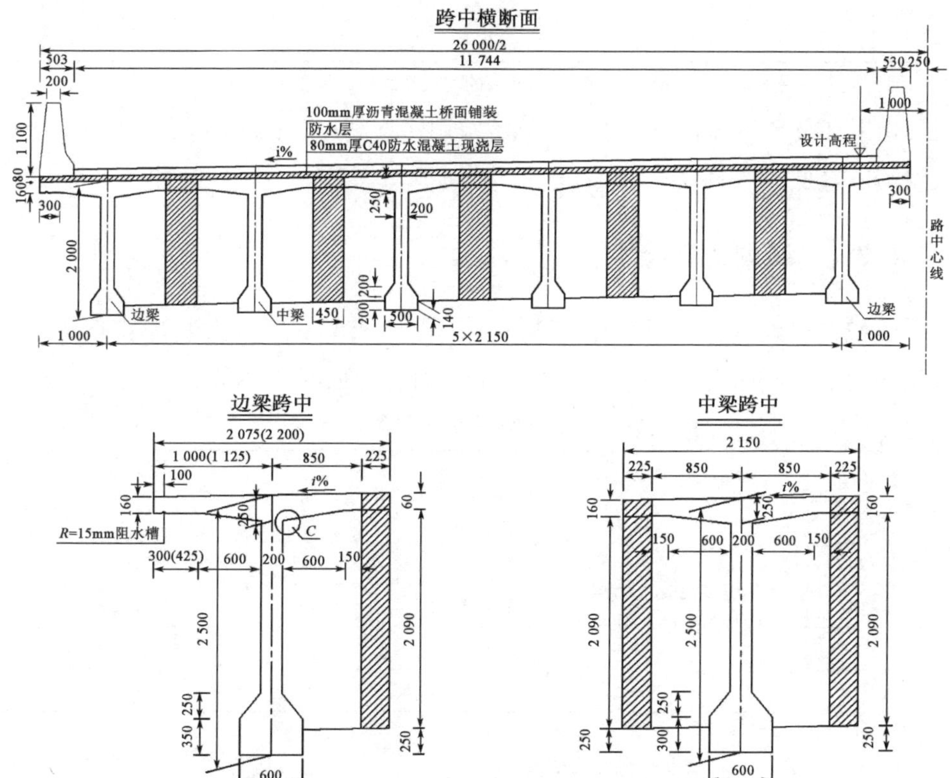

图 6-17　现行高速公路跨径 30m 简支 T 形梁桥的横断面布置(尺寸单位:mm)

在保证桥梁结构安全的前提下，降低桥梁梁高，其他尺寸保持不变，并以修改后的截面作为轻型高速公路桥梁的截面。各跨径桥梁依次进行承载能力验算，得到各跨径在公路-Ⅰ级荷载和轻型高速公路-Ⅰ级荷载作用下的比较表，如表 6-8 所示。

轻型高速公路荷载对梁高影响验算表 表 6-8

结构类型	跨径(m)	恒载跨中弯矩(kN·m)		活载跨中弯矩(kN·m)		恒/活		对应梁高(m)		梁高比(轻型/公路-Ⅰ)
		公路-Ⅰ	轻型	公路-Ⅰ	轻型	公路-Ⅰ	轻型	公路-Ⅰ	轻型	
简支梁桥	30	4 359.6	4 190.2	3 388.9	1 436.7	1.286	2.917	2.00	1.50	0.75
	40	9 032.2	8 210.2	5 058.0	2 084.7	1.786	3.938	2.50	1.80	0.72
	50	15 862.4	14 832.4	7 696.5	3 118.3	2.061	4.757	2.80	2.30	0.82
连续梁桥	30	3 001.4	2 899.8	2 889.3	1 224.6	1.039	2.368	1.80	1.30	0.72
	40	6 777.2	6 316.3	4 506.6	1 857.8	1.504	3.400	2.20	1.60	0.73
	50	12 952.1	12 154.7	6 400.3	2 591.2	2.024	4.691	2.60	2.10	0.81

注:预应力混凝土结构梁高降低时,预应力钢束的配设作相应的调整。

由上述分析可知,装配式T形梁桥采用轻型高速公路荷载,较公路-Ⅰ级荷载梁高可降低20%～25%。

6.3.3 装配式箱梁桥

装配式箱梁桥的典型跨径为20m、25m、30m、35m、40m。装配式箱梁桥各跨结构主要参数如表6-9所示,典型横断面布置图如图6-18所示。

现行高速公路典型跨径桥梁设计参数 表 6-9

跨径(m)	结构类型	截面形式	梁高(m)	铺装层厚度(m)
20	预应力混凝土结构(以四跨连续为例)	箱形截面	1.20	0.18
25		箱形截面	1.40	0.18
30		箱形截面	1.60	0.18
35		箱形截面	1.80	0.18
40		箱形截面	2.00	0.18

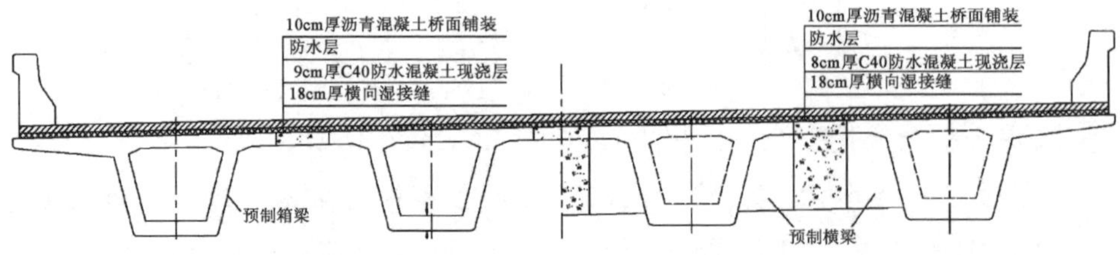

图 6-18 现行高速公路箱梁桥的横断面布置

在保证桥梁结构安全的前提下，降低桥梁梁高，其他尺寸保持不变，并以修改后的截面作为轻型高速公路桥梁的截面。各跨径桥梁依次进行承载能力验算，得到各跨径在公路-Ⅰ级荷载和轻型高速公路-Ⅰ级荷载作用下的比较表，如表6-10所示。

轻型高速公路荷载对梁高影响验算表 表6-10

跨径(m)	恒载跨中弯矩(kN·m)		活载跨中弯矩(kN·m)		恒/活		对应梁高(m)		梁高比(轻型/公路-Ⅰ)
	公路-Ⅰ	轻型	公路-Ⅰ	轻型	公路-Ⅰ	轻型	公路-Ⅰ	轻型	
20	1 789.1	1 656.4	1 793.6	1 050.7	0.997	1.576	1.20	0.90	0.75
25	3 127.3	2 796.3	2 388.8	1 207.3	1.309	2.316	1.40	1.05	0.75
30	4 796.7	4 507.1	2 985.7	1 492.3	1.607	3.020	1.60	1.20	0.75
35	6 939.0	6 504.0	3 664.1	1 890.3	1.894	3.441	1.80	1.40	0.78
40	9 949.1	9 003.6	4 529.3	2 308.6	2.197	3.900	2.00	1.60	0.80

注：预应力混凝土结构梁高降低时，预应力钢束的配设作相应的调整。

分析结果表明，装配式箱梁桥采用轻型高速公路荷载，较公路-Ⅰ级荷载梁高可降低20%～25%。

6.3.4 等截面箱梁桥

等截面预应力混凝土连续箱梁桥的跨径组合、桥面宽度、截面形式和梁高等结构设计参数如表6-11所示，截面形式如图6-19所示。

现行高速公路典型跨径桥梁设计参数 表6-11

跨径(m)	结构类型	截面形式	梁高(m)	铺装层厚度(m)
3×30	预应力混凝土结构	单箱双室	1.70	0.18
3×50		单箱单室	2.80	0.18

在保证桥梁结构安全的前提下，降低桥梁梁高，其他尺寸保持不变，并以修改后的截面作为轻型高速公路桥梁的截面。各跨径桥梁依次进行承载能力验算，得到各跨径在公路-Ⅰ级荷载和轻型高速公路-Ⅰ级荷载作用下的比较表，如表6-12所示。

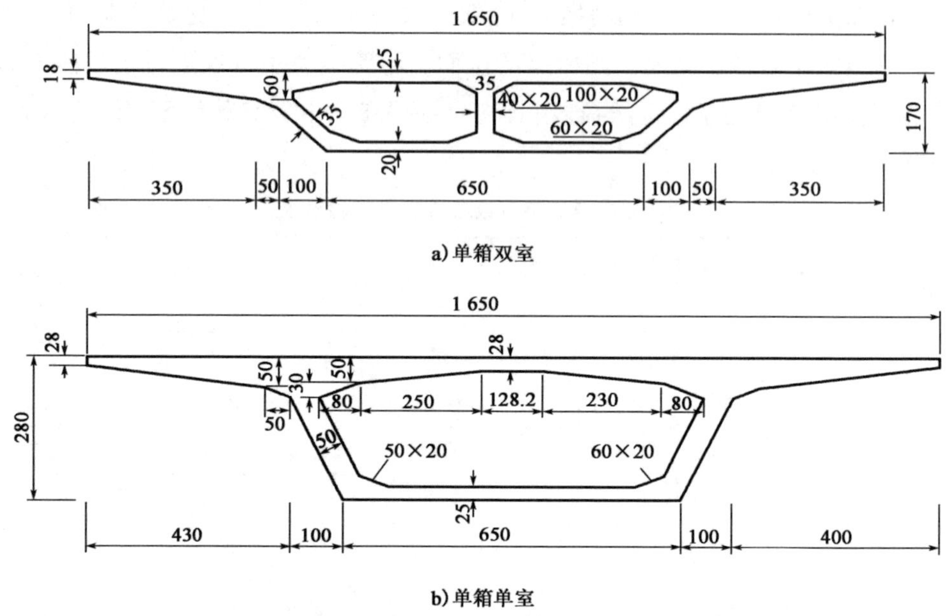

图 6-19 等截面箱梁桥的截面形式(尺寸单位:mm)

由上述分析可知,等截面预应力混凝土连续箱梁桥采用轻型高速公路荷载,较公路-Ⅰ级荷载梁高可降低 20%。

轻型高速公路荷载对梁高影响验算表 表 6-12

跨径(m)	恒载跨中弯矩(kN·m)		活载跨中弯矩(kN·m)		恒/活		对应梁高(m)		梁高比(轻型/公路-Ⅰ)
	公路-Ⅰ	轻型	公路-Ⅰ	轻型	公路-Ⅰ	轻型	公路-Ⅰ	轻型	
3×30	49 463.6	39 094.9	15 629.1	10 931.0	3.165	3.577	1.70	1.40	0.82
3×50	140 246	132 828	33 827.3	13 577.9	4.146	9.783	2.80	2.30	0.82

注:预应力混凝土结构梁高降低时,预应力钢束的配设作相应的调整。

本章参考文献

[1] AASHTO LRFD Bridge Design Specification, SI Units, 4th Edition,2007.

[2] BS 5400:Part2:(1978). "Steel Concrete and Composite Bridges:Specification for Load": British Standard Institute, London.

[3] EN-1991-2:2003(E) Eurocode 1-Actions on structures -Part 2: Traffic

loads on bridges.

[4] CHBDC. Canadian Highway Bridge Design Code[S]. Canadian Standards Association. Mississauga:Ontario,2006.

[5] 中交公路规划设计院有限公司. 广东虎门二桥工可研究阶段公路桥梁车辆荷载专题研究,2011.

[6] 中华人民共和国行业标准. JTG B01—2003 公路工程技术标准[S]. 北京:人民交通出版社,2004.

[7] 中华人民共和国国家标准. GB 1589—2004 道路车辆外廓尺寸、轴荷及质量限值[S]. 北京:中国标准出版社,2004.

[8] 李扬海,鲍卫刚,等. 公路桥梁结构可靠度与概率极限状态设计[M]. 北京:人民交通出版社,1997.

[9] 滕素珍,冯敬海. 数理统计学[M]. 大连:大连理工大学出版社,2000.

[10] 桥梁可靠度研究. 交通部公路规划设计院,1994.

[11] 贡金鑫. 工程结构可靠度计算方法[M]. 大连:大连理工大学出版社,2003.

[12] 中华人民共和国行业标准. JTG D60—2004 公路桥涵设计通用规范[S]. 北京:人民交通出版社,2004.

[13] 中交公路规划设计院有限公司. 轻型高速公路节地关键技术研究,2011.

7 轻型高速公路隧道

影响隧道设计的主要因素有设计车速、建筑限界、横断面等。与普通的高速公路相比，轻型高速公路专供小客车通行。本章主要针对小客车专用的轻型高速公路隧道进行设计车速、建筑限界以及横断面等方面的研究和讨论。

7.1 国内外小型车专用隧道实例

世界上首座专供小型车辆行驶的双层公路隧道位于法国巴黎 A86 公路的西南侧。法国 A86 公路是围绕在巴黎环线以外约 10km 的一条环线，相当于国内的城市外环线，总长为 80km，与从巴黎中心城区辐射出的放射状道路相交，是连接放射状道路网的重要交通要道，如图 7-1 所示。

A86 公路环线大部分路段采用地面道路形式。为了保持小镇所独有的自然和谐，保留塞纳河旁起伏的林地以及众多重要的历史建筑，Rueil Malmaison 至 Versailles 之间的路段采用隧道形式穿过。这一区段隧道采用盾构法修建，设计时速为 70km/h，最大纵坡坡度为 4.5%，预测车流量为 35 000～54 000pcu/d，高峰小时流量为 4 600～6 400pcu/h[2]。隧道外径为 11.6m，内径为 10.4m，建筑限界高度为 2.55m，车辆限高为 2m，隧道内设置双层四车道（单车道宽3.0m）和两个通长设置的紧急停车带（宽 2.5m），上下层为两条分离的单向道路，未来可以将每座隧道扩充为每层三车道，如图 7-2 所示。

2001 年，为了解决吉隆坡泄洪与交通堵塞问题，马来西亚政府决定在吉隆坡东南部地区建造一座城市隧道 SMART（暴雨管理和公路隧道）。其中在城市中心区的一段平时作为道路隧道使用，在洪水期该路段则与其余部分共同作为泄洪通道。2007 年，SMART 正式建成通车，全长9.7km，其中 2.8km 作为公路

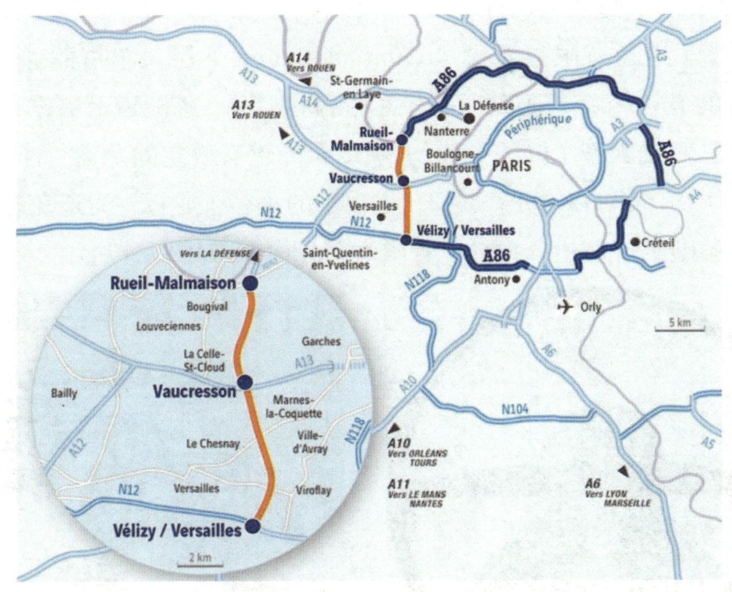

图 7-1 法国 A86 公路位置平面图

图 7-2 A86 公路隧道横断面与纵剖面图

隧道，采用盾构法施工。经过对高峰时泄洪流量需求以及吉隆坡地区的经济与交通量发展情况的综合比选，确定采用内径11.83m、上下两层结构且每层双车道的盾构隧道。设置快车道、慢车道和紧急车道，单个车道宽为 3.25m，加上宽 2.2m 的紧急停车带和 0.15m 的侧向宽度，即两侧路缘石之净距为 2.2m+3.25m+3.25m+0.15m=8.85m[3]。隧道通行限高 2.55m，只允许小客车通行，摩托车和重型车辆一律不许通行，如图 7-3 所示。

2001 年，我国上海建设复兴路越江隧道时，借鉴法国 A86 隧道的经验，设计提出了圆形隧道断面内布置双层车道的方案，将原规划的双向四车道调整为双层六车道方案[4]。隧道断面外径为 11.0m，内径为 10.04m，圆形隧道横断面布置的上层小车道通行限界宽 2×3.0m，高 2.6m；下层大车道的通行限界为：3.5m宽的单车道+2.5m 宽的紧急停车带，高 4.0m。该隧道上层作为小型车辆的专用通道，不受大型车辆的干扰，上层结合隧道有效空间及通行净高，运营阶段车辆限高 2.4m，可以满足高度 2.0m 以下的小客车通行。为避免超高车辆强行闯入隧道上层，在隧道入口前设置限高警告标志，如图 7-4 所示。

图 7-3 马来西亚 SMART 隧道

图 7-4 复兴东路越江隧道(上层为小车道)

外滩隧道是上海的一条纵向城市地下快速路，南起中山南路老太平弄，沿中山南路、中山东二路、中山东一路、吴淞路至吴淞路海宁路，全长 3.3km，其中在延安路和天潼路又各设支线，双向六车道，长 3.29km，设计速度 40km/h，车道宽 3.0m，净高 3.2m，限高 3m，只允许小型客车通行，如图 7-5 所示。该隧道2007 年 7 月开工，2010 年 3 月 28 日建成通车。

图 7-5 运营中的上海外滩隧道

为了缓解北京市东二环、西二环主干道的交通压力，规划部门拟在现有环路下方修建地下快速路，采用高度小于 3.0m 的小型客车作为设计车辆，隧道最小净高 3.2m，限高 3.0m。经过对常用车型的比例调查和外形尺寸调查，可以满足 90%以上车辆的通行要求，大型车可考虑在既有二环路上行驶[6]。拟建的北京西二环地下隧道将在金融街地区设置若干个入口，连接已经建成的金融街地下交通循环系统以及各写字楼的地下停车场。日后可从金融街进入西二环隧道，直接到达南二环，从而避开地面拥堵的车流。

从既有或规划拟建的专供小型车辆通行的隧道来看，设计速度、建筑限界、内轮廓及横断面等技术指标不尽相同，造成这种差别的主要原因是各类地下交通隧道的服务车型、环境特点、通行能力、设计车速与服务水平等要求不同，并且尚无国际通用的设计规范可供参考。

和上述局部路段设置的专供分离出的小型车辆使用的道路隧道不同，轻型高速公路上设置的隧道必须服从全线的预期交通功能要求，即必须采用与路基、桥涵等构造物相同的车型标准（总宽 1.8m，总高 2.0m），由于公路隧道的构造特点，车辆在受到多种条件限制的人造环境中运行，驾驶员对外界刺激的适应与其他开敞式路段完全不同，隧道洞内与洞外亮度的差异性明显，隧道的封闭管状空间空气污染较大、噪声较高、光亮度均一性较差且具时变性。

从已有的几例国内外专供小型车辆通行的道路隧道来看，除日本有较为系统的小型汽车专用的小型道路技术指标外，其他国家均限于针对具体工程条件而进行专门设计及运营管理，仅能解决局部路段的交通疏解与小汽车拥堵问题。我国目前还没有投入运营的轻型高速公路，可供查阅相关的文献资料少。因此，在充分借鉴吸收已有相关成果特别是相近工程事例的基础上，结合轻型高速公路隧道的特点，对轻型高速公路隧道的设计速度、建筑限界、内轮廓与横断面等主要技术指标开展了以下研究。

7.2 轻型高速公路隧道设计速度

轻型高速公路设计速度的确定以行车安全、快捷、舒适为前提条件，对给定车型而言，隧道内行车速度受人眼视觉暂留、洞内环境（通风、亮度、路面状况等）、隧道长度及线形指标、驾驶员个体差异等诸多因素控制，设计车速必须反映正常情况下多数人能够接受的限值，且可保证运营安全、行车舒适、通行能力与运营经济性等要求。

7.2.1 通行能力

相关研究表明，同样的运行速度下，高速公路通行能力随着车道宽度、侧向宽度呈非线性变化的关系。考虑隧道结构特点、运营维护、紧急救援、投资性价比、施工技术等因素，隧道不宜与道路或桥梁采用完全相同的技术标准。作为轻型高速公路的一个重要组成部分，应将隧道的通行能力和服务水平综合维持在一个可以合理接受的目标水平。实践表明，就通行能力而言，公路隧道比其他路段低15％～30％，这是一个能够接受的水平。

7.2.2 运营安全性

公路运营安全既是全世界面临的共同话题，也是广受关注的严重社会问题。欧洲道路安全报告、国内公路运营经验表明，车速过快是导致道路安全事故的重要因素，因此限速是保证行车安全、降低事故率的最有效措施之一。目前，我国道路事故率和万车死亡率远远高于发达国家，引发诸多社会问题。汽车最高速度是在水平良好的路面上（混凝土或沥青路面）汽车所能达到的最高行驶速度。一般情况下，每种车型、每个驾驶员都有相应的最高安全车速和超负荷运行下的非安全的最高车速，目的是为了有效保障驾乘人员生命安全。气流、声、光、内壁与路面构成协调的隧道内部环境，有利于车辆以较高速度行驶，受外界干扰小。洞内车速高、车辆之间间距小、路面抗滑力差、能见度低等因素，导致隧道内交通事故多为车辆追尾、撞击墙壁或固定物等。国内高速公路隧道、小型车专用的市政道路隧道的运营实践表明，车速过快导致洞口段事故率高，尤其是下坡时车速过高导致事故率翻倍。

单个车辆的车速与交通流中不同车辆或不同人的驾驶习惯所导致的速度差也是导致道路安全事故的重要因素，在隧道内限制车速，保证不同车辆之间的车速均匀，限制并线超车等均是保证行车安全、降低事故率的最有效措施。

公路隧道作为特殊的地下管状构造物，空间环境狭窄，存在潜在的交通事故风险，且隧道内发生事故后造成的危害比其他路段相对严重。因此，在投资成本增加不多的情况下，为了确保道路运行安全，应尽可能采用有利于安全的技术参数值已为世界各国所接受，并用以规范道路设计。就普通高速公路隧道客货混行交通流而言，为了保证运营安全，一般均采用限速 60～80km/h 的运营管理措施。对于小客车专用的单一交通流的轻型高速公路，隧道行车速度可适当提高。

7.2.3 行车舒适性

对于轻型高速公路，行驶车辆应采用满足舒适性要求的行车速度。以下从驾驶员在隧道内行车反应、照明亮度、洞内噪声三个方面论述行车舒适性与设计速度之间的关系。

1)驾驶员对洞内环境的适应与判断

由于人眼独有的视觉暂留现象导致快速运动的物体影像消失后仍能继续保留 0.1～0.4s 的影像。对于中等亮度的光刺激，视觉暂留时间约为 0.05～0.2s，速度过快会导致人眼来不及识别环境变化、大脑中枢无法发出有效指令，更不可能支配四肢采取正确动作来处置紧急状态，因此隧道洞口段不同亮度的光刺激是导致事故多发率的主要原因，实际运营隧道进出口如图 7-6 所示。

研究表明，当运动速度超过 120km/h 时，静视力为 1.5 的 32 岁年龄组的人平均动视力在 0.6 左右，已达不到目前交通法规所要求的“矫正视力不小于0.7”

a) 驶入隧道的黑洞效应

b) 驶出隧道的白洞效应

图 7-6　小客车进出隧道口的情景照片

的标准，会造成视认不全、丢失信息的后果，留下安全隐患，这是我国高速公路限速 120km/h 的原因之一。其次，当人处于运动状态时，注视的焦点要前移，运动速度越快，动视野范围越小。速度超过 120km/h 时，视野由静止时的 60°收拢到注视点周围只有 3°～5°即“隧道视”现象。此时，驾车人很难注意到路边发生的情况，这是我国高速公路限速 120km/h 的原因之二。对隧道内行车而言，其受几何断面、洞内空气质量(能见度)、照明(亮度、均匀度)、路面、交通管理等制约，在洞内特殊的空气、声、光环境下，人眼从发现标志、信号、障碍物到产生行为意识并采取加速、减速、停车等措施均要比洞外需要更长的时间。车速越快，辨识和判断时间越不充分，接近一定极值易导致驾驶员“呆若木鸡”或“惊慌失措”，安全风险大大增加，事故危害程度显著增长。

2)照明亮度对隧道内行车舒适性的影响

隧道内的行车舒适性主要是依靠照明灯具的选择与布置来实现行车路面均匀度与亮度，从而可使路面上所有区域都有足够的亮度和对比度，提供令人满意的能见度，使驾驶员视觉上感觉舒适，以愉悦、舒畅的心情去驾驶，但隧道毕竟有别于洞外敞亮的行车环境，人造环境毕竟不同于自然环境，再加上驾驶员个体间的差异性等因素，即使是在照明亮度均匀、车流相对单一的轻型高速公路隧道内，行车速度也应受到控制。

3)洞内噪声对隧道内行车舒适性的影响

洞内行车形成的混响声主要来自于三种噪声源，即汽车的行驶噪声、通风机运转噪声、照明灯及广播等设施运转产生的噪声，而汽车的行驶噪声主要来源于汽车部件运转本身产生的噪声、轮胎与路面的摩擦噪声、气流噪声（风噪）[5]。汽车的行驶噪声是随着行车速度不同而依次出现的。由汽车驱动系统（主要是发动机）运转产生的噪声称为第一类噪声，一般小汽车启动时就会产生，并随车速增大而增加。当车速升至 100km/h 左右，第二类噪声即轮胎噪声随之增大，这两种噪声都是逐步增大的。当车速超过 100km/h，随着车速的增加，风噪即高速行驶时产生的气流则会迅速增加，被称为第三类噪声。车身发动机、轮胎和装配结构在车速超过 100km/h 时，噪声会迅速增大。各种噪声混合在一起，会使驾乘人员烦躁、不安。经过测定，轿车在高速区间，风噪的声级会以车速的 5～7 次幂增强，而第二类噪声仅以车速的 3～4 次幂增强。汽车速度在 120km/h 左右，迅速增强的第三类噪声与第二类噪声的声级相同，当车速再继续增加，第三类噪声就会超过其他噪声成为主要的噪声了。对于第一、二类噪声，可以通过改善部件的工艺、外形，通过路面试验而寻求解决方案；而对于第三类噪声，必须通过样车模型的风洞试验，再经过优化设计才能寻求到降噪的解决方案。通风机运转噪声通过充分利用活塞效应来避免或通过改进风机性能来改善，照明灯及广播等设施运转产生的噪声可通过有效检修维护、保证设施始终处于良好的品质状态来解决。

当隧道内产生的混响噪声超过某阈值范围时，驾乘人员听觉长时间受刺激，不仅听觉器官的敏感度会显著下降，还会产生烦躁、紧张等情绪，从而影响行车安全。据测试，噪声能使人眼对光亮度的敏感性降低，使视力清晰度的稳定性下降。噪声可使眼睛对运动物体的对称性平衡反应失灵。研究表明，噪声可刺激神经系统，使之产生抑制，长期在噪声环境下工作的人，还会引起神经衰弱症候群（如头痛、头晕、耳鸣、记忆力衰退、视力降低等）。

驾驶员长期在高噪声环境下工作，易造成疲劳，引发交通事故。我国 2009 年出台的《客车内噪声限值及测量方法》中规定：前置发动机的驾驶室、乘客区噪声不高于 82dB。除此之外，受隧道路面结构形式限制，车速越高，车辆跳动量越大，尤其是长隧道中的混凝土路面，洞内行车舒适性急剧变差。车速越高对路面质量要求就越高。运营隧道内噪声测试表明，受特殊封闭环境的限制，各种声波相互交叉、折射、反射，以至于洞内行车时听到的各种混合噪声高于洞外行车产生的噪声。因此，除长度小于安全停车视距(SSD)、线形好的短隧道可以与路线采用同样设计时速之外，对具有小客车单一交通流的轻型高速公路隧道而言，隧道内设计行车速度不宜超过100km/h。

7.2.4 运营经济性

隧道内设计速度对运营的经济性主要体现在汽车耗油量、尾气排放量、通风与照明等能耗方面。

1)设计速度对汽车耗油量、尾气排放量的影响

研究表明，隧道内行车速度不宜与开放环境下的路段行车速度等同，适当降低隧道内的车速除可节省油耗外，还可减少隧道内部的汽车尾气排放量，节省通风等设备的运营费用，避免或减少由于能见度差等洞内环境问题引起隧道内交通事故的发生。

2)设计速度与通风、照明耗能间的关系

调研表明，隧道的通风与照明是当前公路隧道运营的主要能耗来源。我国一些长大公路隧道，特别是西部山区一些长大隧道的运营费用，如通风、照明等电费甚至占到日常管养费用的40%～60%。轻型高速公路隧道由于活塞效应更加显著，预计照明费用所占电费的比例还要高些。

高速公路隧道运营通风主要是以稀释洞内烟尘为主，对于隧道洞内交通流烟尘排放量计算中“考虑烟雾的纵坡—车速系数”一项指标与行车速度有着密切的关系，如表7-1所示。

公路隧道考虑纵坡—车速系数(PIARC，1991)[6]　　表7-1

车速 v (km/h)	i(%)	-4	-3	-2	-1	0	1	2	3	4
	f_i / f_v	1.0	1.0	1.0	1.0	1.0	1.08	1.15	1.23	1.3
100	1.4	1.4	1.4	1.4	1.4	1.4	1.51	1.61	1.72	1.82
80	1.12	1.12	1.12	1.12	1.12	1.12	1.21	1.29	1.38	1.46
60	1.0	1.0	1.0	1.0	1.0	1.0	1.08	1.15	1.23	1.30

对于普通高速公路隧道，当在相同纵坡的路段内行驶时，车速100km/h所产生的烟尘排放量是车速80km/h所产生的烟尘排放量的1.25倍，车速80km/h

所产生的烟尘排放量是车速 60km/h 所产生的烟尘排放量的 1.12 倍，可见洞内交通流烟尘排放量随车速的增加而成倍增长。

一般地，高速公路的道路或桥梁设计速度为 80～120km/h，对应的隧道设计速度为 60～100km/h，即隧道采用降低一档的几何设计速度。这也是目前国内外高速公路惯用做法，主要原因有两点：第一，车辆进入隧道时会发生自然减速，由于人眼生理因素产生的"隧道视"会限制车速；否则，行车安全大大降低。第二，可以大幅度降低照明先期投资和运营费用。PIARC 隧道委员会认为：由于经济原因，绝大多数国家的公路隧道设计速度比所在路段低 10～20km/h，根据应用反馈情况，隧道远期服务水平会由二级降至三级，但仍属稳定流，这种方式利于安全保障，符合实情，为各国所接受。

7.2.5 合理设计速度

根据前述的研究成果，考虑高速公路预定的整体快捷交通功能、驾驶员平均动视力降低和动视野变窄、隧道透空但洞内亮度不足等影响运营安全的因素，我国目前的高速公路设计标准施行限速 120km/h。我国现行的《公路隧道设计规范》(JTG D70—2004)采用的高速公路设计标准限速和现行的《公路工程技术标准》(JTG B01—2003)是一致的。但是，公路隧道运营设施设置依据的现行《公路隧道通风照明设计规范》(JTJ 026.1—1999)和国际隧道协会(PIRAC)、日本隧道照明指针(1990)、《隧道与地下通道照明指南》(CIE TC4-08)一致，采用 100km/h 设计速度限值。

另一方面，尽管小客车最高行驶速度可达 220km/h，但是考虑车辆进入隧道前自然减速、洞内升速及出洞加速的行驶特点，从确保洞内行车安全、提高行车舒适性和车辆密闭性出发，公路隧道作为狭长的线形封闭空间，特别是长隧道与特长隧道，行驶速度一般比敞开式路段降低一个等级，即实际行驶速度降低 20%～30%。而且，小客车在公路隧道中行驶的实测噪声表明，洞内为 88～90dB，洞外为 79.6dB，车内为 72～77dB。隧道内以混响声为主，主要来源是车辆噪声，其次是风机运转的噪声。

因此，综合各方面因素进行的初步研究表明，轻型高速公路主线设计速度为

120km/h、100km/h 时，轻型高速公路隧道宜按照设计速度 100km/h、80km/h 进行设计，以实现安全、经济、舒适的目标。主线设计速度为 80km/h，轻型高速公路隧道应与主线设计速度一致，即按照 80km/h 进行设计。一般情况下，轻型高速公路隧道宜优先采用设计速度 100km/h 进行设计。当洞内外运行车速差超过 20km/h 时应设置车速变化过渡带。

特别地，对于隧道长度小于安全停车视距(SSD)、通视条件良好的轻型公路短隧道，考虑平纵线形指标与路线的一致，照明简单，可以考虑按照与主线相同设计速度(120km/h 或 100km/h)进行设计，但应加强照明等设施的配套设计。

7.3 轻型高速公路隧道建筑限界与横断面

7.3.1 建筑限界

采用工程类比与调研分析的方法，结合轻型公路隧道的特点，对隧道建筑限界的高度、行车道宽度、侧向宽度等各个方面进行综合分析与确定。

1)限界高度

《公路工程技术标准》(JTG B01—2003)规定高速公路净高要求为 5.0m，此值是基于载重汽车总高 4.0m 的基本值确定。依照轻型高速公路指标的前期研究，轻型高速公路设计采用的代表车型的小客车高度取为 2m。在前期研究中曾对专供小客车行驶道路的限界高度进行了调研：法国巴黎 A86 公路东线隧道设置上下两层共四个行车道，净空高度为 2.55m，行车限高为 2m；上海复兴东路隧道借鉴法国 A86 公路东线隧道成功经验，经比选论证，同样采用隧道内双层结构，上层净空高度为 2.6m，行车限高为 2m；马来西亚吉隆坡 SMART 双层结构隧道，布置双向四车道，隧道行车限高为 2.55m，只允许小型车通行，摩托车和重型车辆一律不许通行。上海外滩隧道设置上下两层，净空高度为 3.2m，行车限高 3m，允许城市小型客车通行。拟建的北京市东、西二环特长地下道路采用高度 3.0m 的小型客车作为设计车辆，隧道最小净高采用 3.2m，行车限高 3.0m。考虑小型道路设计车辆高度及行驶中产生的车辆跳跃量，日本规定建筑限界高度为 3.0m。

结合现行《城市道路设计规范》(CJJ 37—2012)中城市道路机动车道净高规定，基于轻型高速公路代表车型的汽车外廓高度、运营安全、防灾救援、小汽车专用公路隧道实际运营、高速行驶车辆的垂直起伏、路面加铺等因素，初步研究表明轻型高速公路隧道建筑限界高度不宜小于3.0m。至于消防救援车辆等问题，结合目前现状和今后发展，可以考虑采用研制专用的消防车设备(如消防摩托与排烟设备等)来解决。

2)行车道宽度

行车道宽度与车型宽度、行车速度有直接的关系。从对国内外调研情况的分析来看，关于客、货车混合交通的公路隧道行车道宽度有一个广义上的一致性，在英美法系的国家中取为3.6m，在欧洲和日本取为3.5m，驾驶员按此速度行进时感到比较舒适，在此基础上再增加行车道宽度也不会明显地改善舒适度与安全性。表7-2为不同国家混合交通隧道内行车道宽度取值。

混合交通隧道内行车道宽度取值 表7-2

国　家	设计速度(km/h)	行车道宽度(m)
澳大利亚	80～100	3.5
法国	80～100	3.5
德国	100/110	3.5/3.6
日本	80～120	3.5
荷兰	90/120	3.25/3.5
挪威	80～100	3.45
西班牙	90～120	3.5
瑞士	80～120	3.5～3.75
英国	110	3.65
美国	90～120	3.60
中国	80～120	3.75

日本《道路构造令》对高速公路、小型车道路宽度的要求，一般均比普通道路宽度少0.25m。我国现行车道宽度标准考虑的前提条件是多辆大车并排以计算行车速度行驶，但是随着道路交通状况变化与汽车工业发展，汽车的行驶稳定性大大加强，小汽车日益增多，车辆行驶时横向距离缩小，对于专供小客车行驶的

轻型高速公路，车辆的车身宽度也随之减小，标准车身宽度由 2.5m 减为 1.8m。

根据前述章节中研究结论及相关分析，在满足安全、快捷、舒适和预期通行能力的前提下，结合轻型高速公路路基宽度推荐技术指标值，考虑隧道内行车特点，120km/h、100km/h 和 80km/h 对应的轻型高速公路隧道行车道宽度（设计值）分别为 3.5m、3.25m 和 3.00m，即全线的车道宽度保持一致。

3）侧向宽度

根据 PIARC 资料，普通道路理想的侧向宽度是 180cm，当减小至 60cm 时通行能力减少 2%～5%，减小至 0cm 时通行能力减少 10%～20%。小客车在隧道内行驶时，一般会根据车速的不同产生 50～100cm 的偏移距离，偏移幅度相对于车身宽度 1.8m 的比例偏大。受建设费用及运营成本等的限制，隧道内一般不设置硬路肩，但必须有一定的侧向宽度。

当高速公路设置独立的短隧道时，可以采用和洞外路基同宽度的路基横断面，即隧道内设置同等宽度的硬路肩。研究和实践表明，公路隧道侧向宽度的增加，有利于行车安全，提高行车舒适度。但是，隧道的建设费用和施工难度会随着开挖跨度增大、扁平率降低而增加。对于设计时速 80km/h 的单洞双车道隧道设置硬路肩后净空面积增加导致的造价相差 20%～45%，隧道围岩质量越差，造价相差越大。

通过分析研究，不同设计车速下，轻型高速公路隧道车道宽度理论值、隧道横断面左右侧向宽度确定见表 7-3。

轻型高速公路隧道车道宽度与侧向宽度 表 7-3

设计速度（km/h）	80	100	120
车道宽度（cm）	300	325	350
右侧向宽度（cm）	75	100	125
左侧向宽度（cm）	50	50	75

对于短隧道，可以考虑与路基同宽进洞。此时，右侧硬路肩宽度一般值可以取 2.50m，最小值为 1.50m，其中包括 0.50m 的右侧路缘带。紧急停车带的长度、宽度和设置间距依据我国现行规范并参考国际道路协会（PIARC）隧道工作委员会（C5）[7]的推荐值和日本等国的规范值而确定。人行、车行横通道还应满

足《公路隧道交通工程设计规范》(JTG/T D71—2004)的有关要求。

4)建筑限界

轻型高速公路隧道建筑限界是为保证隧道内代表车型交通的正常运行与安全,规定在一定宽度和高度范围内不得有任何障碍物的空间限界。建筑限界是横断面设计的基准,参照现行普通高速公路隧道设计规范要求[7-9],并结合轻型高速公路研究的前期成果,经过分析后确定出轻型高速公路隧道的建筑限界标准指标值,如图 7-7 所示。

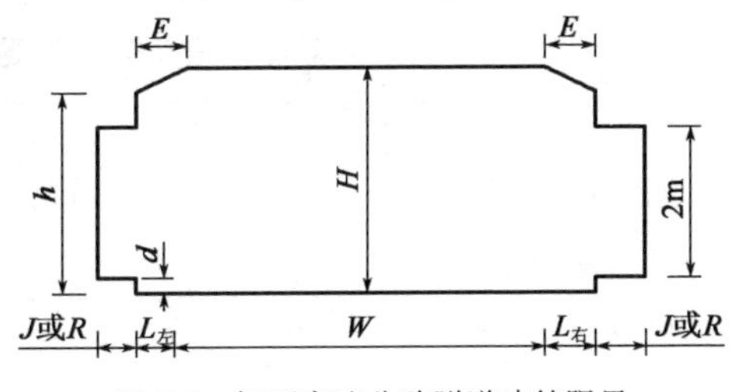

图 7-7 轻型高速公路隧道建筑限界

图中:W——车速为 80km/h、100km/h、120km/h 分别对应 3m、3.25m、3.5m 的行车道宽度;

$L_左$——左侧硬路肩宽度;

$L_右$——右侧硬路肩宽度;

J——隧道内检修道宽度;

R——隧道内人行道宽度;

d——隧道内检修道或人行道高度;

E——建筑限界顶角宽度;

H——轻型高速公路隧道限界高度,取 3.0m;

h——边缘最小高度,按经验类比,轻型高速公路边缘最小高度值取 2.0m。

建筑限界宽度组成为检修道宽度 J(含余宽 R)+左侧路缘带 $L_左$ +车道宽 $W\times n$+右侧路缘带 $L_右$ +检修道宽度 J(含余宽 R)。轻型高速公路隧道(双车道)建筑限界横断面组成建议值见表 7-4。

一般来说,隧道内路面存在横坡及超高,车辆在隧道内行驶将产生横向摆动,为安全计,故轻型高速公路隧道内路面左、右两侧应设置侧向宽度。

和普通高速公路隧道相比,四车道轻型高速公路隧道横断面宽度分别减少 6.52%~14.63%,见表 7-5。

轻型高速公路隧道建筑限界横断面组成建议值(单位:m)　　表 7-4

设计速度(km/h)	车道宽度 W	侧向宽度 L		检修道 J		隧道建筑限界净宽
		$L_{左}$	$L_{右}$	左侧	右侧	设检修道
120	3.50×2	0.75	1.25	0.75	0.75	10.50
100	3.25×2	0.50	1.00	0.75	0.75	9.50
80	3.00×2	0.50	0.75	0.75	0.75	8.75

轻型与普通高速公路隧道宽度比较(四车道)　　表 7-5

设计速度(km/h)	120	100	80
轻型高速路隧道限界宽度 W_1(cm)	1 075	950	875
普通高速路隧道限界宽度 W_2(cm)	1 150	1 075	1 025
隧道限界宽度减少值 ΔW(cm)	75	125	150
变化率 $\Delta W/W_2$(%)	6.52	11.63	14.63

7.3.2 横断面

公路隧道横断面设计,除满足隧道建筑限界的要求外,还应考虑洞内路面、排水、通风、照明、消防、内装、监控等设施所需的空间,并要考虑仰拱曲率的影响,综合各方面因素,根据所选择的施工方法,确定出安全、经济、合理的横断面形式与尺寸。本项研究以假定的钻爆法公路隧道为对象,重在突出轻型高速公路隧道断面特点,开展隧道内轮廓、衬砌结构、双洞合理间距等方面的研究。

1)内轮廓

为便于与普通高速公路隧道的断面尺寸进行对比,轻型高速公路横断面按照单心圆形式拟定,内轮廓线与建筑限界的最小安全距离取为 15cm,隧道路面至衬砌底边线距离为 80cm。轻型高速公路与普通高速公路两种隧道对应设计时速 80km/h、100km/h 的双车道隧道横断面布置如图 7-8 所示。

相对于普通高速公路隧道标准而言,设计时速为 80km/h、100km/h 的轻型高速公路隧道净空断面积分别减少约 25%、21%。由于限界高度降低 2m,轻型高速公路隧道较普通高速公路隧道内轮廓在竖向的富余高度要大,用于工程设计的轻型高速公路隧道内轮廓还需要进一步研究。

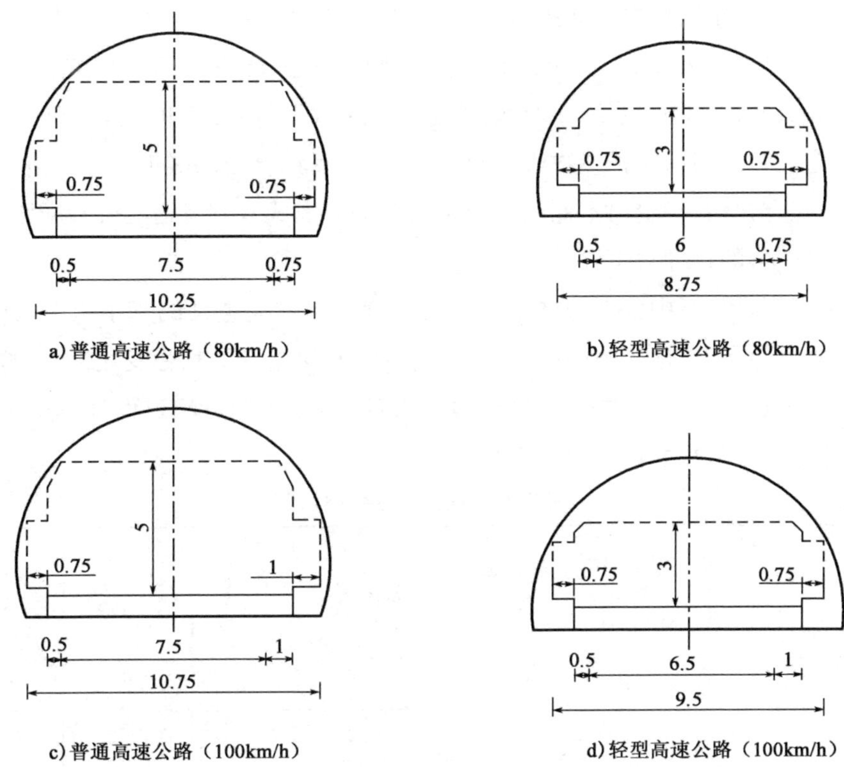

图 7-8 不同设计时速双车道隧道横断面及尺寸(尺寸单位:m)

2)衬砌结构参数

通过与普通高速公路隧道衬砌结构形式进行对比分析,轻型高速公路隧道设计应采用复合式衬砌。复合式衬砌设计应综合考虑地质条件、断面形状、支护结构、施工条件等,并应充分利用围岩的自承载能力。

轻型高速公路复合式衬砌应具有足够的强度与稳定性,以保证隧道运营的长期稳定可靠,可采用工程类比法,并结合典型断面理论分析对现有初期支护及二次衬砌的支护参数进行适当调整,且应根据具体工程的现场监控量测信息对设计支护参数进行必要的修正。

3)分离式双洞的合理间距

高速公路隧道在受到地形地貌等条件限制时,为满足总体布线的要求,分离式隧道需要以小间距方式设置，从而在设计中确定出较为合理的双洞间距。根据120km/h、100km/h和80km/h三种不同行车速度下隧道的内轮廓断面形式，按5m、10m、15m及20m双洞间距布置隧道，利用拟定的围岩物理力学参数、复合式衬砌初期支护参数进行数值拟合，最后结合公路隧道设计规范的经验值进行综合评估，确定出不同围岩级别对应的分离式双洞隧道的合理间距。

(1)围岩的物理力学参数

由于围岩分级中已考虑岩石的坚硬程度和岩体完整性的基本指标，并对地下水、软弱控制面、地应力的条件进行了修正，且考虑断面尺寸变化不大，故可对一个围岩级别采用统一的围岩物理力学参数值，参照现行隧道设计规范采用的围岩物理力学参数取值见表7-6。

围岩的物理力学参数建议值 表7-6

围岩级别	重度 γ (kN/m^3)	弹性抗力系数 k (MPa/m)	变形模量 E (GP$_a$)	泊松比 μ	内摩擦角 (°)	黏聚力 c (MPa)	计算摩擦角 φ(°)
Ⅰ	26～28	1 800～2 800	>33	<0.2	>60	>2.1	>78
Ⅱ	25～27	1 200～1 800	20～33	0.2～0.25	50～60	1.5～2.1	70～78
Ⅲ	23～25	500～1 200	6～20	0.25～0.3	39～50	0.7～1.5	60～70
Ⅳ	20～23	200～500	1.3～6	0.3～0.35	27～39	0.2～0.7	50～60
Ⅴ	17～20	100～200	1～2	0.35～0.45	20～27	0.05～0.2	40～50
Ⅵ	15～17	<100	<1	0.4～0.5	<20	<0.2	30～40

表7-6中的参数仅是一个建议值，由于不同隧道所处地质环境的物理力学性质差异较大，因而应依据具体隧道工程岩土体的物理力学试验值经数据统计分析后作为设计取值。

(2)双洞合理间距的计算

采用MIDAS-GTS有限元软件，按平面应变假定对不同围岩级别和不同布置间距的隧道横断面进行计算，以设计时速100km/h、Ⅱ级围岩为例，双洞间距B分别为20m、15m、10m、5m时，计算出的D_X(水平方向)、D_Y(竖直方向)位移云图如图7-9所示。

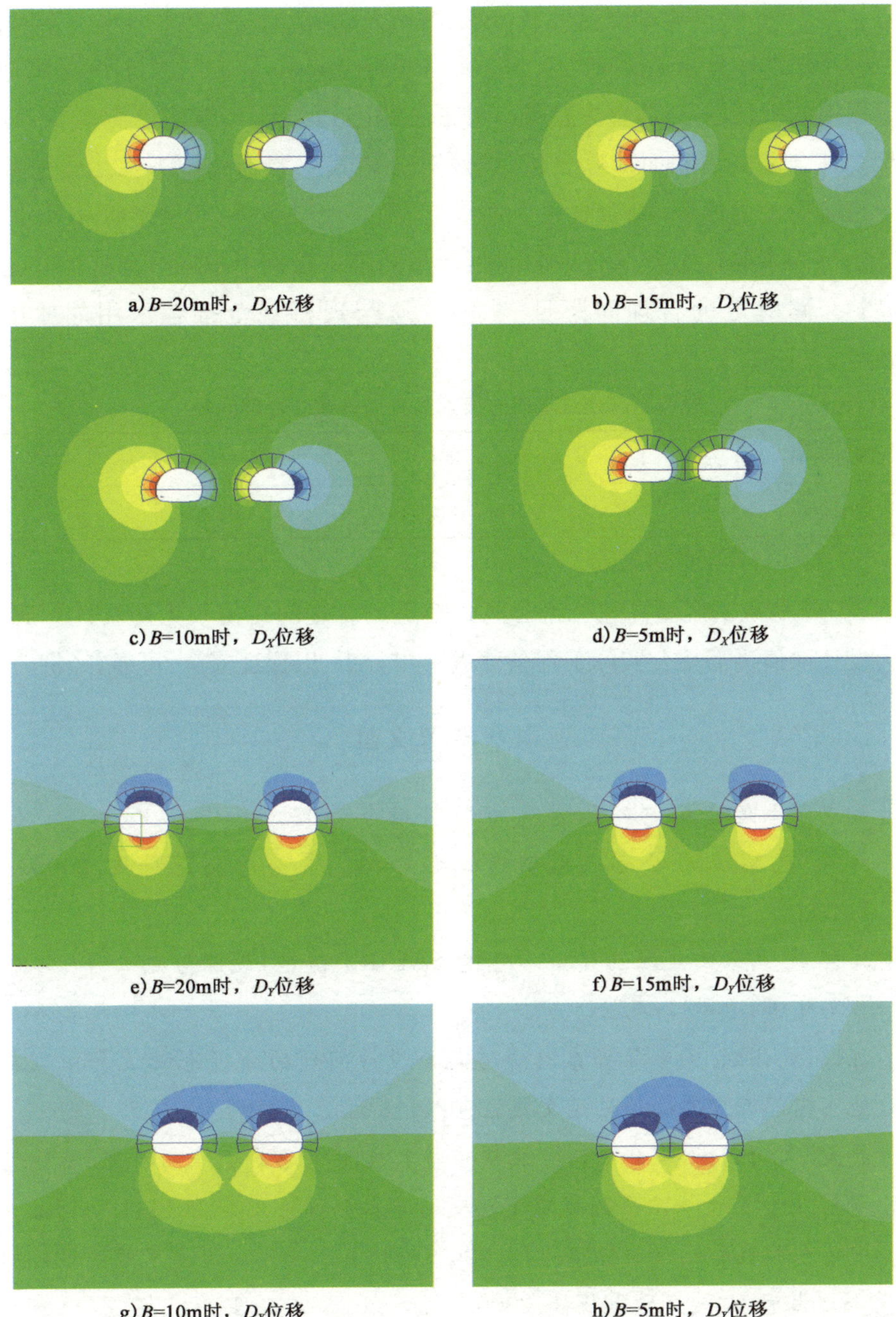

图 7-9 轻型高速公路隧道围岩位移云图(100km/h)

计算表明，无论哪种围岩级别，轻型高速公路隧道围岩发生的水平方向、竖向位移及塑性区分布范围均与双洞间距有着直接关系，双洞间距过小，易造成施工过程中的拱顶塌方、侧壁失稳等。考虑公路隧道设计与施工监测经验，以及轻型高速公路隧道断面计算分析，按照对分离式双洞结构施工及运营彼此不产生有害影响的原则，结合隧道平面线形、围岩地质条件、断面形状和尺寸、施工方法等因素确定出双洞合理洞间距。不同围岩级别下双向分离式四车道轻型高速公路隧道的合理间距见表 7-7。这与现行规范推荐采用的原则相一致[9]。

轻型高速公路双向分离式四车道隧道的合理间距 表 7-7

围岩级别	Ⅱ	Ⅲ	Ⅳ	Ⅴ
合理间距	1.5B	2B	2.5B	3.5B

注：B 为单孔隧道的开挖宽度。

表 7-7 所列的轻型高速公路分离式隧道的合理间距值仅为初步计算成果，作为设计取值仍需结合实际工程条件进一步分析，以保证安全、可靠、经济。

本章参考文献

[1] 日本国土交通省. 道路构造令. 2003 年政令第 321 号.

[2] 林洋. 巴黎 A86 公路西线隧道工程介绍[J]. 公路交通科技，2005(6)，114-116.

[3] 马祥华. 马来西亚泄洪暨公路隧道(SMART 隧道)设计与施工[J]. 地下工程与隧道，2003，47-52.

[4] 陈鸿，曹伟飚. 关于复兴东路隧道几个设计问题的分析论证[C]. 中国城市地下空间开发高峰论坛论文集，2007，118-123.

[5] 聂大华，周正全，崔新书，等. 北京市特长地下道路最小净高研究. 特种结构增刊[D]. 第十一次全国城市道路交通学术会议论文集. 2011，154-158.

[6] 中华人民共和国行业标准. JTJ 026.1—1999 公路隧道通风照明设计规范[S]. 北京：人民交通出版社，2000.

[7] PIARC Technical Committee on Road Tunnel Operation(C5)，Cross Sec-

tion Design for Bi-directional Road Tunnels，2004.

[8] 中华人民共和国行业标准. JTG B01—2003 公路工程技术标准[S]. 北京：人民交通出版社，2004.

[9] 中华人民共和国行业标准. JTG D70—2004 公路隧道设计规范[S]. 北京：人民交通出版社，2004.

8　轻型高速公路互通式立体交叉

本章从互通式立体交叉范围内主线的平面、纵断面及匝道的平面、纵断面、横断面等方面讨论轻型高速公路互通式立体交叉的主要技术指标。合理的技术指标可以使互通式立体交叉与主线相匹配，满足小客车安全、舒适、快速的通行，又可以节约工程投资，减少占地。

8.1　主线技术指标

互通式立体交叉范围内，交通流与主线其他路段不同，不但存在车辆的分、合流，有时还存在交织，因此，互通式立体交叉范围内主线技术指标也与主线其他路段不同。

"互通式立体交叉范围内主线线形指标是对互通式立体交叉范围内视距、视觉，对前方路况预知性、变速车道的平纵线形及其与主线的衔接以及匝道关键段落的平纵线形等一系列形态要素的宏观控制，以保证车流顺畅平滑、变速从容，使整个互通式立体交叉具有良好的运行性能[3]。"

8.1.1　主线最小圆曲线半径

"最小圆曲线半径是以汽车在曲线上能安全而又顺适地行驶为条件确定的，实质是汽车行驶在曲线部分时，所产生的离心力等横向力不超过轮胎与路面的摩阻力所允许的界限[2]。"

汽车行驶在曲线上力的平衡公式中最小圆曲线半径只与行驶速度、超高、路面与轮胎间的横向力系数相关，具体由下式[5]计算：

$$R=\frac{v^2}{127(u+i)} \tag{8-1}$$

式中：R——平曲线半径(m)；

v——设计速度(km/h)；

u——路面与轮胎间的横向力系数；

i——路面超高横坡。

横向力系数 u 是乘车人感受到的离心加速度。相关研究表明，当 $u<0.1$ 时，一般感觉不到有曲线的存在，很平稳；当 $u=0.15$ 时，一般会感觉到曲线的存在，较平稳；当 $u\geqslant0.2$ 时，随着数值的逐渐增大，一般从稍感不稳定到不稳定；当 $u\geqslant0.4$ 时，非常不稳定，甚至有倾车的危险。计算主线的一般路段的最小半径时一般选取横向力系数为0.05～0.06[2]，考虑互通区间的特殊性和行车舒适性、安全性，计算互通区主线最小半径时取横向力系数一般小于主线一般路段的取值。

主线路段计算一般最小半径时，一般最大超高按照6%～8%[5]控制，而对于互通式立体交叉范围内主线曲线外侧流入、流出的车辆，需要安全地完成由一侧超高行至另外一侧超高，要求超高不能过大，一般情况下宜控制在3%，考虑行驶条件、经济情况等，当车速较低时(如60km/h、50km/h)，可取4%、5%。特殊情况在各设计车速中可增加1%，来确定极限值[3]。

根据上述超高范围，同时考虑行车舒适性，利用汽车行驶在曲线上力的平衡公式即可计算得出互通式立体交叉范围内主线最小圆曲线半径一般值和极限值，具体计算结果见表8-1。

主线最小圆曲线半径建议值　　表8-1

设计速度(km/h)		120	100	80	60
路面超高横坡	一般值	3%	3%	3%	4%
	极限值	4%	4%	4%	5%
计算最小圆曲线半径(m)	一般值	2 061	1 431	916	436
	极限值	1 511	1 049	671	333
最小圆曲线半径(m)	一般值	2 000	1 500	1 000	450
	极限值	1 500	1 000	700	350

8.1.2 主线最大纵坡、最小竖曲线半径

由第3章可知，轻型高速公路正常路段最大纵坡建议在一般高速公路基础上增加2%。轻型高速公路车型单一，不存在大型车等干扰，车辆更能从容地流入、流出主线，因此，轻型高速公路较一般高速公路互通式立体交叉范围内主线最大纵坡可适当提高。互通式立体交叉流入、流出部是事故多发点，这些事故与主线的纵坡有着密切联系。互通式立体交叉范围内的陡下坡不利于流出互通的汽车减速，造成驾驶员在流出匝道上失去控制和稳定，这类事故非常多。对于陡上坡，由于进入主线的车辆不易加速，经常出现车辆未经充分加速就进入主线合流，这样也会引起交通事故。从行车安全考虑，建议轻型高速公路互通式立体交叉范围内主线最大纵坡较一般高速公路增加1%。

凸形竖曲线半径，受视距控制。如互通式立体交叉位于较小凸形竖曲线半径范围之内或紧接其后，则互通式立体交叉的全部或部分就有被遮挡的危险。因此，互通式立体交叉范围内凸形竖曲线必须保证普通视距的2倍，特殊情况下可取1.5倍[3]。根据上述取值范围，并利用式(8-2)[5]可计算出互通区主线最小凸形竖曲线一般值和极限值。

$$R = \frac{S_{\mathrm{T}}^2}{4} \tag{8-2}$$

式中：R——竖曲线半径(m)；

S_{T}——小客车停车视距(m)。

凹形竖曲线半径，受缓和冲击控制。为保证纵断面线形在视觉上的通顺，互通式立体交叉范围内凹形竖曲线半径宜采用其他路段凹型竖曲线半径的4倍，特殊情况下可取2倍[3]。根据上述取值范围，并利用式(8-3)[5]可计算出互通区主线最小凹形竖曲线一般值和极限值。

$$R = \frac{v^2}{3.6} \tag{8-3}$$

式中：R——竖曲线半径(m)；

v——设计速度(km/h)。

轻型高速公路互通立交主线最大纵坡、最小竖曲线半径建议值见表8-2。

主线最大纵坡、最小竖曲线半径建议值　　表 8-2

设计速度(km/h)			120	100	80	60
最小竖曲线半径(m)	凸形	一般值	45 000	25 000	12 000	6 000
		极限值	23 000	15 000	6 000	3 000
	凹形	一般值	16 000	12 000	8 000	4 000
		极限值	12 000	8 000	4 000	2 000
最大纵坡(%)			3	3	4	5.5

8.2 匝道技术指标

8.2.1 匝道设计速度

匝道的设计车速主要是根据被交路等级、转弯交通量的大小以及用地和投资费用等条件确定。如果匝道的设计速度与主线相同,车辆运行将是非常通畅的,但占地、投资均较大,一般情况下由于受到地形、用地、投资费用等的限制,匝道设计速度通常都要低于主线,但降低量不得过大,以免车辆离开或进入主线时产生急剧减速或加速,导致行车危险和不顺畅。对于匝道设计速度的取值,首先保证安全及满足互通立交功能前提下,体现轻高的特点。

国内外对于互通立交匝道设计速度的取值多以主线设计车速为基准,进行适当折减而得。如澳大利亚采用的匝道设计速度为主要道路设计速度的40%~80%,日本规定匝道的设计速度为主要道路设计速度的 40%~80%,我国采用的匝道设计速度为主线车速的 50%~70%[6]。

轻型高速公路与一般高速公路具有不同的服务对象和交通流特性,但汽车的行驶特性是相同的。轻型高速公路互通式立体交叉匝道设计速度取值与一般高速公路相同,匝道设计速度建议值见表 8-3。

匝道设计速度建议值　　表 8-3

匝 道 形 式		直连式、半直连	环 行 匝 道
匝道设计速度(km/h)	枢纽互通式立体交叉	80、70、60、50、40	40
	一般互通式立体交叉	60、50、40	40、35、30

8.2.2 匝道最小圆曲线半径

汽车行驶在曲线上力的平衡公式中最小圆曲线半径只与行驶速度、超高、路面与轮胎间的横向力系数相关，但是主要还是横向力系数和超高横坡的取值大小直接关系到平曲线半径的大小。一般情况下互通立交的速度要比主线低、平面指标、服务水平也相应较低，因此一般行驶起来可以考虑感受到有曲线的存在，且要感觉到较平稳，因此横向力系数取 0.1～0.15，超高按照 6%～10%控制，根据式(8-1)计算，匝道最小半径见表 8-4。

匝道最小圆曲线半径建议值 表 8-4

匝道设计速度(km/h)		80	70	60	50	40	35	30
横向力系数	一般值	0.12	0.12	0.13	0.13	0.14	0.14	0.15
	极限值	0.12	0.12	0.13	0.13	0.14	0.14	0.15
路面超高横坡	一般值	6%	6%	6%	6%	6%	6%	6%
	极限值	10%	10%	10%	10%	10%	10%	10%
计算最小圆曲线半径(m)	一般值	279.9	214.3	149.2	103.6	63.0	48.2	33.7
	极限值	229.1	175.4	123.2	85.6	52.5	40.2	28.3
圆曲线最小半径(m)	一般值	280	210	150	100	60	45	30
	极限值	230	175	120	80	50	40	25

8.2.3 匝道最大纵坡、最小竖曲线半径及长度

小客车与货车相比，在爬坡性能、制动性能等方面均有很大提高，因此，匝道最大纵坡有条件进一步提高。参考主线最大纵坡建议值，同时考虑安全性，建议匝道最大纵坡较一般高速公路互通式立体交叉规定值增加 1%，具体取值见表 8-5。

匝道最大纵坡建议值 表 8-5

匝道设计速度(km/h)			80、70	60、50	40、35、30
最大纵坡(m)	出口匝道	上坡	4	5	6
		下坡	4	4	5
	入口匝道	上坡	4	4	5
		下坡	4	5	6

注：因地形困难或用地紧张时，可增加 1%。

凸形竖曲线半径，受视距控制，可计算得到极限值，一般值为极限值的1.5～2倍。凹形竖曲线半径受缓和冲击控制，可计算出极限值，一般值为极限值的1.5～2倍。竖曲线最小长度按运行速度的3s行程控制，一般情况下取值宜长些[6]。

匝道最大纵坡、最小竖曲线半径及长度建议值见表8-6。

匝道最小竖曲线半径及长度建议值 表8-6

设计速度(km/h)		80	70	60	50	40	35	30
凸形竖曲线半径(m)	一般值	4 500	3 500	2 000	1 600	900	700	500
	极限值	3 000	2 000	1 400	800	450	350	250
凹形竖曲线半径(m)	一般值	3 000	2 000	1 500	1 400	900	700	400
	极限值	2 000	1 500	1 000	700	450	350	300
竖曲线长度(m)	一般值	100	90	70	60	40	35	30
	极限值	75	60	50	40	35	30	25

8.2.4 匝道横断面

匝道横断面类型分为三种，单向单车道匝道、单向双车道匝道、对向分离式双车道匝道。其中，单向双车道又分为设供紧急停车的单向双车道匝道和不设供紧急停车的单向双车道匝道。

1)行车道

行车道宽度是影响交通容量、行驶舒适性的重要因素，其取值主要根据设计速度、行驶车辆尺寸等因素确定。

下面介绍三种确定行车道宽度的方式。

方式一：由车辆宽度与车道宽差值确定。

《公路工程技术标准》(JTG B01—2003)规定的行车道宽度与最大标准车辆宽度取值见表8-7。

行车道宽度与车辆宽度取值[1] 表8-7

设计速度(km/h)	车辆宽度(m)	行车道宽度(m)	行车道宽度与车辆宽度的差值(m)
20	2.5	3.00	0.5
30	2.5	3.25	0.75

续上表

设计速度(km/h)	车辆宽度(m)	行车道宽度(m)	行车道宽度与车辆宽度的差值(m)
40	2.5	3.50	1.0
60	2.5	3.50	1.0
80	2.5	3.75	1.25
100以上	2.5	3.75	1.25

根据表8-7行车道宽与车辆宽的差值对匝道行车道宽度进行计算得到表8-8。

行车道宽度计算表(一) 表8-8

设计车速(km/h)	行车道宽度与车辆宽度的差值(m)	行车道宽度(m)		
		车辆宽度2.5m	车辆宽度2.0m	车辆宽度1.8m
30	0.75	3.25	2.75	2.55
40	1.00	3.5	3.00	2.80
60	1.00	3.5	3.00	2.80
80	1.25	3.75	3.25	3.05

方式二:由车辆宽度及动态净空确定。

影响车辆横向运动的主要因素有行驶速度、驾驶能力、在曲线段增加车道宽度的需求、曲线段车辆动态横移、反光镜位置或超宽装载和横向风的影响等。设计速度与动态净空的关系[4]如表8-9所示。

设计速度与动态净空的关系 表8-9

行驶速度(km/h)	最小侧向净空(m)
≥80	1.25
60	1.00
40	0.75
<40	0.50

对于互通式立体交叉匝道设计速度小于或等于40km/h且位于非高速公路一方时,两条对向单车道匝道可采用无分隔方式,除上述情况外,互通式立体交叉匝道不存在无分隔的对向交通,因此对设计速度小于或等于40km/h的匝道可考虑对向交通引起的增宽值0.25m。根据上述及表8-9,计算出行车道宽度见表8-10。

行车道宽度计算表(二)　　表 8-10

设计时速(km/h)	动态净空(m)	车道宽度(m)		
		车辆宽度 2.5m	车辆宽度 2.0m	车辆宽度 1.8m
30	0.50	3.25	2.75	2.55
40	0.75	3.50	3.00	2.80
60	1.00	3.50	3.00	2.80
80	1.25	3.75	3.25	3.05

方式三:由波良可夫公式确定。

根据式(8-4)前苏联的波良可夫公式[9]计算正常行驶时车辆间距见表 8-11。

$$d = 0.7 + 0.02v^{3/4} \tag{8-4}$$

式中:d——正常行驶车辆与车辆的安全距离;

v——车速。

行车道宽度计算表(三)　　表 8-11

设计时速 v(km/h)	车辆安全距离 d(m)	车道宽度(m)		
		车辆宽度 2.5m	车辆宽度 2.0m	车辆宽度 1.8m
30	0.96	3.46	2.96	2.76
35	0.99	3.49	2.99	2.79
40	1.02	3.52	3.02	2.82
50	1.08	3.58	3.08	2.88
60	1.13	3.63	3.13	2.93
70	1.18	3.68	3.18	2.98
80	1.23	3.73	3.23	3.03

以上三种确定行车道宽度的方式有如下特点:

(1)方式一与方式二计算的结果基本相同,对应车辆宽 1.8m,行车道宽取值范围在 2.55～3.05m;对应车辆宽 2.0m,行车道宽取值范围在 2.75～3.25m。方式三,对应车辆宽 1.8m,行车道宽取值范围在 2.76～3.03m;对应车辆宽 2.0m,行车道宽取值范围在 2.96～3.23m。三种方式取值范围比较接近。

(2)方式一、方式二比较直观,但宽度差、动态净空取值是根据各等级公路得到,对于低等级公路基本上对向无分隔、无封闭,汽车行驶过程中的干扰因素不同,安全宽度的要求有所区别。方式三,通过行车道宽度与速度的关系式直接计算得到行车道宽度,因波良可夫模型是基于20年前车辆、道路及交通等参数确定的,此方式计算的结果偏安全。

在确定行车道宽时,考虑以下因素:

(1)因典型小客车车宽集中在1.6~2m之间,要兼顾安全性和经济性。

(2)波良可夫公式按单向双车道匝道进行计算。单车道匝道不受并排车辆的干扰,硬路肩或中分带的宽度为车辆提供了足够的侧向净宽。为保证不同车道组合下行车道宽度一致,单向单车道、单向双车道、对向分离式双车道行车道宽均采用单向双车道匝道计算的行车道宽。

(3)匝道行车道宽度宜小于等于主线车道宽度,但二者相差不宜过大,以利于行车安全。

轻型高速公路互通式立体交叉匝道行车道宽度建议值如表8-12所示。

匝道行车道宽度建议值 表8-12

匝道设计速度(km/h)	80	70	60	50	40	35	30
匝道行车道宽度(m)	3.25	3.25	3.00	3.00	3.00	2.75	2.75

2)硬路肩及路缘带

对于一般公路及城市道路,右侧硬路肩宽度取值范围为0.25~3.50m,左侧硬路肩宽度取值范围为0.50~1.25m。对设计速度小于等于80km/h的高速公路及一级公路、互通式立体交叉,右侧硬路肩宽度取值范围为1.0~2.5m,左侧硬路肩宽度取值范围为0.50~1.25m。

根据式(8-5)前苏联的波良可夫公式[9]计算正常行驶车辆与侧石的安全距离:

$$c = 0.4 + 0.02v^{3/4} \tag{8-5}$$

式中:c——正常行驶车辆与侧石的安全距离;

v——车速。

可以计算得到正常行驶的车辆与侧石的安全距离,进而计算出硬路肩宽度,见表8-13。

硬路肩宽度计算表 表 8-13

设计速度(km/h)	80	70	60	50	40	35	30
安全距离 c(m)	0.93	0.88	0.83	0.78	0.72	0.69	0.66
保证安全距离不停车硬路肩宽度(m) c－(车道宽－1.8)/2	0.205	0.105	0.23	0.18	0.12	0.215	0.185
保证安全距离停车硬路肩宽度(m) c－(车道宽－1.8)/2＋1.8	2.005	1.905	2.03	1.98	1.92	2.015	1.985

注:该表计算中车辆宽取值 1.8m。

由表 8-13 ,保证安全距离不停车硬路肩宽度均小于 0.5m,保证安全距离停车硬路肩宽度在 1.9～2.1m 之间。

在确定硬路肩宽度时,有以下考虑:

(1)对于一般高速公路,当设计速度小于等于 80km/h 时,分离式路基左侧硬路肩宽度一般值取为 0.75m,互通式立体交叉匝道左侧硬路肩宽度取为 1.0m[2]。分析车辆构成,高速公路、一级公路内侧为超车道,车型以小型车为主,对左侧硬路肩提供的安全距离可小些;而匝道为各种车型混行,尤其单车道匝道对左侧路肩提供的安全距离要求要大些。因此,匝道不停车硬路肩宽度可参考《公路路线设计规范》(JTG D20—2006)对分离式路基左侧硬路肩的规定。

(2)当设计速度小于等于 80km/h 时,路缘带宽度取 0.5m,出于安全考虑,匝道路缘带宽度统一取 0.5m,因此硬路肩宽度宜大于等于 0.5m。

(3)硬路肩的取值,既要考虑停车需要,又要考虑经济性。对于可停车硬路肩,应适当考虑提供停靠车辆车门的活动空间。

根据以上几点,建议匝道硬路肩宽度取值如表 8-14 所示。

匝道硬路肩宽度建议值 表 8-14

匝道设计速度(km/h)		80	70	60	50	40	35	30	备注
匝道硬路肩(m)	左侧	0.75	0.75	0.75	0.75	0.75	0.75	0.75	包含 0.5m 路缘带
	右侧	0.75 (2.25)	0.75 (2.25)	0.75 (2.25)	0.75 (2.25)	0.75 (2.25)	0.75 (2.25)	0.75 (2.25)	

注:括号内数字为供紧急停车需要的右侧硬路肩采用宽度。

右侧硬路肩是为车辆发生故障或其他情况下临时停车的部分，如受地形、地物等条件限制，对供紧急停车需要的右侧硬路肩宽度小于表 8-14 括号中规定值时，需按一定间距设置紧急停车带。

路缘带是硬路肩的一部分，与行车道相连接而设置，以显示行车道外侧有一定宽度，路缘带不仅能诱导视线，而且能保证行驶所需部分侧向余宽。出于安全考虑，匝道路缘带宽度统一取 0.5m。

3）中间带

对向分离式双车道匝道应设置中间带。中间带由两条左侧路缘带及中央分隔带组成。路缘带作为中间带的一部分，与行车道相连接而设置，以显示行车道外侧有一定宽度，路缘带不仅能诱导视线，而且能保证一部分行驶所需的侧向余宽。中央分隔带是将上下行车辆分离、通过设置护栏等设施避免对向车辆相互干扰，达到安全目的的路基部分。通常中央分隔带中设置的设施有：安全护栏、通信或排水管线、防眩设施等。

用于中央分隔带的护栏以波形梁护栏和混凝土护栏为主，设置护栏的最小宽度基本要满足 1m，一般高速公路互通式立体交叉对向分离式双车道匝道中央分隔带宽度为 1m，因此轻型高速公路互通式立体交叉中央分隔带宽度可取值为 1m。左侧路缘带取值与右侧路缘带一致，即 0.5m。

4）土路肩

土路肩是为了保护路面、设置必要的交通安全等设施的路基部分。轻型高速公路除了在安全设施等级方面与一般高速公路略有差异外，土路肩的功能、作用与一般高速公路相同，匝道土路肩宽度取 0.75m，不设路侧护栏时可采用 0.5m。

5）匝道横断面组成

其组成见表 8-15。

表 8-16～表 8-19 为各类匝道横断面组成图示。

8.2.5 匝道加宽

匝道加宽就是在曲线部分计算能满足某些通行条件的行车道和路肩在内所

需的总宽度，然后从所需总宽度中扣除标准宽度，所得尺寸就是加宽量[3]。

匝道横断面组成 表 8-15

设计速度(km/h)	行车道宽(m)	硬路肩(含 0.5m 路缘带)		土路肩(m)	中间带(含 2×0.5m 左侧路缘带)(m)	单向单车道匝道(m)	不设供紧急停车单向双车道匝道(m)	设供紧急停车单向双车道匝道(m)	对向分离式双车道匝道(m)
		不停车(m)	停车(m)						
80	3.25	0.75	2.25	0.75 (0.5)	2.00	7.75 (7.25)	9.50 (9.00)	11.00 (10.50)	14.50 (14.00)
70	3.25	0.75	2.25	0.75 (0.5)	2.00	7.75 (7.25)	9.50 (9.00)	11.00 (10.50)	14.50 (14.00)
60	3.00	0.75	2.25	0.75 (0.5)	2.00	7.50 (7.00)	9.00 (8.50)	10.50 (10.00)	14.00 (13.50)
50	3.00	0.75	2.25	0.75 (0.5)	2.00	7.50 (7.00)	9.00 (8.50)	10.50 (10.00)	14.00 (13.50)
40	3.00	0.75	2.25	0.75 (0.5)	2.00	7.50 (7.00)	9.00 (8.50)	10.50 (10.00)	14.00 (13.50)
35	2.75	0.75	2.25	0.75 (0.5)	2.00	7.25 (6.75)	8.50 (8.00)	10.00 (9.50)	13.50 (13.00)
30	2.75	0.75	2.25	0.75 (0.5)	2.00	7.25 (6.75)	8.50 (8.00)	10.00 (9.50)	13.50 (13.00)

注：括号内数字为土路肩宽度最小值和该条件下该种匝道的总宽度。

单向单车道匝道图示 表 8-16

速度(km/h)	图　示
80、70	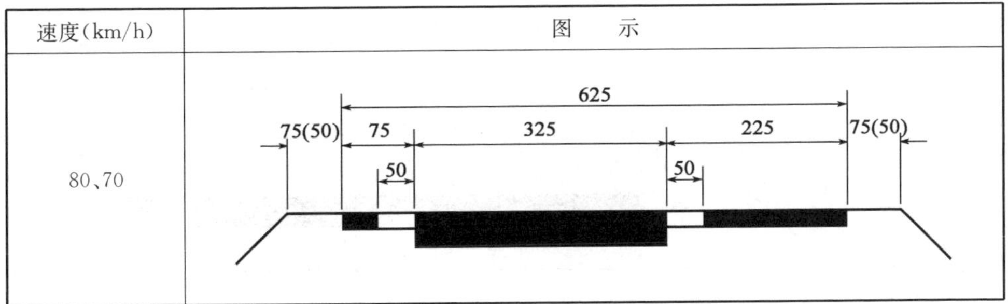

续上表

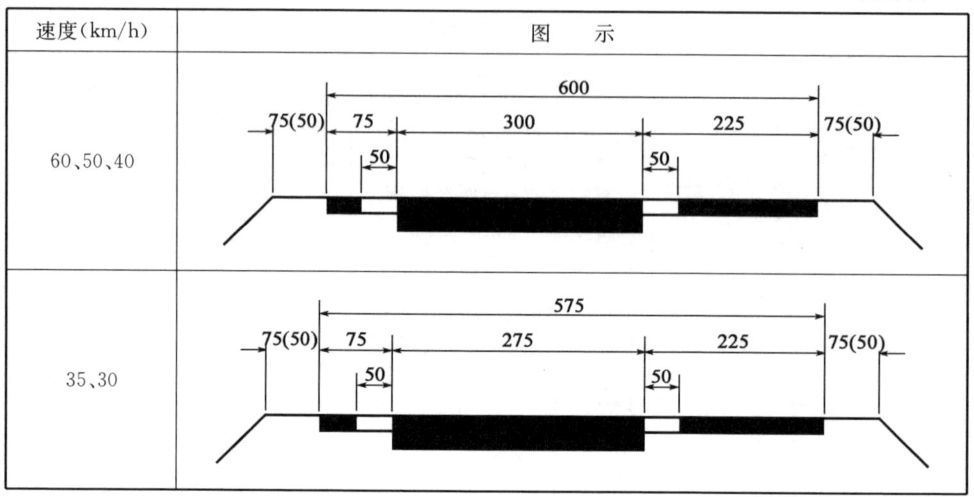

速度(km/h)	图　示
60、50、40	600；75(50)　75　300　225　75(50)；50　50
35、30	575；75(50)　75　275　225　75(50)；50　50

注：表中宽度单位为 cm。

不设供紧急停车单向双车道匝道图示 表 8-17

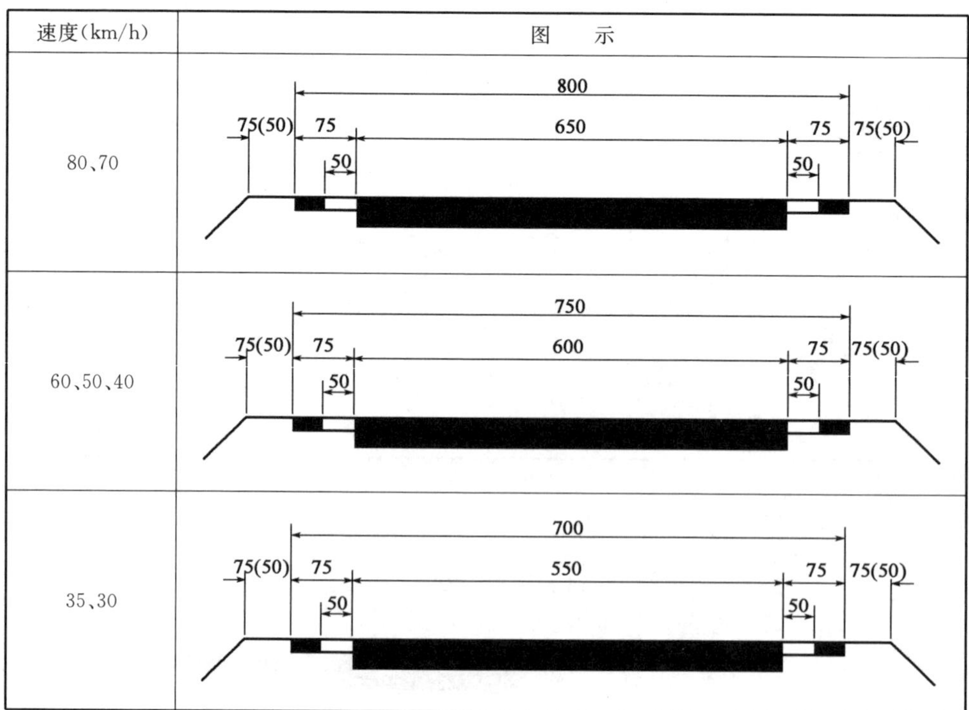

速度(km/h)	图　示
80、70	800；75(50)　75　650　75　75(50)；50　50
60、50、40	750；75(50)　75　600　75　75(50)；50　50
35、30	700；75(50)　75　550　75　75(50)；50　50

注：表中宽度单位为 cm。

设供紧急停车单向双车道匝道图示 表 8-18

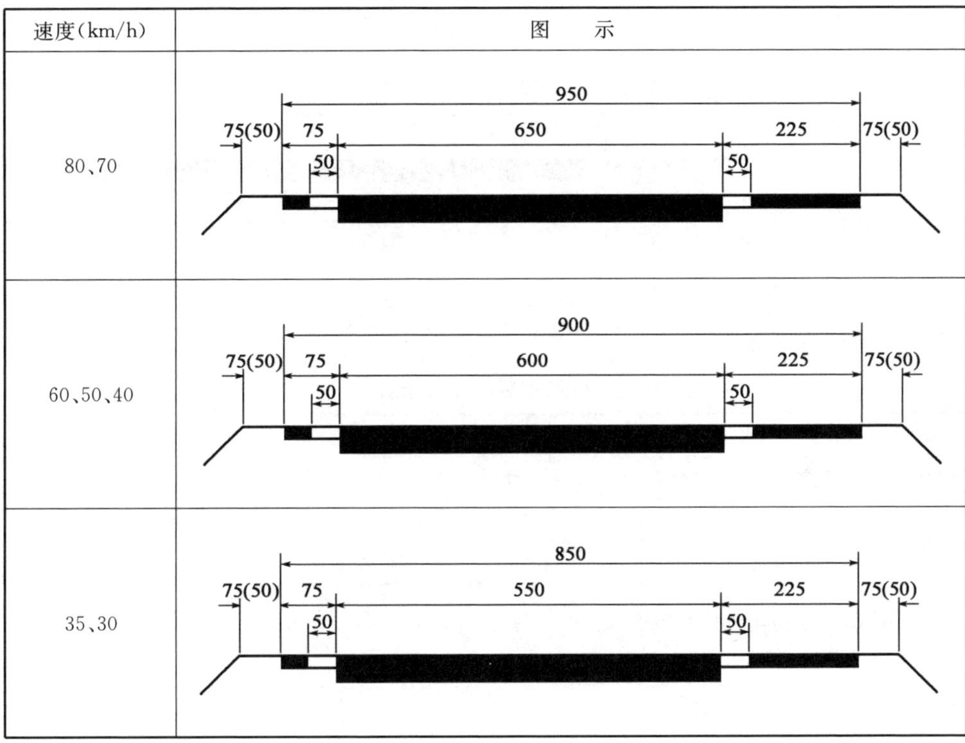

速度(km/h)	图　　示
80、70	950；75(50)、75、650、225、75(50)；50、50
60、50、40	900；75(50)、75、600、225、75(50)；50、50
35、30	850；75(50)、75、550、225、75(50)；50、50

注：表中宽度单位为 cm。

对向分离式双车道匝道图示 表 8-19

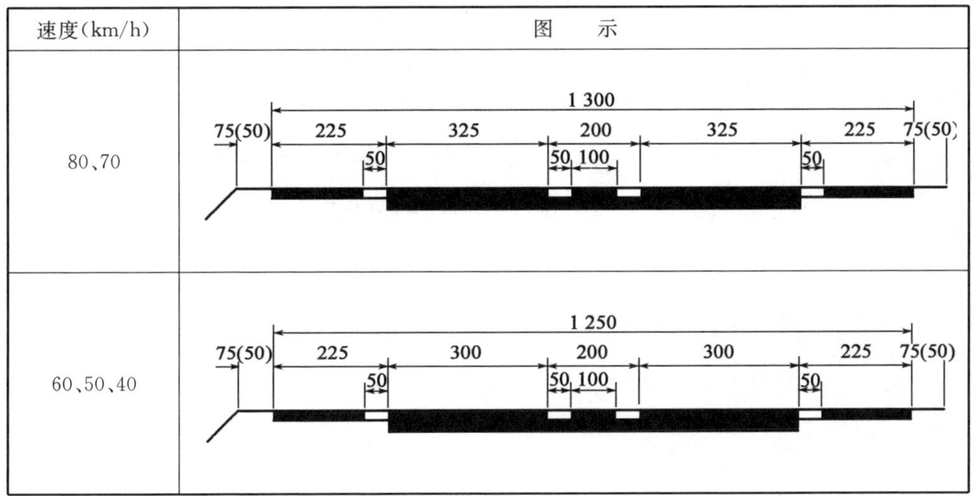

速度(km/h)	图　　示
80、70	1 300；75(50)、225、325、200、325、225、75(50)；50、50、100、50
60、50、40	1 250；75(50)、225、300、200、300、225、75(50)；50、50、100、50

续上表

速度(km/h)	图　示
35、30	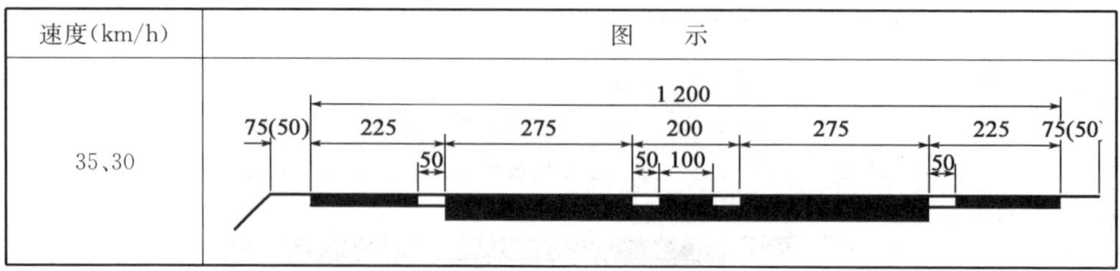

注:表中宽度单位为 cm。

根据轻型高速公路车型特点,匝道加宽仅考虑小客车即可。计算加宽量的通行条件见表 8-20。

计算加宽量的通行条件[3]　　表 8-20

匝 道 类 型	通 行 条 件
单向单车道	在路肩上停着小客车,其他小客车能够缓慢通过
分离式对向双车道	在路肩上停着小客车,其他小客车能够缓慢通过
单向双车道	小客车能够按照一定速度并行

曲线部分行驶轨迹和加宽计算的车辆布置[3]情况如图 8-1 和图 8-2 所示。

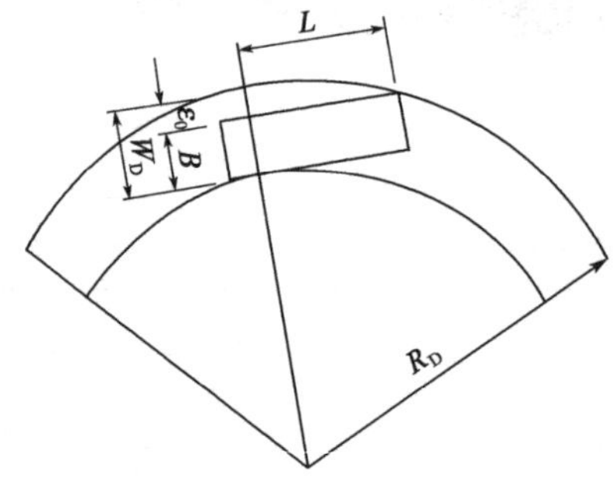

图 8-1　曲线部分行驶轨迹

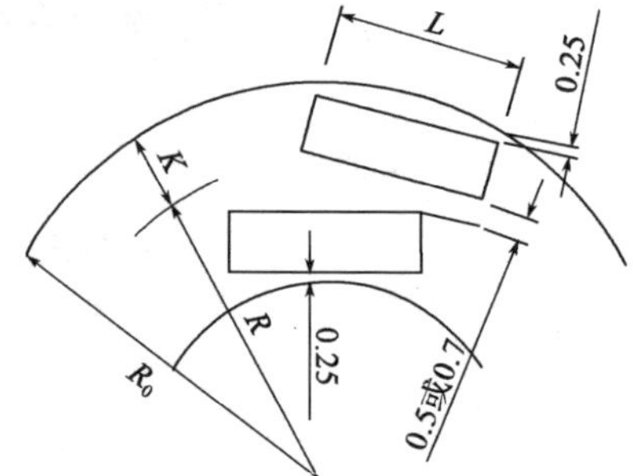

图 8-2　加宽计算的车辆布置

用式(8-6)[3]来计算一定通行条件下所需的宽度。

$$W_D = B + \varepsilon_0 = B + R_D - \sqrt{R_D^2 - L^2} \tag{8-6}$$

式中:W_D——所需宽度(m);

ε_0——车体移动量(m);

B——车体宽度(m);

R_D——车辆端部的回旋半径(m);

L——从车体前端到后轴中心的距离(m)。

曲线部分加宽流程图[3]见图 8-3，计算结果见表 8-21、表 8-22。

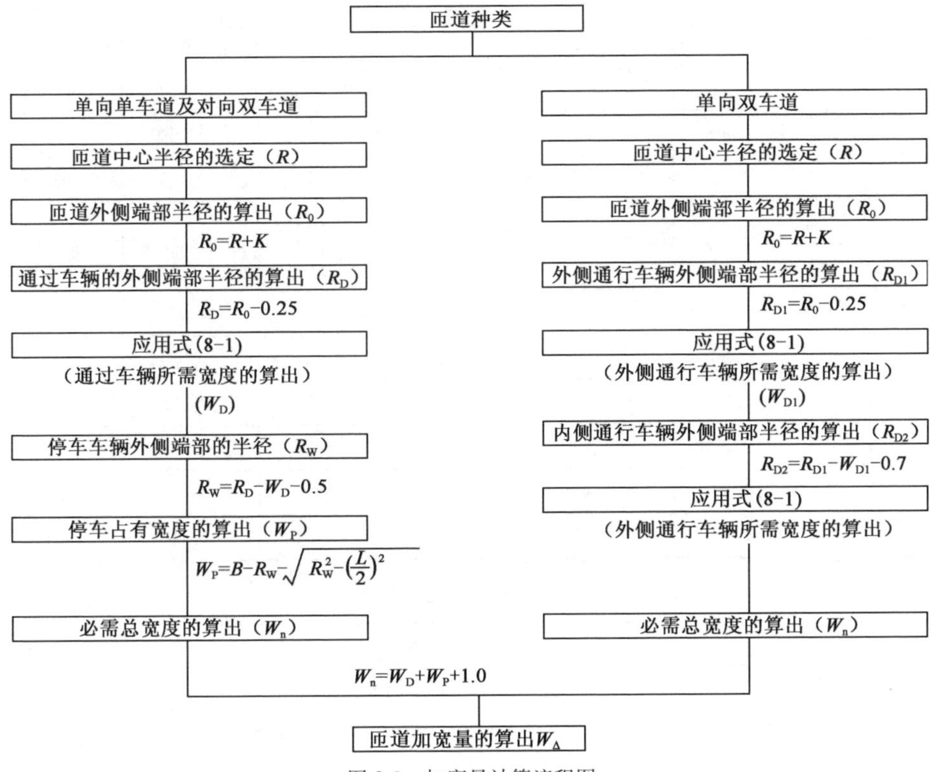

图 8-3　加宽量计算流程图

匝道加宽量计算表(1)　　表 8-21

平曲线半径(m)	计算加宽量(m)					
	设计速度(km/h)					
	单向单车道匝道			对向双车道匝道		
	80、70	60、50、40	35、30	80、70	60、50、40	35、30
200	−1.17	−0.92	−0.67	−0.92	−0.67	−0.42
160	−1.14	−0.89	−0.65	−0.89	−0.64	−0.40
140	−1.13	−0.88	−0.63	−0.88	−0.63	−0.38
100	−1.08	−0.83	−0.58	−0.83	−0.58	−0.33
80	−1.04	−0.79	−0.55	−0.79	−0.54	-0.30
70	−1.01	−0.76	−0.52	−0.76	−0.51	−0.27

续上表

平曲线半径(m)	计算加宽量(m)					
	设计速度(km/h)					
	单向单车道匝道			对向双车道匝道		
	80、70	60、50、40	35、30	80、70	60、50、40	35、30
65	−0.99	−0.75	−0.5	−0.74	−0.50	−0.25
60	−0.97	−0.72	−0.48	−0.72	−0.47	−0.23
55	−0.94	−0.7	−0.46	−0.69	−0.45	−0.21
50	−0.91	−0.67	−0.43	−0.66	−0.42	−0.18
45	−0.88	−0.64	−0.39	−0.63	−0.39	−0.14
40	−0.83	−0.59	−0.35	−0.58	−0.34	−0.10
35	−0.77	−0.54	−0.3	−0.52	−0.29	−0.05
30	−0.69	−0.46	−0.23	−0.44	−0.21	0.02
28	−0.29	−0.43	−0.2	−0.04	−0.18	0.05
25	−0.58	−0.36	−0.14	−0.33	-0.11	0.11

匝道加宽量计算表(2)　　表 8-22

平曲线半径(m)	计算加宽量(m)					
	设计速度(km/h)					
	不设供紧急停车单向双车道匝道			设供紧急停车单向双车道匝道		
	80、70	60、50、40	35、30	80、70	60、50、40	35、30
200	−2.92	−2.42	−1.92	−4.42	−3.92	−3.42
160	−2.91	−2.41	−1.91	−4.41	−3.91	−3.41
140	−2.88	−2.38	−1.88	−4.38	−3.88	−3.38
100	−2.83	−2.34	−1.84	−4.33	−3.84	−3.34
80	−2.79	−2.30	−1.81	−4.29	−3.8	−3.31
70	−2.76	−2.27	−1.78	−4.26	−3.77	−3.28
65	−2.75	−2.26	−1.77	−4.25	−3.76	−3.27
60	−2.73	−2.24	−1.75	−4.23	−3.74	−3.25
55	−2.70	−2.22	−1.73	−4.2	−3.72	−3.23
50	−2.67	−2.19	−1.70	−4.17	−3.69	−3.2
45	−2.64	−2.16	−1.68	−4.14	−3.66	−3.18

续上表

平曲线半径(m)	计算加宽量(m)					
	设计速度(km/h)					
	不设供紧急停车单向双车道匝道			设供紧急停车单向双车道匝道		
	80、70	60、50、40	35、30	80、70	60、50、40	35、30
40	-2.60	-2.12	-1.64	-4.1	-3.62	-3.14
35	-2.54	-2.07	-1.60	-4.04	-3.57	-3.1
30	-2.47	-2.01	-1.54	-3.97	-3.51	-3.04
28	-2.43	-1.98	-1.52	-3.93	-3.48	-3.02
25	-2.37	-1.93	-1.47	-3.87	-3.43	-2.97

经计算，在匝道平曲线半径大于极限最小半径(R=25m)情况下，匝道均不需加宽。

本章参考文献

[1] 中华人民共和国行业标准.JTG B01—2003 公路工程技术标准[S].北京：人民交通出版社，2004.

[2] 中华人民共和国行业标准.JTG D20—2006 公路路线设计规范[S].北京：人民交通出版社，2006.

[3] [日]日本道路公团，交通部工程管理司译制组.日本高速公路设计要领[M].西安：陕西旅游出版社，1991.

[4] 陈胜营，汪亚干，张剑飞.公路设计指南[M].北京：人民交通出版社，2000.

[5] 张雨化，朱照宏.道路勘测设计[M].北京：人民交通出版社，1997.

[6] 杨少伟.道路立体交叉规划与设计[M].北京：人民交通出版社，2001.

[7] 高速公路丛书编委会.高速公路立交工程[M].北京：人民交通出版社，2001.

[8] 何景华.公路勘测设计[M].北京：人民交通出版社，1995.

[9] 王连威.城市道路设计[M].北京：人民交通出版社，2002.

9 轻型高速公路服务区

本章主要讨论轻型高速公路服务区的平均间距、用地规模等的主要影响因素。其中，服务对象特征是服务区驶入率的理论基础，而驶入率是计算服务区间距及规模的关键参数。

9.1 服务对象

9.1.1 行驶车辆特征

1)行驶速度

一般高速公路由于存在大车混入、大小车辆混行的现象，使交通流整体速度降低，高速公路通行能力下降。而轻型高速公路只有小客车行驶，由于小客车之间动力性能和运行特征具有极大的相似性，通行车辆整体的行驶速度普遍较高。

2)事故隐患

大型车辆具有车型结构较大、动力性能较低等特点，在行驶过程中表现出速度低、驾驶不灵活等特征，与快速、机动、灵活的小型车共同行驶，势必对道路整体交通流产生影响，造成瓶颈效应，降低道路的通行能力，引发交通事故。同时，大型车与小型车行驶速度差别较大，因而车辆行驶速度与平均速度的差值较大，当车辆行驶速度低于平均速度时，易诱发其他车辆频繁变换车道、加减速，造成车流紊乱，降低车流运行的稳定性，导致较高的事故率。因此，车辆在轻型高速公路上行驶，行车速度较为平稳一致，会大大降低交通事故隐患。

3)驾驶员的疲劳程度

大型车由于形体庞大、动力性能差,驾驶员操作较为费力,产生疲劳的程度较大。一般高速公路上,小型车与大型车混行,受大型车低速行驶的影响,小型车通过频繁变道以超车,为了行驶安全,大型车驾驶员必须保持精神高度集中,以判断处理车内外刺激信息,这势必造成驾驶员心理上的压力,致使出现驾驶疲劳。可以说,轻型高速公路对缓解驾驶员的疲劳、保证行车安全具有积极意义。

9.1.2 运输对象特征

现行高速公路旅客出行分群体性出行和个性化出行。群体性出行主要的载运工具是大客车,个性化出行主要的载运工具是小客车。轻型高速公路只限小客车行驶。小客车的载客人数平均为 4 人,远远低于大型客车载客人数,其出行过程能够自主控制,属于个性化出行。个性化出行对出行过程除了有基本的通达、安全、快捷、舒适等要求外,还有多种选择的要求,以及自由出行过程的要求。

9.2 服务区驶入率

9.2.1 驶入率确定的影响因素

由于高速公路是全封闭、全立交、严格控制出入的公路交通设施,长时间行驶在高速公路上的车辆需要中途加油,驾驶人员需要下车休息缓解疲劳,旅客需要如厕、就餐、购物或观光等,需要高速公路设置服务区来满足各方面的需求。描述驶入高速公路服务区车辆数(辆/d)占高速公路主线交通量(辆/d)的比例就是高速公路服务区驶入率。

服务区驶入率的大小受人的生理心理特征、车辆性能、道路交通条件、服务区间距等因素影响,应综合考虑高速公路沿线城市位置及规模、交通量及其性质、路线线形、地形、风景区位置以及管理条件、建设费用等因素。

1)交通流的性质

过境交通,即客车、货车经过某地却不将该地作为出行的终点。这类交通流一般出行距离较远,行驶时间较长,需要就近停车加油、休息、用餐的愿望比较强烈,因而驶入服务区的可能性较大,即驶入率较高。

区域内交通流,主要服务对象是区域内的物资货物和旅客的运输。这类交通流一般出行距离较近,行驶时间也不长,除了必要的上厕所以外很少接受其他的服务,所以这类交通流的驶入率较低。

出入境交通流的出行距离介于过境交通流和区域内交通流之间,对于服务区的需求强于区域内的短途运输,如果行程超过一天以上,吃、住等需要在服务区,所以这类交通流的驶入率高于区域内交通流。

2)行驶车辆的特点

小客车载客人数较少,属于个性化出行,因此小客车对服务区的需求不是很高,车辆驶入率较低。

大客车载客人数较多,为满足不同乘客的要求,大客车需要驶入服务区停车,因此相对小客车而言大客车的驶入率较高。

3)运输对象的特点

(1)驾驶员

长时间在高速公路上开车行驶,驾驶员会变得比较迟钝,对外来刺激反应时间变长,动作失误率高,心理上也容易产生疲劳,行驶安全性受到挑战。这就需要驶入服务区停车休息,以缓解紧张的情绪,提高对外来刺激的反应能力,保障驾驶安全。

(2)旅客

高速公路上的旅客在运输途中有如下需求:如厕、休息、就餐、住宿、购物、观光等。个性化出行一般为自驾车行驶,其出行时间和线路随意性较强,出行者可以根据自己的实际情况选择是否在服务区停留以及停留的时间,因此个性化出行对服务区驶入率影响较大。群体性出行一般为大中型客车,受到行驶线路和时间的限制,其在服务区停留的时间一般较短,对服务区驶入率影响较小。

9.2.2 驶入率与经济发展水平关系

当服务区的服务价格上升时,部分本来有服务需求的车辆会放弃在途中的服务；而当服务价格下降时，会吸引本来没有需求的服务对象在服务区消费。因此，驶入率与经济发展水平关系紧密。

9.2.3 轻型高速公路服务区驶入率

1）一般高速公路服务区驶入率

日本在 1980 年根据调查统计资料，制定了计算停车车位的计算方法以及各种计算参数，包括不同车种的停留率、高峰率、平均停车时间。1991 年，根据补充调查的资料，对 1980 年制定的标准进行修正，对各种计算参数进行了调整。

表 9-1 为日本高速公路服务区驶入率。

日本高速公路服务区驶入率（1980 年、1991 年） 表 9-1

休息设施的种类	车　型	驶入率（1980 年）	驶入率（1991 年）
服务区	小型车	0.15	0.175
	大客车	0.20	0.250
	大货车	0.10	0.125

注：数据来源于《日本高速公路设计要领》。

国内对高速公路服务区驶入率的研究较少，有学者对广东省深汕高速公路的鲘门、龙岗、沙田、陆丰、湖东五个服务区的调查统计，给出了广东省服务区驶入率的分类标准，见表 9-2。

广东高速公路服务区驶入率分类标准 表 9-2

车型	综合	小客车	大客车	货车
第一类服务区驶入率	0.200	0.150	0.220	0.200
第二类服务区驶入率	0.100	0.060	0.170	0.090
第三类服务区驶入率	0.075	0.060	0.100	0.080
第四类服务区驶入率	0.050	0.025	0.100	0.030

注：数据来源于《广东省高速公路服务区驶入率调查与预测研究》。

由以上分析及数据可以看出，一般高速公路驶入率有如下特点：

（1）不同车型驶入率一般不同；

（2）某种车型驶入率不受其他车型驶入率影响；

(3)大型车驶入率较大,小型车驶入率较小。

2)轻型高速公路服务区驶入率

尽管驶入率计算公式较为简单,但是受到众多因素影响,国内的计算仍建立在对实际数据的统计分析基础上。目前由于没有实际运营的轻型高速公路,也没有轻型高速公路的试验段,缺乏实际数据予以支持,只能在理论分析基础上给出较为适合的数据。

小型车出行一般为个性化出行,行驶速度较一般高速公路快,对服务区的需求不是很高,轻型高速公路车辆驶入率比一般高速公路较低。为使得服务区在满足需求的情况下最优利用,轻型高速公路服务区间距可适当增大。本研究认为驶入率是一个动态变化的量,与地区社会经济活动密切相关。

将日本经济与中国经济进行对比,经比较,中国 1997 年 GDP(1980 年价格)与日本 1980 年 GDP 比较接近,中国 2003 年 GDP(1980 年价格)与日本 1991 年 GDP(1980 年价格)比较接近,可以将日本 1980 年的驶入率作为中国 1997 年驶入率的取值,将日本 1991 年的驶入率作为中国 2003 年驶入率的取值。计算中国驶入率与 GDP 的弹性系数,根据中国 2004～2010 年 GDP 年均增长速度及 2003 年的驶入率,确定中国 2010 年高速公路小型车驶入率。

经计算,综合确定 2010 年轻型高速公路小型车驶入率为 0.210。轻型高速公路驶入率见表 9-3。

轻型高速公路驶入率 表 9-3

车型 \ 年份(年)	2010	2015	2020
小型车	0.210	0.232	0.252

9.3 服务区间距

9.3.1 国内外高速公路服务区间距

对于服务区的设置间距,世界各国对此大都没有严格的标准,一般是每30～

60km设置一停车休息场所。但日本高速公路的停车休息场所距离是经过精心计划的，并制定了“日本道路公团”的标准。日本高速公路服务区设施最为完善，每个管路所管辖的区段均设有一个以上的服务区。服务区还根据当地的自然环境和具体条件，建设成为该地区的一个景点，供来往人员休息。

表9-4为国内外高速公路服务区间距设置情况。

国内外高速公路服务区间距设置情况　　表9-4

国　　名	设施种类	间距(km)	备　　注
中国	服务区	50	最大不超过60km
日本	服务区	50	最大60km，最小30km
联邦德国	服务区	50	
法国	服务区	100	
匈牙利	停车区	20～30	
第八届轨迹道路会议提案	服务区	50	

9.3.2 服务区间距的影响因素

1)高速公路服务区间距影响因素

高速公路服务区间距是影响其总体布局和系统有效性的关键因素之一，在高速公路服务区的规划建设中，合理确定服务区的间距成为关键。服务区间距的确定应主要考虑以下几个方面的影响因素：车辆加油需求、人的生理需要、安全行车要求、城市地位与路网架构、公路出行的发展趋势。

2)高速公路服务区间距设置原则

(1)应该考虑人的生理和心理需求，合理设置服务区间距，以缓解驾驶员的疲劳及乘客的生理需求；

(2)应该综合考虑预测的交通量、交通流性质；

(3)应该综合考虑靠近沿线的城市位置和大小，对沿线环境等影响；

(4)考虑服务区经济效益，考虑建设成本与管理费用。

3)轻型高速公路服务区间距特点

轻型高速公路服务区间距同样受到以上因素的影响,但由于小型车车辆速度较快,载客少,动力性能好,因此与一般高速公路相比,轻型高速公路服务区间距应该变大。

9.3.3 轻型高速公路服务区间距

1)一般高速公路间距

不同车型对服务区的使用频率应该是一个统计值,这个统计值除受到车型的影响外,还与服务区的密度(间距)、人的生理需求及交通安全法规定的连续开车时间等因素有关。目前,国内尚未出台统一的连续开车时间,但不少地区的地方性法规中规定在高速公路上连续开车 3h(有的规定 2h)就必须到服务区休息 20min。结合人的生理需求,连续开车 3h 到服务区休息一次是必需的。根据以上分析,服务区驶入率的模型公式为:

$$T = KA/3v$$

则一般高速公路服务区间距的公式为:

$$A = 3vT/K$$

式中:T——驶入率;

K——系数;

A——服务区平均间距;

v——不同类型车辆的平均速度。

2)轻型高速公路间距

轻型高速公路为驾驶员提供良好的行车环境,对比驾驶员在一般高速公路上连续开车 3h(有的规定 2h)必须到服务区休息 20min 基础上,参考专家意见,可以认为驾驶员在轻型高速公路上连续开车 4h 必须到服务区休息 20min。则轻型高速公路服务区间距的公式为:

$$A = 4vT/K$$

式中字母含义同上。

一般高速公路的小型车行驶速度为60～120km/h，根据《高速公路交通工程及沿线设施设计通用规范》(JTG D80—2006)，服务区的平均间距为50km，最大间距不宜大于60km，按照公式，可以求得系数K。

轻型高速公路小客车的行驶速度较高，定为80～120km/h，按照公式经过计算可以得到轻型高速公路服务区平均间距为74km，最大间距不宜大于89km。

综合考虑，轻型高速公路服务区平均间距可以设定为75km左右，最大间距不宜大于90km。

9.4 服务区规模

9.4.1 国外高速公路服务区建设情况

服务区的设置及其服务质量对高速公路运营的好坏有着重大的影响。发达国家很重视高速公路服务区建设，多方面地为驾乘人员的出行提供良好的服务，实现高速公路安全、快捷、舒适和经济的目的。

美国人每年在高速公路上行驶总里程达4万亿km，其中91%以上为私人汽车。美国的高速公路网一般都设置有服务区。服务区的设置与否可根据交通流量变化和驾驶员的需求情况灵活安排。

日本高速公路服务区的设施最为完善，每个管理所管辖的区段均设有一个以上的服务区。对高速公路沿线服务设施的规划、形式、规模、设计原则等都有明确、统一的规定。

法国在1976年后把文化生活带进了高速公路网，利用沿线的服务设施开展各种文化娱乐活动。意大利高速公路服务区一个很重要的业务内容就是气象服务，在服务区设立气象站，可随时为来往的驾乘人员提供气象信息，为车辆的流动和安全行驶创造了有利的条件。

可见，高速公路服务区主要设施有：停车场、餐厅、公共厕所、加油站等。

9.4.2 轻型高速公路服务区规模

1)轻型高速公路服务区规模特点

停车位面积小:一个小型汽车的停车面积平均为 30m² 左右;而一个大型客车的停车面积平均为 80m² 左右,为小型汽车的 2 倍以上。轻型高速公路是服务对象为小型车,与一般高速公路相比,轻型高速公路服务区每辆车停车面积较小。

餐饮等建筑面积小:小型车的载客人数平均为 4 人,而大型客车一般为 20 人以上,服务区中,餐饮、公厕、小卖部等面积与同时使用人数及载客人数具有较大的关系。对于轻型高速而言,只允许小型车通行,因此,轻型高速公路服务区餐饮等建筑面积比一般高速公路服务区面积要小。

2)轻型高速公路服务区规模计算思路

轻型高速公路与一般高速公路服务区规模的不同主要在于:停车位面积及餐饮等建筑面积。本研究首先对一般高速公路服务区面积进行计算,将计算结果同《高速公路交通工程及沿线设施设计通用规范》(JTG D80—2006)中所给出的服务区面积进行比较,得出调整系数;然后,按照上述计算方法计算轻型高速公路服务区面积,将所得结果用调整系数进行调整,其结果为轻型高速公路服务区面积。

3)轻型高速公路服务区规模计算

(1)运营第 10 年年平均日交通量的确定

按照《高速公路交通工程及沿线设施设计通用规范》(JTG D80—2006),服务区、停车区的建设规模应根据公路设计交通量、交通组成、自然环境、用地条件等因素确定,停车场、餐饮等的建筑面积可按预测的第 10 年交通量设计。本研究中,轻型高速公路服务区规模是按交通量的典型范围(适当考虑与车道数的对应)确定。而《公路工程技术标准》(JTG B01—2003)所给出的交通量的典型范围(与车道数对应的适应交通量)是通车年的第 20 年适应交通量。为此,需要根据第 20 年适应交通量推算第 10 年交通量(自然数)。

本研究推算的基本思路是:分析历年《公路水路交通运输行业发展统计公报》中的全国高速公路年平均日交通量及全国汽车保有量数据,通过计算 GDP-交通量弹性系数及 GDP-汽车保有量弹性系数,结合未来年 GDP 增长速度,计算交通量增长速度,按照其交通量增长速度反推第 10 年交通量(自然数)。第 10 年交通量数据见表 9-5。

一般高速、轻型高速第 10 年及第 20 年交通量数据 表 9-5

类　　型	车　　型	车　道　数	运营第 20 年年平均日交通量(辆/d)	运营第 10 年年平均日交通量(辆/d)
一般高速公路	小型车	四车道	9 341～20 551	7 625～16 774
		六车道	16 814～29 892	13 724～24 398
		八车道	22 419～37 365	18 299～30 498
	大型车	四车道	7429～16 344	6 064～13 341
		六车道	13 373～23 774	10 915～19 405
		八车道	17 830～29 717	14 554～24 256
轻型高速公路	小型车	四车道	25 000～55 000	14 361～31 595
		六车道	45 000～80 000	25 850～45 956
		八车道	60 000～100 000	34 467～57 445

(2)服务区停车位计算

按照“一侧停车位＝设计交通量×驶入率×高峰率/周转率＝假日系数×运营第 10 年年平均日交通量×1/2×驶入率×高峰率/周转率”计算,得到一般高速公路和轻型高速公路停车位。本研究中一般高速公路驶入率采用 0.175,轻型高速驶入率为 9.3.3 中的计算结果,取值为 0.252;高峰率取值为 0.1;周转率取值为 2.4。假日服务系数取值见表 9-6。

假日服务系数取值表 表 9-6

年平均日交通量 Q(双向:辆/日)	假日服务系数
$Q \leqslant 25\,000$	1.4
$25\,000 < Q \leqslant 50\,000$	$1.65 - Q \times 10^{-5}$
$Q > 50\,000$	1.15

(3)停车场等面积计算

服务区面积计算最主要的是确定停车场、公共厕所及餐厅的面积,这三部分也是轻型高速与一般高速服务区面积的不同点,再根据这三部分面积确定其他设施面积,从而得到服务区总面积。

停车场面积:按照垂直停车的停车方式,一个小型车的停车面积平均为 $30m^2$,一个大型客车的停车面积平均为 $80m^2$,一个大型载重货车的停车面积平均为 $120m^2$,按照计算得到的停车位数,可以得到停车场面积。

公共厕所面积:按照有关资料,使用厕所人数约占所有乘客人数的 80%。根据停车位及平均每车载客人数、男女厕所使用周转率,按照有关建筑要求男女蹲位所需面积,并参考有关资料考虑 1.1~1.4 的系数后,得到公共厕所建筑面积。

餐厅面积:按正常情况统计,每人用餐(快餐)时间为 25min,餐厅的每个席位所需要面积为 $1.5m^2$,厨房、仓库及办公等面积与客席所占面积相同。用餐人数(人/h)=停车车位×载客人数×周转率×餐厅使用率。餐厅总建筑面积=用餐人数÷60×25×1.5×2。

小卖部的面积:根据有关资料调查,到服务区的人员有 80%去小卖部,顾客在小卖部活动所需面积为 $2m^2$/人,旅客停留时间为 2min。根据停车位、载客人数、周转率等可计算出小卖部的面积。

其他建筑物面积:参考相关资料,其他建筑物面积按建筑总面积的 65%计算。

场内道路、绿化面积:参考相关资料,场内道路按停车场面积的 1.2 倍计算,绿化面积取总占地面积的 20%。

一般高速和轻型高速公路四、六、八车道所对应的停车场面积、建筑物面积、场内道路及绿化面积及服务区总面积计算结果见表 9-7。

将表 9-7 中一般高速公路服务区总面积与《高速公路交通工程及沿线设施设计通用规范》(JTG D80—2006)中所给出的服务区面积进行比较,得到调整系数,对表 9-7 中所得轻型高速公路服务区总面积进行调整,其结果见表 9-8。由表 9-8 可知,服务区每处用地面积为 $3.5921hm^2$。

一般高速及轻型高速公路四、六、八车道服务区面积（调整前） 表 9-7

类型	车道数	停车场面积（hm^2）	建筑面积（hm^2）	场内道路面积（hm^2）	绿化面积（hm^2）	服务区总面积（hm^2）
一般高速	四车道	0.716 6	0.376 7	0.859 9	0.488 3	2.441 5
	六车道	1.119 6	0.577 3	1.343 6	0.760 1	3.800 7
	八车道	1.424 0	0.728 9	1.708 8	0.965 4	4.827 0
轻型高速	四车道	0.490 5	0.206 7	0.588 6	0.321 4	1.607 1
	六车道	0.714 4	0.297 9	0.857 3	0.467 4	2.337 0
	八车道	0.874 9	0.363 4	1.049 9	0.572 0	2.860 2

轻型高速公路四、六、八车道服务区面积（调整后） 表 9-8

类型	车道数	停车场面积（hm^2）	建筑面积（hm^2）	场内道路面积（hm^2）	绿化面积（hm^2）	服务区总面积（hm^2）
轻型高速	四车道	0.803 6	0.338 6	0.964 3	0.526 6	2.633 0
	六车道	1.002 5	0.418 1	1.203 0	0.655 9	3.279 4
	八车道	1.450 0	0.602 2	1.740 0	0.948 1	4.740 4

4）轻型高速公路与一般高速公路服务区规模用地比较

由表 9-9 可以看出，按照《高速公路交通工程及沿线设施设计通用规范》（JTG D80—2006）给出的服务区建设用地标准，轻型高速公路服务区用地面积比一般高速公路减少 40％左右，体现了轻型高速公路具有节约用地的优势。

轻型高速公路服务区与一般高速公路总面积比较 表 9-9

类别 / 车道	轻型高速公路服务区总面积（hm^2）	一般高速公路服务区总面积（hm^2）	差值＝轻型高速面积－一般高速公路面积	百分比＝（差值/一般高速面积）
四车道	2.633 0	4.000 0	－1.367 0	－34.2％
六车道	3.279 4	5.333 3	－2.053 9	－38.5％
八车道	4.740 4	8.000 0	－3.259 6	－40.7％

注：一般高速公路服务区总面积采用《高速公路交通工程及沿线设施设计通用规范》（JTG D80—2006）中数据。

9.5 轻型高速公路服务区的设置与规模

综上所述,轻型高速公路服务的设置及建设规模的确定应遵循以下原则:

(1)同一般高速公路相比,轻型高速公路在行驶车辆及运输对象方面具有明显的特征。

(2)轻型高速公路小型车驶入率是动态变化的,2010 年我国轻型高速公路小型车驶入率为 0.210。

(3)轻型高速公路服务区控制间距为 75km 左右,最大间距不宜大于 90km;不考虑停车区的设置。

(4)由于设计车道数的不同,轻型高速公路服务区每处用地面积同《高速公路交通工程及沿线设施设计通用规范》(JTG D80—2006)给出的服务区建设用地标准相比,减少的百分比略有不同,车道数越多,节地越明显。但平均来看,轻型高速公路服务区用地面积比一般高速公路减少 38%左右,可见轻型高速公路在节地方面是明显的。

本章参考文献

[1] 刘孔杰,崔洪军. 高速公路服务区规划设计[M]. 北京:中国建材工业出版社,2009.

10 轻型高速公路仿真模拟理论与方法

10.1 高速公路仿真模拟技术

10.1.1 应用背景

轻型高速公路在世界上至今仍无已建成的工程项目。因此，尚无实际工程可做轻型高速公路技术指标、标准可行性的试验验证。然而，近年来随着计算机技术与应用的发展，用驾驶模拟舱系统仿真再现新建或已建道路技术已得到了业界认可。驾驶模拟舱试验研究的最大优势在于其安全、经济，道路交通条件可控，可实现车辆在道路、交通和环境条件中运行状况的再现。为模拟轻型高速公路安全性和舒适性评价、驾驶行为特性等提供了一个良好的研究平台。

1）三维（3D）道路交通环境仿真技术

> "驾驶模拟舱仿真技术是在近10年发展起来的新兴技术，在道路交通系统人因工程的安全研究中已得到了一定的推广，特别是Auto Sim模拟舱试验平台。Auto Sim模拟舱试验平台已实现了对车辆的操纵系统、悬架系统、动力系统、制动系统等车辆系统特性的仿真模拟。也可根据研究的技术指标、标准和环境条件自行开发和仿真，实现道路、交通和环境系统的仿真现实模拟。道路、交通和环境场景给驾驶员提供驾车的模拟环境，包括地形、地物、道路结构、交通安全设施等道路环境及交通类型和交通流量特性等交通条件。道路交通场景模拟仿真的关键技术目前包括建立三维地形、地物和道路三维模型，对三维模型进行渲染、制作以及路面铺装，再现道路、交通和环境仿真模拟场景。[2]"

（1）模型建立

模型建立是场景制作中最重要的部分，它是根据道路的地形和地物数据，路线的平、纵、横基本技术参数，路面材料和类型，道路结构物和交通安全设施等数据建立道路周围地形、地物环境及道路的三维空间模型。模型可以反映道路在空间上的立体形状以及道路与周围地形、地物的位置关系。模型建立的真实性可以从视觉上提高驾驶员在驾驶模拟舱内驾驶操作的真实感受。

①地形、地物模型的建立

模拟道路周边地形、地物环境，建立地形、地物三维模型。地形地物三维模型的核心是数字地形、地物模型。数字地形、地物模型（digital terrain models，DTM）是真实地面地形起伏状态和地物形状的一种数字化表达方式。对地形、地物模型进行模拟，需要根据地形、地物的电子地形图进行模拟。

在轻型高速公路试验场景开发中，我们采用了专业设计软件 Hint CAD 创建试验段三维电子地形图文件，从中分层并提取三维点线数据，构建出数字地形、地物模型。

②道路模型的建立

道路模型是根据试验目的及试验道路条件建立的，以逼近真实的道路条件。它是在已有的地形、地物模型基础上，运用 Hint CAD 软件对轻型高速公路试验路段的平、纵、横线形条件进行模拟。

（2）模型渲染

根据试验方案设计的条件，利用 Creator 软件功能对所建成的试验路段模型进行渲染，添加颜色、纹理、材质和光照，使道路、环境模型场景与现实接近，具有真实感。

（3）路面铺设

上述构造得到的道路三维模型只定义出道路的空间形状与表面特征条件，如道路的平、纵、横线形条件、路面材料、路幅构成等，还不能被模拟舱系统识别，无法加载交通量，模拟车辆也无法在模型中行驶，还需运用 Road tools 专用软件中道路铺装功能定义道路运行条件和交通量特征，如行车道宽度、路面特性、交通量、车辆行驶规则等，才能在 Auto Sim 模拟舱中使驾驶模拟车辆能识别道路运行特性。在路面铺设时，将道路沿着中心线画出行车分隔线，划分上、下行两个方向车道，分别对两个方向行车道类型(行车道、超车道等)、宽度、停车带、车辆限速、禁行车道及路面类型和抗滑性能等道路和交通运行属性进行设定。

模拟舱系统中定义的路面是由紧密相连的 Bezier patches 组成，patches 是二维的，由每个 4×2 矩阵中的 8 个控制点组成。模拟舱中由驾驶员驾驶的车辆是行驶在相连的 patches 上，而不是在模型建立的路面上。每个行车方向部分段路面由 3 个 patches 组成一个 patch 路面，道路行车道两侧各一个 patch，如图 10-1 所示。

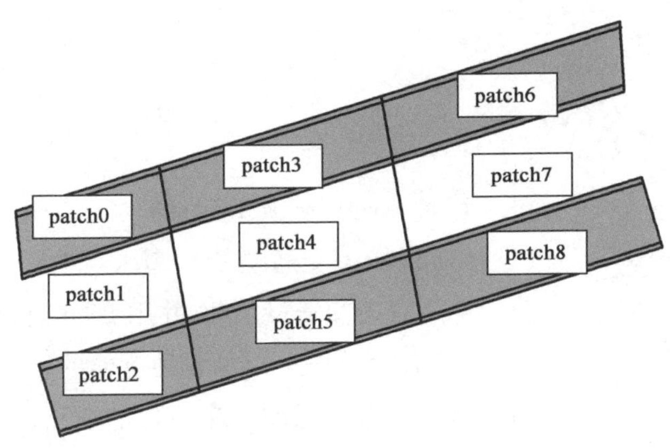

图 10-1 模拟舱系统中路面的构成

用 Road surface 软件在模型路面上生成多个 patches，如图 10-2 所示。

图 10-2 中所有的 patches 和道路模型中的路面重合在一起，能使驾驶员驾车时感觉如同在模拟道路的路面上行驶。现实道路中不同类型的路面具有不同的特性，如沥青路面和碎石路面的黏着系数、道路平整度、车辆行驶噪声等路面特性是不同的，模拟仿真时可通过对各个 patches 属性值的修改，模拟仿真真实路面的附着力、振动及噪声条件效果。轻型高速公路仿真模拟试验路段中的路面是采用沥青混凝土路面，路面附着系数设为 0.6。在仿真路面中必须确保所有车辆能行驶的区域都有 patches 覆盖，否则会出现路面不连续，造成车辆行驶颠簸或停止现象。

(4)交通量场景仿真

将处理后的地形、道路模型和路面铺装生成的文件导入模拟舱 Scenario

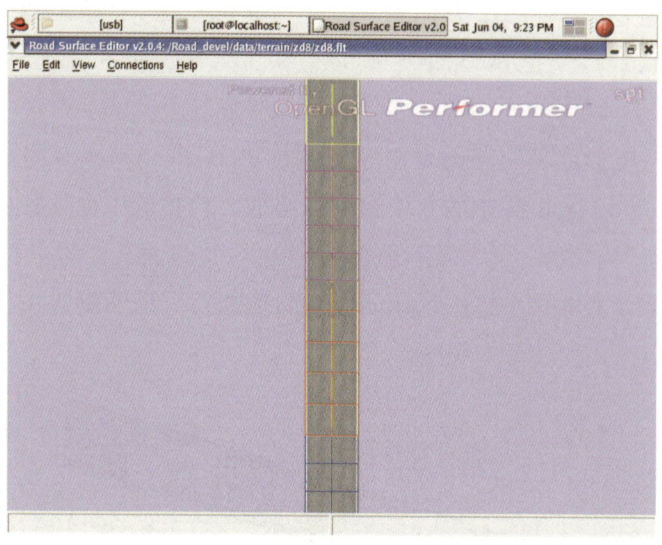

图 10-2 用 Road surface 进行路面铺装

Builder 中，根据试验路段设计通行能力交通量特性需求，如交通流量、交通密度、运行速度等在模拟仿真道路上进行交通量加载，并用 Lisp 语言编程，订制出加载车辆的运行轨迹和加载车辆遇到其他车辆时各种可能的行驶特性，即可仿真得出模拟驾车的道路交通环境，实现与道路行车相似的道路、交通、环境和驾驶员在驾驶时较为逼真的动态感觉。图 10-3～图 10-5 为轻型高速公路典型道路、交通和环境仿真场景。

图 10-3 轻型高速公路通行能力仿真场景

图 10-4 轻型高速公路横断面仿真场景

2）驾驶模拟舱系统构成及功能

驾驶模拟舱系统由驾驶模拟舱、可视化操作平台 SimPL（包括系统操作平台和系统控制平台)、视频输出系统(包括 4 台场景输出投影仪和屏幕)、音频输出系统等组成,如图 10-6 所示。

图 10-5 轻型高速公路纵断面仿真场景

驾驶模拟舱(cockpit)外部尺寸是 TOYOTA Yaris 车辆的外廓尺寸 3.8m×1.7m×1.5m(长×宽×高)(图10-9),车辆的动力学模型可根据研究需要设置。系统操作平台和控制平台分别由 2 台主机控制,如图 10-7 所示,控制平台是所有远程控制、操作命令、实时监控系统的集合体,通过它可以实现整个系统的启动、运行、错误信息显示、实时监控、故障诊断等功能,并通过动态处理过程将软件的指令转化成数字信号,然后对信号进行转换、放大,实现对驾驶模拟舱的控制。由于在 4 个车轮处加入了电控系统,这样通过操作平台就可以很精准地实现车辆在运行的道路场景中平、纵、横方向上的差异产生相应幅度的振动,实现与真实道路上相同的振动感[1],如图 10-8 所示。

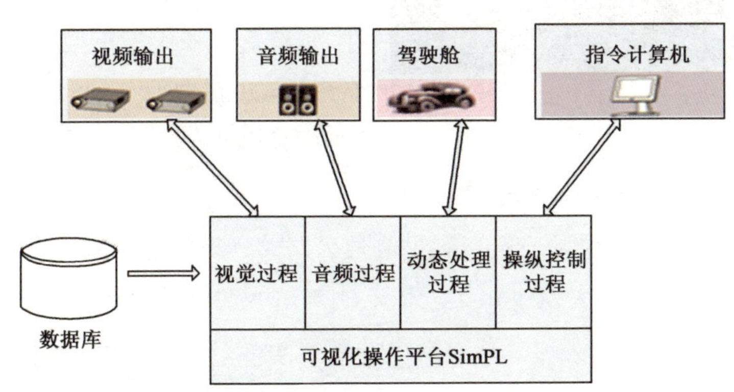

图 10-6 驾驶模拟舱系统组成

另由 4 台主机分别控制驾驶员前方、左侧、右侧、后方道路、交通和环境的场景信号,通过 4 台投影仪输出到 140°水平视野和 40°垂直视野的屏幕上;两个后视镜由剩余的 2 台主机控制,通过 3.25 英寸的液晶显示屏输出道路、交通和环境信息。声频输出设备包括车辆的喇叭,用来模拟发动机、车辆运行过程中的振动以及道路上的其他声音的声频设备等，使车辆在制动、鸣笛、转弯、发生各类碰撞时能模拟发出相应的声音，增加了在模拟舱中驾车的真实性。

图 10-7　操作平台和控制平台

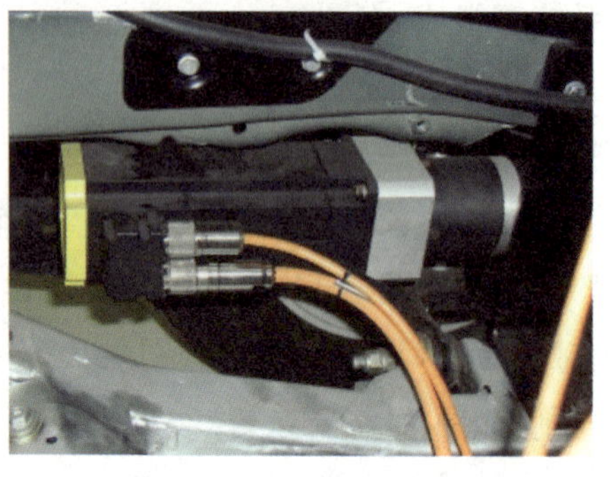

图 10-8　振动系统

图 10-9　驾驶模拟舱试验车型

3）高速公路仿真模拟内容

要验证轻型高速公路的技术指标、标准在实际通车运行后对驾驶员驾驶的安全舒适性是否可靠，我们仿真模拟了轻型高速公路的几何条件、交通条件、环境条件和代表车型车辆的动力性能特性，并在北京工业大学 Auto Sim 模拟舱试验平台上实现了轻型高速公路关键技术指标标准的仿真模拟再现。

试验车辆的外廓尺寸应符合轻型高速公路的标准设计车型。本试验采用的试验代表车型为德国大众 golf 汽车，车辆外廓尺寸为 5.6m×1.81m×2.2m（长×宽×高），与轻型高速公路标准设计车型 6m×1.8m×2m（长×宽×高）基本一致，如图 10-9 所示。

根据试验目标，随机选取 12 名以上身体健康、驾车反应正常、技术熟练的被试驾驶员，包括了不同性别、年龄、驾龄以及职业，视力正常或矫正正常的驾驶员，驾驶时休息良好。图 10-10 所示为被试驾驶员在驾驶模拟舱系统进行驾车试验。

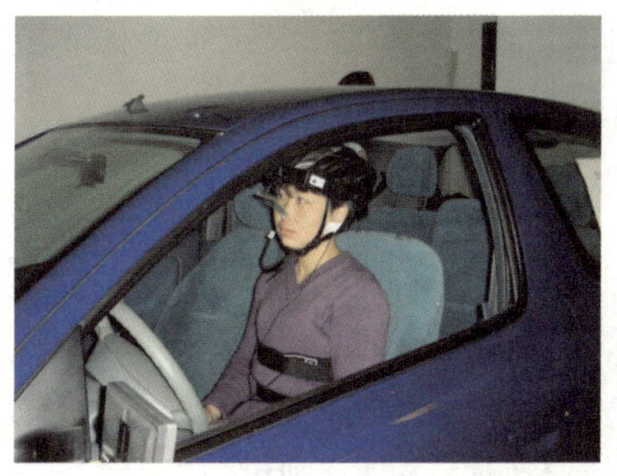

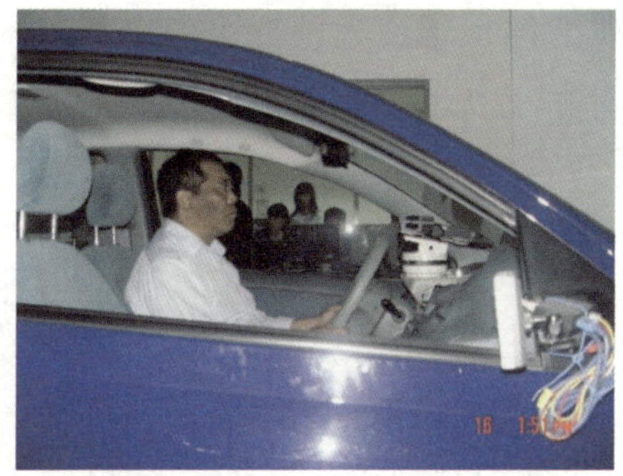

图 10-10 驾驶模拟舱被试驾驶员驾车试验

10.1.2 高速公路仿真模拟与现实

虽然驾驶模拟舱试验平台具有很多优点和研究优势，但由于室内试验条件和驾驶模拟舱场景开发技术等的限制，使其与真实试验环境相比具有一定的差异，使得在驾驶模拟舱试验得到的试验数据与真实的道路场景试验数据具有差异，需要通过室内外相同试验条件得到的试验数据结果的差异对比分析结果，对轻型高速公路室内试验数据进行修正，才能使室内试验结果更加接近现实。

本研究通过相同道路、交通条件的室内外驾驶对比试验，对室内外试验的驾驶工作负荷差异进行比较与分析，找出其差异特征规律，对驾驶模拟舱试验得到的驾驶工作负荷结果进行修正。

1)试验样本量

试验样本及样本量的选择是保证试验结果可靠的一个重要环节，但无论是全面调查还是抽样调查，样本产生的误差都是不可避免的。通常人们在研究实践中采用调整样本量和改进抽样技术的方法来减少试验误差，提高研究精确度。

本研究采取随机抽样调查的方法。随机抽样调查是一种非全面性的调查，它是从总体中随机抽取一定数量的观察单位组成样本，然后用样本结论推测总体情况，即用样本指标估计总体参数。随机抽样调查虽然比普查的观察单位少，但由于选择样本具有代表性，因而省时省力，并可获得较为深入、细致、精确的资料。根据人的生理心理学认知试验方法，随机抽取被试驾驶员的样本量至少应为 12 人。本次试验随机选取了身体健康、驾车反应正常、驾驶技术熟练的被试驾驶员共 14 名。驾驶员均在试验前随机取定，且视力均正常或矫正正常，无腰腿病史，也无心血管病史，驾驶时休息良好，没有服用药物。

2）试验设备及仪器

（1）驾驶模拟舱

开发了与室外环境相同的一段道路、交通和环境仿真模拟场景，在仿真试验中，采用驾驶模拟舱实时记录车辆在每一时刻的运行状态，包括速度、三维坐标、车辆行驶时挡位和车辆离道路中线距离等参数值，同时驾驶模拟舱系统实时记录车辆运行前方的道路、交通和环境特征。

（2）试验仪器

①动态多参数生理检测仪

室内外驾驶试验时驾驶员均佩戴 KF2 型动态多参数生理检测仪，仪器如图 10-11 所示，用于检测记录驾驶员行车过程中驾驶时序的驾驶工作负荷度参数——LF/HF 生理心理特征信号，仪器参数数据采集频率为 60 次/s，误差小于 3 次/min，实时连续记录时间不小于 24h。

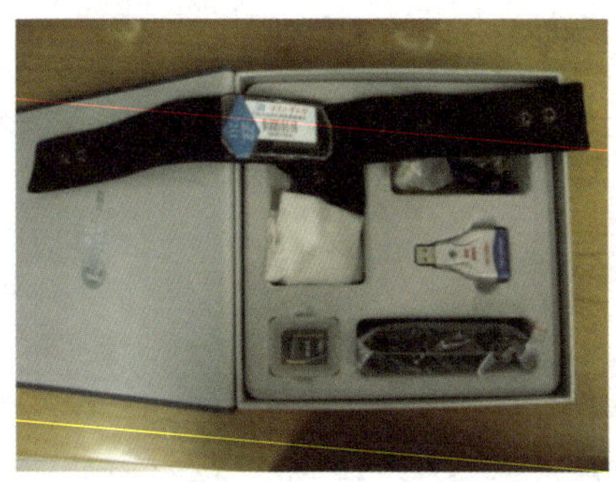

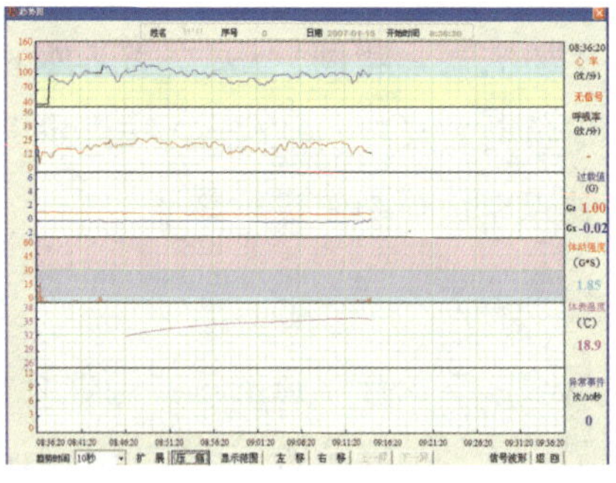

图 10-11　动态多参数生理检测仪及数据处理软件

②动态眼动仪

室内外驾驶试验时驾驶员均佩戴 IViewX HED 型动态眼动仪实时记录驾驶员驾车过程中视野范围内的道路、交通和环境信息以及驾驶员注视点分布信息等，仪器如图 10-12 所示。仪器参数数据采集频率为 50Hz，眼动捕捉范围为水平方向±30°，垂直方向±25°，眼动追踪解析度 0.1°；视线焦点精确度为0.5°～1.0°。

图 10-12　动态眼动仪

③动态 GPS

室外试验时试验车辆配置动态 GPS，单点记录车辆运行速度和空间位置等被试车辆行驶状态数据，其中空间位置数据可结合道路设计文件分析车辆所在位置的道路条件。仪器如图 10-13 所示，仪器参数数据采集频率为 10Hz，运行速度精度为 0.03m/s，三维坐标数据误差小于 0.45m。

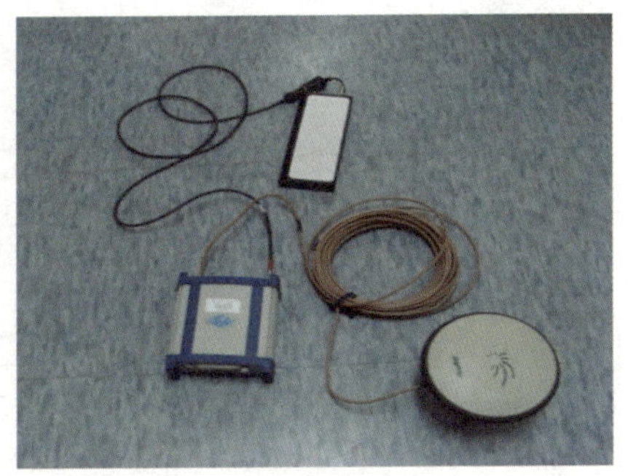

图 10-13　动态 GPS 设备

④其他试验设备

室外试验还使用相机、录像机等电子记录设备，用于追踪拍摄试验过程中的关键信息场景，为后期数据分析提供必要的信息支持。

3)室内外驾驶工作负荷试验差异性分析

驾驶员在室内外相同的道路、交通和环境场景中驾驶时，在内侧车道行驶时的驾驶工作负荷水平随速度增加的变化规律分别如图 10-14 和图 10-15 所示。

分别计算室内外相同道路、交通和环境场景中被试驾驶员的驾驶工作负荷水平的平均值，得到其变化规律如图 10-16 所示。从图中可以看出，驾驶工作负

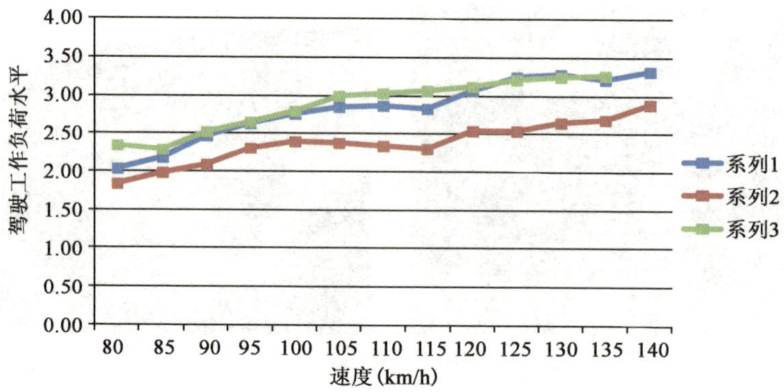

图 10-14　仿真场景驾驶工作负荷水平变化趋势

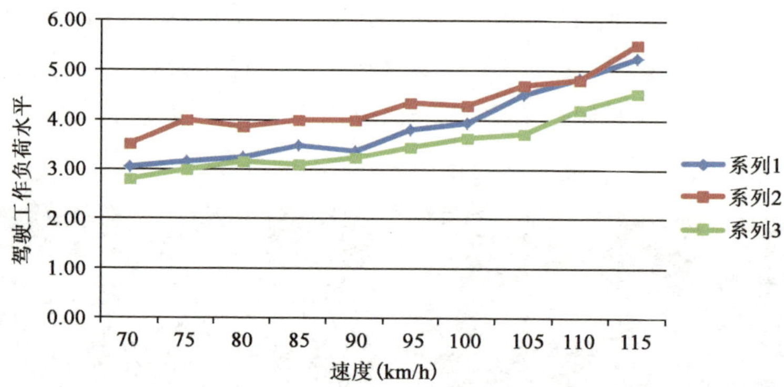

图 10-15　真实道路场景驾驶工作负荷水平变化趋势

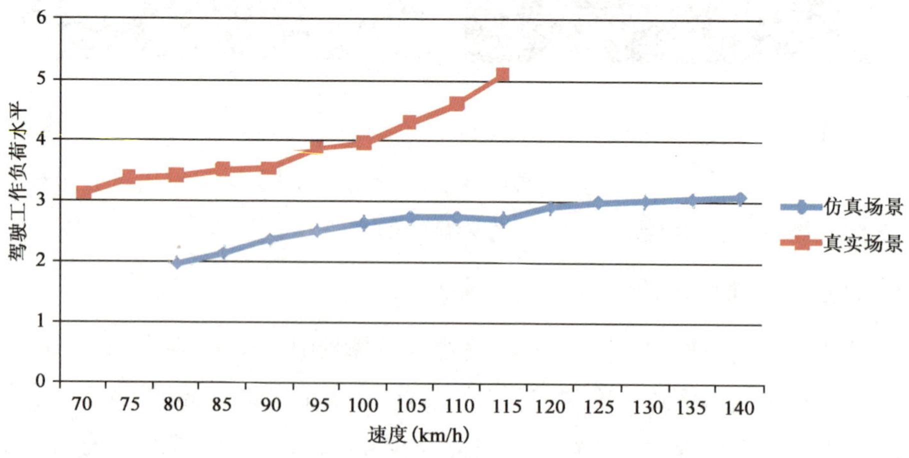

图 10-16　不同场景下驾驶工作负荷水平变化趋势

荷水平与运行速度均呈正相关关系。在速度低于100km/h时驾驶工作负荷水平与速度基本呈线性相关；当速度高于100km/h时，驾驶模拟舱场景内驾驶工作负荷水平升高速度开始减缓，而室外真实道路场景内驾驶工作负荷水平升高速度明显加快。

分别对室内外两种试验环境条件下驾驶工作负荷水平的变化规律进行回归分析，得到在驾驶模拟舱场景内的驾驶工作负荷水平与运行速度的相关关系结果如表10-1和图10-17所示，其回归方程见式(10-1)。

$$A = -3.1 \times 10^{-4} \times v^2 + 0.0786 \times v - 1.972 \tag{10-1}$$

回归方程拟合优度 $R^2 = 0.847$。

在驾驶模拟舱内的回归系数分析　　表10-1

项目	非标准化系数		标准化系数	t	Sig.
	B	标准误差	试用版		
v	0.0786	1.782	3.830	4.407	0.002
v^2	−0.000031	0.009	−2.877	−3.311	0.011
（常量）	−1.9715	83.048		−2.374	0.045

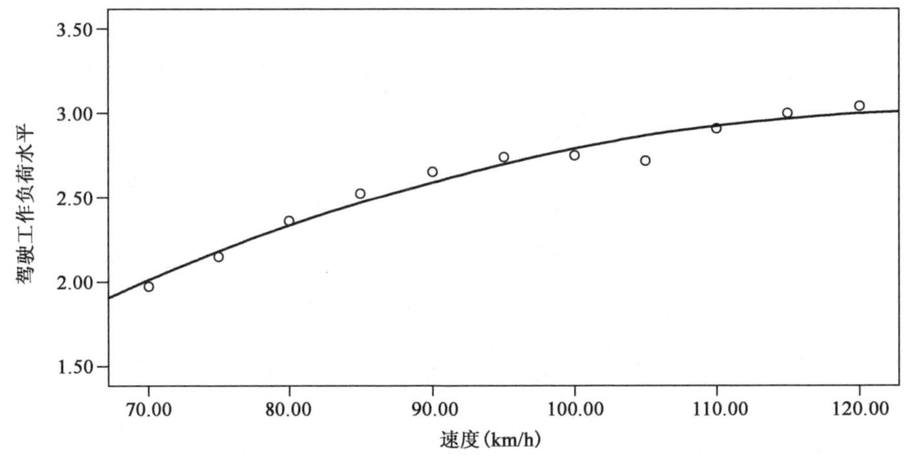

图10-17　在驾驶模拟舱内的回归曲线拟合散点图

在室外真实道路场景内的驾驶工作负荷水平与运行速度的相关关系回归分析结果如表10-2和图10-18所示，其回归方程见式(10-2)。

$$A = 2\times10^{-4}\times v^2 - 0.0046\times v + 2.404 \tag{10-2}$$

回归方程拟合优度 $R^2=0.759$。

在真实道路上的回归系数分析　　表 10-2

项目	非标准化系数		标准化系数	t	Sig.
	B	标准误差	试用版		
速度	−0.004 6	0.058	−0.122	−0.079	0.939
速度²	0.000 2	0.000	1.070	0.699	0.504
（常量）	2.404	2.705		0.889	0.400

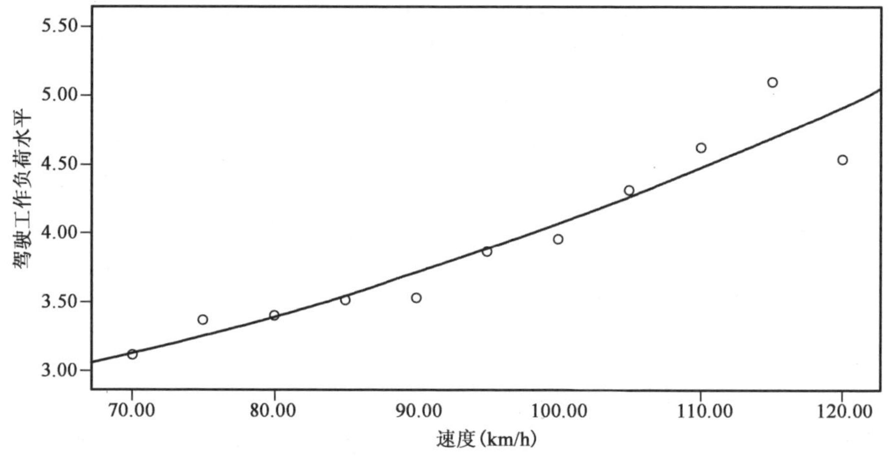

图 10-18　在真实道路上的回归曲线拟合散点图

室内外试验场景下的回归曲线关系如图 10-19 所示。从图中可以看出，在速度约低于 100km/h 时，两种场景下的驾驶工作负荷水平与速度基本呈线性相关；而当速度约大于 100km/h 时，真实场景下的驾驶工作负荷水平升高速度要大于室内场景，此结论与试验结果一致。

根据室内外试验的回归关系式，得到室内外驾驶工作负荷差异性修正算法如式(10-3)所示。

$$\varepsilon(v) = \frac{l_{室内}}{L_{室外}} = \frac{-3.1\times10^{-4}\times v^2 + 0.0786\times v - 1.972}{2\times10^{-4}\times v^2 - 0.0046\times v + 2.404} \tag{10-3}$$

适用范围：$70\text{km/h}\leqslant v\leqslant 140\text{km/h}$。

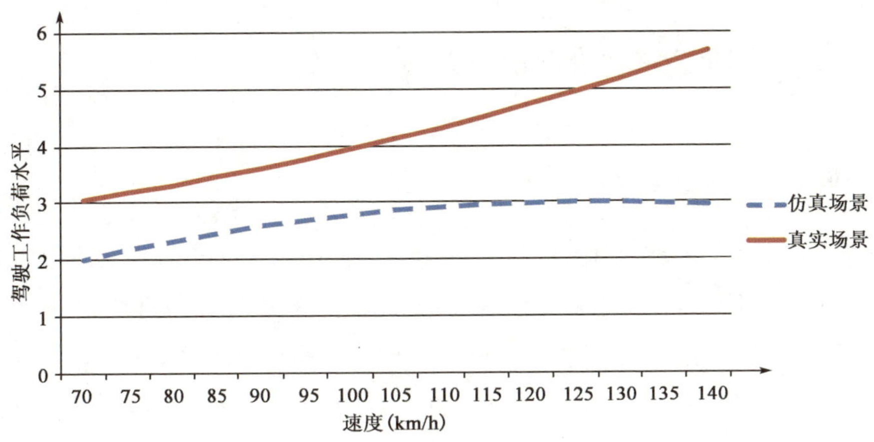

图 10-19 不同场景下驾驶工作负荷水平变化拟合曲线

修正系数曲线如图 10-20 所示。由图 10-20 可见,当行车速度在 70～125km/h 时,修正系数大于 0.6;当速度超过 125km/h 后,修正系数显著降低。

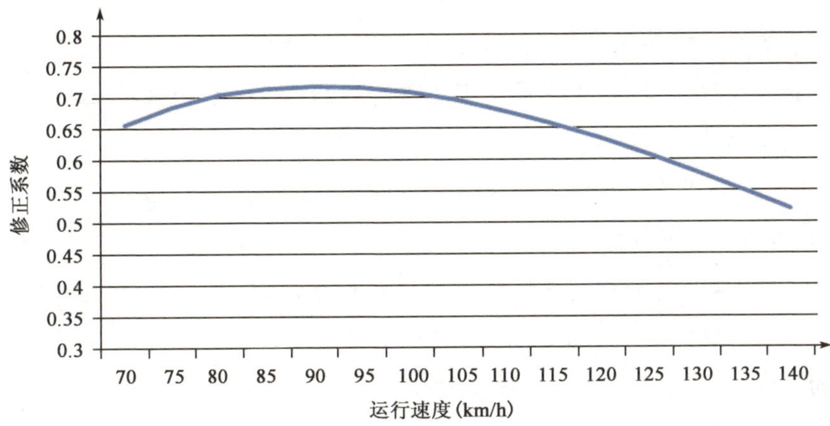

图 10-20 驾驶工作负荷水平修正系数曲线

根据室内外驾驶工作负荷差异性修正算法模型,可以得到室内外场景中不同运行速度下对应的驾驶员驾驶工作负荷水平折减系数,如表 10-3 所示。

室内外驾驶工作负荷水平折减系数 表 10-3

运行速度 v(km/h)	80	100	120	140
折减系数 $\varepsilon(v)$	0.703	0.707	0.633	0.521

10.2　高速公路评价理论与方法

10.2.1　驾驶安全舒适性评价理论

在“驾驶员—车辆—道路—环境”系统中，受道路、交通和环境条件以及驾驶车辆性能的影响，驾驶员通常为最活跃和不稳定且难以控制的因素，因此从驾驶员驾驶行为需求特性角度开展道路安全分析和评价是目前道路和交通工程评价领域内的重点和难点。实际上，驾驶员在一定的道路、交通和环境条件下进行驾驶活动时，其驾驶安全性和舒适性与诸多因素有关。本研究通过驾驶员在驾驶过程中的安全性和舒适性形成机理分析，基于驾驶员驾驶工作负荷和驾驶行为稳定性，提出一套驾驶员驾驶安全舒适性评价理论。

1)驾驶安全舒适性与驾驶工作负荷

轻型高速公路系统的用户是机动车驾驶员，道路系统的设计者若能了解驾驶员的行为特征需求，就更容易实现道路产品的“人性化”设计，满足驾驶员驾驶的安全舒适性需求。研究驾驶员的行为特征需求首先应研究驾驶员是如何获取、使用道路交通信息并指导控制驾驶过程的，即驾驶员的认知过程。

(1)驾驶员认知过程

> “认知是驾驶员理解和获得知识的过程，从信息加工的观点来看，认知就是信息加工，就是驾驶员对信息的接受、编码、操作、提取和使用的过程，包括感知觉、注意、记忆、思维等。认知可以分解为一系列阶段，驾驶员的认知过程可以分解为感知、思考决策和操纵三个基本过程。”

行车时，驾驶员通过视觉、听觉、动觉、振动觉和平衡觉等感觉器官接受来自车内外的各种信息，包括道路信息、车辆信息、交通和环境等信息。驾驶员在行车过程中最重要的感官是视觉，它是驾驶员获取信息及识别信息的主要手段，给驾驶员提供约 80％的信息。听觉提供驾驶员交通指令和车辆运行情况等信息，动觉提供驾驶员身体位置运动方向和速度变化等信息。

驾驶员感官对外界信息的刺激会有短暂的记忆，记忆会把刺激信息按基本样式记录下来。驾驶员根据自身条件(包括生心理条件、驾驶经验和安全态度)和驾驶任务的要求,通过选择性注意,将驾驶所需信息传入大脑中枢神经系统接受进一步的加工,其他道路、交通和环境信息(可称为道路信息冗余)则会随时间的流逝而消失。被选取的信息进入知觉阶段并被整合和归类,形成短时工作记忆,由工作记忆完成相应的思考、判断和决策。工作记忆完成决策后,驾驶员选取并采取适当的反应动作来实现驾驶操作决策。操作完成后,驾驶员同时会根据道路、交通、环境和车辆的运行状况,不断接受信息,调节自身驾驶行为以适应新的道路、交通和环境信息的要求,这些反应成为新的信息输入,由此不断往复形成驾驶员的驾驶认知过程系统,如图 10-21 所示。

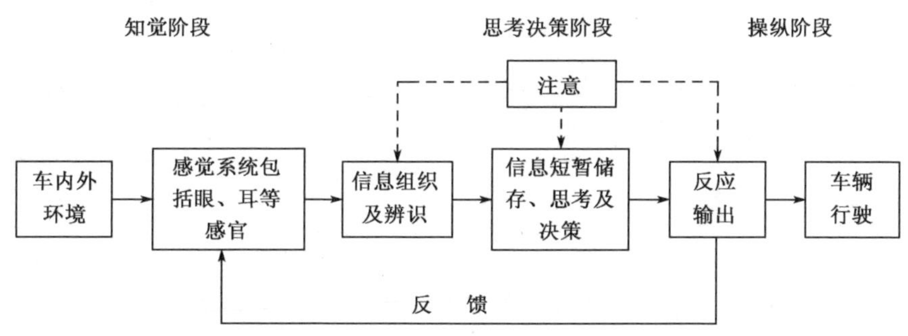

图 10-21　驾驶员驾驶认知过程系统

(2)驾驶工作负荷

在驾驶员的驾驶认知过程中,由于知觉与思考决策通道容量的有限性和人体的稳态需求,使驾驶员的驾驶工作能力受到限制。驾驶员对道路交通安全的驾驭是通过大脑这个中央控制器官进行的,大脑的信息容量和处理能力是有限的,也就是具有一定的处理事件的能力范围,它与机械的工作负荷原理相类似,因此我们将驾驶员的驾驶工作能力称为"驾驶员的驾驶工作负荷(Driver workload)",由此根据驾驶员动态驾驶工作特性引入"驾驶工作负荷"的概念。

"驾驶员驾驶工作负荷是指驾驶员在道路上驾驶车辆时,道路、交通和环境条件对驾驶员施加的工作任务和频率而产生的在精神和体力压力下支撑驾驶工作的信息道能力。本研究的驾驶员驾驶工作负荷主要是指驾驶员的脑力负荷,驾驶员在行车过程中完成驾驶任务需要不断地进行信息采集、加工处理、决策、反应以及操纵,由此产生的精神压力即为驾驶员的驾驶工作负荷。[5]”

驾驶员的驾驶工作负荷与驾驶员自身生理心理特性、驾驶经验、驾驶行为、驾驶安全态度以及道路、交通和环境条件有关。相同道路、交通和环境条件下，由于驾驶员的生理心理特征、驾驶经验、驾驶行为、驾驶安全态度不同，驾驶员驾驶相同车辆的工作负荷不同；驾驶员的工作负荷与输入的知觉信息量有关，不同行车环境具有不同的信息量，同一驾驶员在不同运行环境条件下的驾驶工作负荷和驾驶安全舒适性也不相同。

2)驾驶工作负荷评价方法

不同学者提出了大量的工作负荷评价技术，虽然有些技术能满足许多标准，但能满足所有标准的技术却十分罕见。这些工作负荷评价技术可分成四个大的类别：主任务测量、剩余能力的次任务测量、生理心理测量和主观评定技术。根据驾驶员驾驶特性和测量的可能性，本研究选取主任务测量、生理心理测量和主观评定技术。

(1)主任务测量与评价指标

主任务测量法以操作绩效作为评价值。在驾驶仿真试验室中进行的驾驶工作负荷的测量，一般以驾驶运行轨迹、驾驶员操作失误数、速度和反应时间作为主任务测量的评价指标。在室外，主任务测量的指标主要是采用汽车运行速度和加速度。在不同的研究任务中，它们的权重系数不同。例如，道路线形主任务测量是对道路线形绩效的检验，以设计速度驾驶时车辆偏离道路中心的距离为评价标准。

(2)生理心理测量与评价指标

> “研究发现，一个人的精神负荷变化时，与之相关的生理心理量指标也会发生变化。对操纵者的认知活动进行生理心理测量是一个实时、客观的过程，其优势在于能从低工作负荷到高工作负荷的较宽范围内提供敏感性高的总体评价。[7]”

道路、交通和环境系统给驾驶员驾驶工作带来的各种负荷由驾驶员的不同器官来承担。其中，感觉器官承受着感知过程形成的精神和体力负荷，中枢神经系统承受着精神负荷，运动器官承受着体力负荷。随着负荷的变化及积累效应，驾驶员身体的各种器官将产生一定的应激反应。这种反应会体现在驾驶员行为、身体的生理和心理信号上。

根据现有的生理心理测量技术和道路条件的研究需要，通过对驾驶员佩戴动态脑电仪、眼动仪、心电仪、皮电仪和血压计等生理心理检测仪器，在室内外道路、交通和环境的试验研究中我们发现：汽车驾驶员驾驶工作负荷的变化与驾驶员驾驶工作时的脑电、动态视觉、体位与心电、呼吸、皮肤电、血压、语言和驾驶行为等多种生心理和行为参数指标同步发生，因此可通过驾驶员的生理心理和驾驶行为特征来表征和获取驾驶员驾驶工作负荷。

实时记录驾驶员在驾驶工作过程中的舒适性生理心理检测指标有：动态视觉指标、动态 EEG 指标、心电指标、呼吸电指标、皮肤电指标等。通过大量文献查阅和试验验证，研究得到能够表征驾驶员驾驶安全舒适性的常用生理心理指标有以下两种。

①心率变化分析[7][8]

“心率是 1min 心脏完成跳动的次数，也是血液进行循环的次数。正常成年人在静止状态下的心率约为 70 次/min，在日常生活中，因紧张、激动或疲劳，人的心率会出现加快或减缓的现象，随着情绪状态的消失，心率恢复正常。

身体各外部感受器(视觉系统、听觉系统、触觉系统等)和内脏感受器将所接收的外部刺激传到中枢神经系统，然后神经系统反馈出相应的激素，并对心肌细胞的生物电活动和生理特性产生明显的影响，从而影响到心率的快慢变化。”

“驾驶员在认知过程中，生理、心理产生的相应变化会通过驾驶员心率的变化反映出来，心率是一个评定驾驶员工作负荷的敏感指标，心率增加与工作负荷的增加有关。

驾驶员性别、年龄、个体等之间的差异以及驾驶员在吸烟、饮酒、睡觉等不同生理状态下，其心率也会出现相应的变化。而在驾驶过程中，特别是在信息负荷大、操纵要求复杂时，心率会显著增加，驾驶员在情绪应激的时候会伴随有高的心率反应。连续的心率检测能为不同行车阶段的工作负荷评定提供不间断的数据信息。”

②心率变异性(HRV)分析

心率变异性(HRV)是指连续窦性心跳间期(瞬时心率)的微小涨落。在心率微小波动(HRV)的信号中蕴含着有关心血管调节的大量信息。许多研究表明,健康人的心率即使在安静状态下也是有涨落的,而不是恒定不变的。在一连串的心搏中,频率有时快有时慢,心脏每搏间期(RR 间期)一般有几十毫秒的差异,构成一定节律的变化,这就构成了心率变异性的基本内容。

HRV 是研究交感神经及迷走神经之间平衡状态的一种简单、有效的检测方法。HRV 的频域分析即功率谱分析法,是把一定时间连续 RR 间期值经快速傅立叶变换(FFT)或自回归分析,得到以频率为横坐标,功率谱为纵坐标的心率功率谱,它提供了能量随频率变化分布的基本信息。其中,HRV 的高频段功率值 HF(0.15～0.40Hz)反映心脏迷走神经的活性,低频段功率值 LF(0.04～0.15Hz)反映交感神经的活性,LF/HF 反映了交感和迷走的平衡状态,LF/HF 值的波动情况能反映交感神经活动的强弱,LF/HF 值的增加反映了交感神经兴奋性增强。

HRV 指标也可以用于驾驶疲劳的评价。疲劳程度增大,人体的作业能力有下降趋势,而作业难度没有变化,即人体所受的精神负荷没有减轻,为了完成作业任务,维持作业能力,就必须付出更大的精力,神经紧张性加强,从而导致交感神经活性增大,体现为 LF 和 LF/HF 显著上升。

因此,心率变异性功率谱主要指标如 LF、HF、LF/HF 是精神负荷敏感的指标,可用于定量评估驾驶员工作负荷水平及驾驶疲劳。

③主观生理心理测量与评价指标

虽然生理测量指标具有客观性和实时性,但其不足之处在于缺乏特异性。脑力负荷的变化会引起某些生理指标的变化,但是其他环境因素的改变也可引起这些生理指标的改变。因此在进行驾驶员驾驶工作负荷评价测量时,应结合主观和客观评价方法同时进行测量考评。

对于驾驶工作负荷的主观评定方法,就是让驾驶员陈述驾驶过程中的脑力负荷体验或根据这种体验对驾驶过程中自身身体的舒适程度进行质的分类或量的评估，其理论基础是操作者脑力资源的占用与个人努力程度是相关的，并且这种努力程度可由操作者准确表达。

在驾驶工作中，为进一步考证和量化驾驶员驾驶的安全舒适性分级，我们通过驾驶员的主观测评确定驾驶员的工作负荷分级，将驾驶员驾驶工作负荷分为三级：高工作负荷（不舒适）、正常工作负荷（舒适、较舒适）和低工作负荷（不舒适），具体分级描述如表10-4所示。驾驶员通过量表的分级描述，对自己在驾驶过程中出现的状态进行驾驶工作负荷水平评定。本量表能简单、清晰、准确地描述驾驶员在不同状态下的生理、心理状态。

驾驶安全舒适性分级标准 表10-4

驾驶工作负荷水平	驾驶舒适度	量表描述
正常工作负荷	舒适	处于顶峰状态：感觉有活力、清醒、警觉、驾驶操纵自如、反应快速； 处于非顶峰状态：能够集中注意力，有警觉，反应及时
较高/低工作负荷	较舒适	清醒，松弛，有响应，没有完全处于警觉状态，能够处理突发状况
高/低工作负荷	不舒适	模糊，松懈，感觉无聊，开始丧失保持清醒的兴趣、驾驶操纵行为缓慢；对道路状况不能完全适应，驾驶操纵忙乱，十分紧张，担心

因此，驾驶员在动态驾驶过程中的心率变异性HRV指标能客观、有效地反映驾驶员的安全舒适性，是汽车驾驶员驾驶工作负荷的敏感指标，可以定量描述汽车驾驶员驾驶工作负荷。

（3）驾驶工作负荷的评价方法

在研究试验中，我们发现驾驶员的驾驶工作负荷随车辆运行速度、道路、交通和环境条件而变化，这种变化体现出不同驾驶员的驾驶工作负荷变化具有共性；而由于驾驶员的个体生理心理水平差异，其变化幅度和紧张范围各不相同，即驾驶工作负荷具有个体差异。为了消除这种差异，我们采用驾驶员自身的驾驶工作负荷心率变异性指标差值有效去除因驾驶员个体不同而造成的驾驶工作负荷差异，因此得到驾驶工作负荷水平计算模型如式（10-4）所示。

$$l_{ijt} = A_{ijt} - A_i \tag{10-4}$$

式中：l_{ijt}——第 i 个驾驶员第 j 次试验 t 时刻的驾驶工作负荷水平；

A_{ijt}——第 i 个驾驶员第 j 次试验 t 时刻的驾驶工作负荷LF/HF；

A_i——第 i 个驾驶员保持静止状态下的驾驶工作负荷 LF/HF。

根据统计学相关理论，试验数据过程处理时采用试验样本量的百分位数 p 能够有效去除极端值对试验结果的影响。本研究采用 90 百分位数 p_{90} 表征驾驶员在自由流条件下的驾驶工作负荷水平，以满足试验样本量中 90% 的驾驶安全舒适性；考虑交通量的影响，采用 85 百分位数 p_{85} 表征驾驶员在交通环境为一级服务水平时的驾驶工作负荷水平，以满足试验样本量中 85% 的驾驶安全舒适性。

3）驾驶安全舒适性与驾驶行为稳定性

驾驶行为稳定性是指驾驶员在驾驶工作中车辆行驶状态的稳定性，它可通过车辆行驶轨迹和运行速度状态来表征。

驾驶员驾驶的安全舒适性能够通过驾驶车辆行驶状态的稳定程度来表征。当驾驶员在道路、交通和环境中进行驾驶工作能够获得驾驶安全和舒适感时，驾驶员的精神行为状态就能够保持相对稳定状态，使驾驶的车辆在运行速度和行驶轨迹等方面呈现稳定性；当驾驶员在道路、交通和环境条件中获得的安全舒适性较差时，就会产生紧张、疲劳、烦躁等一系列消极的驾驶情绪或态度，从而导致驾驶精神状态异常，驾驶车辆在运行速度和行驶轨迹等方面不稳定甚至失控，产生交通安全隐患。

因此，通过驾驶员的驾驶行为稳定性分析，可以对轻型高速公路设计技术指标的安全舒适性进行客观而合理的分析与评价。

4）驾驶行为稳定性评价方法

（1）驾驶行为稳定性评价指标

在驾驶模拟舱试验中，试验设计使驾驶员受到的外界约束影响仅由车辆运行速度和行车道横断面指标变化引起。试验中发现：驾驶员稳定地在一条行车道上行驶过程中，当无超车、无其他车辆干扰的情况下，其车辆行驶轨迹一般呈现出正弦或余弦波曲线变化趋势。当车辆运行速度提高到一定速度后或行车道断面宽度指标降低到一定值后，驾驶员的工作负荷随之增大，表现出的驾驶行为也会越来越不稳定。因此，采用车辆行驶轨迹的曲线波幅变化能够表征驾驶行为稳定性程度，其定量指标可采用车辆的横向摆动幅度。

车辆横向摆动幅度是指在驾驶工作过程中，驾驶车辆以一定运行速度在一定的行车道上匀速行驶时，车辆在道路横向范围内波动幅度的最大值，以下简称为车辆摆动幅度。车辆摆动幅度随着车辆运行速度和行车道横断面指标的变化而发生变化。运行速度越高，车辆摆动幅度的周期越长，且摆动幅度随之增加。车辆摆动幅度能够有效反映出驾驶员对道路、交通和环境条件的适应程度，表征驾驶行为稳定性。

车辆摆动幅度与驾驶行为稳定性关系具体表现为：当车辆摆动幅度小于行车道宽度时，驾驶车辆能够保持相对稳定的状态正常行驶；而当车辆摆动幅度大于行车道宽度时，驾驶车辆会压线行驶或占用相邻车道行驶，甚至可能刮蹭护栏或其他并行车辆，造成交通安全隐患。

(2)驾驶行为稳定性评价方法

在驾驶工作过程中，驾驶行为稳定性能够反应驾驶员对道路、交通和环境条件的安全舒适性，其评价指标为车辆摆动幅度。车辆摆动幅度计算模型如式(10-5)所示。

$$d_{ijT} = \max(D_{ijT}) - \min(D_{ijT}) \tag{10-5}$$

式中：d_{ijT}——第 i 个驾驶员第 j 次试验时在第 T 个波动周期内的驾驶车辆摆动幅度(m)；

D_{ijT}——第 i 个驾驶员第 j 次试验时在第 T 个波动周期内的驾驶车辆的横向坐标。

为去除车辆摆动幅度数据中极端值的影响，本研究在自由流驾驶和交通量影响条件下均采用 95 百分位数 p_{95} 表征试验的车辆摆动幅度，以满足试验样本量中 95％的驾驶员驾驶的安全舒适性。

10.2.2 轻型高速公路安全舒适性仿真评价技术

本研究采用仿真模拟技术对轻型高速公路通行能力、纵断面和横断面设计关键技术指标的安全舒适性进行评价，评价采用的技术方法如下。

1)轻型高速公路通行能力安全舒适性评价方法

根据驾驶模拟舱的实际功能和基于车辆运行安全性的考虑,研究采用车头间距和车辆摆动幅度两个指标对各通行能力方案进行安全性分析与评价。

(1)车头间距

车头间距指在同一车道上行驶的车辆队列中,两连续车辆车头端部间瞬时的距离,是评价交通流安全的一项重要指标。通过车头间距与停车视距的对比,能够判断交通流的安全状态。

①车头间距

驾驶模拟场景内交通流车辆在试验场景内设置为均匀分布,车头间距计算公式如式(10-6)所示。

$$S_N = \frac{1\ 000}{N} \tag{10-6}$$

式中:S_N——车辆运行速度(m);

N——交通密度(pcu/km)。

②停车视距

根据道路设计理论,车辆停车视距计算公式如式(10-7)所示。

$$S_T = \frac{v \times t}{3.6} + \frac{v^2}{254(\varphi + \Psi)} \tag{10-7}$$

式中:S_T——停车视距理论计算值(m);

v——车辆运行速度(km/h);

t——驾驶员采取制动措施的反应时间,取值为 2.5s;

φ——路面附着系数,取值为 0.6;

Ψ——道路纵坡坡度,取值为 0.3%。

根据式(10-6)和式(10-7)可计算得到轻型高速公路各通行能力方案下的车头间距与停车视距的理论计算结果,如表 10-5 所示。

(2)车辆摆动幅度

车辆摆动幅度为评价驾驶员在设计的交通流条件下驾驶安全舒适性的评价指标。根据研究成果,当车辆摆动幅度低于对应的不舒适阈值为 1.2 时,则认为研究方案可行;否则,方案不可行。

车头间距与停车视距理论计算结果　　表 10-5

行车道宽度(m)	通行能力(pcu/h·ln)	运行速度(km/h)	车头间距(m)	理论停车视距(m)
3.5	2 200	63	28.64	69.79
	2 150	55	25.58	58.04
	2 050	47	22.93	47.13
3.25	2 000	52	26.00	53.85
3.25	1 950	42	21.54	40.74
3.0	1 800	40	22.22	38.28
2.8	14 750	37	21.14	34.68
	1 600	35	21.88	32.34

2)轻型高速公路横断面安全舒适性评价方法

驾驶员的驾驶工作负荷和驾驶行为稳定性两类指标都能表征其驾驶的安全舒适性。在一定的驾驶安全舒适性状态下,驾驶工作负荷与驾驶行为稳定性的变化密切相关。

驾驶工作负荷与驾驶行为稳定性具有相关性的原因,主要有以下两个方面:第一,从驾驶员自身角度讲,驾驶工作负荷的高低与驾驶员的驾驶精神状态变化一致,并直接反映出驾驶员的判断、决策和对车辆的控制能力,通过驾驶行为稳定性表现出来;第二,驾驶工作负荷和对应的驾驶行为稳定性都是由车辆运行状态,道路、交通和(或)环境条件的变化引起,二者变化的影响因素具有一致性。因此在道路交通系统中,驾驶工作负荷与驾驶行为稳定性具有密切的相关关系,其对应的量化指标驾驶工作负荷水平和车辆摆动幅度也同样具有相关性。

本研究主要通过驾驶工作负荷水平和车辆摆动幅度两个指标来分析和评价轻型高速公路行车道断面设计技术指标方案能否满足驾驶员驾驶的安全舒适性,评价采用如下原则:

(1)当驾驶工作负荷水平和车辆摆动幅度均低于对应的不舒适性阈值时,设计技术指标方案能够满足驾驶员驾驶的安全舒适性要求,则设计技术指标方案具有可行性。

(2)当驾驶工作负荷水平和车辆摆动幅度均高于对应的不舒适阈值,或任有一个指标高于对应的不舒适阈值时,则设计技术方案不能满足驾驶员驾驶的安全舒适性要求,研究方案可能具有交通安全隐患,从驾驶安全性角度考虑,认为该研究方案不具有可行性。

3)轻型高速公路纵断面指标安全舒适性评价方法

本研究对驾驶员在轻型高速公路纵断面指标中上坡和下坡时驾驶的安全舒适性进行分析和评价。

(1)上坡坡度坡长限制的安全性评价方法

《公路路线设计规范》(JTG D20—2006)中所规定的坡长是指变坡点间的水平直线距离。为了使研究结论具有可比性,本研究沿用规范中坡长的取值方法,以坡脚变坡点到车辆沿上坡坡度线行驶速度折减一定范围时所行驶的水平距离计算坡长。根据模拟舱内试验所采集到的车辆运行数据,以车辆通过坡脚变坡点时的85%位车速作为上坡起始速度,以车辆行驶至坡度上某一位置的85%位速度折减量作为速度变化量;在每个坡度下可试验得到不同速度下的速度—坡长变化曲线,并绘制速度—坡长曲线;根据速度—坡长曲线,以车辆上坡时的速度折减10～20km/h为安全舒适性标准范围来确定不同速度下轻型高速公路的纵坡坡度与坡长限制值。

(2)下坡坡度安全性评价方法

从行车安全方面考虑,纵坡的设置既要满足车辆行驶的需要,又要保证车辆能够在坡道上安全驻停。采用驻车制动力学的相关理论,对研究代表车型车辆驻停时的安全坡度进行分析评价。

10.3 轻型高速公路仿真模拟评价

10.3.1 轻型高速公路通行能力评价

根据轻型高速公路通行能力研究提出的行车道宽度、运行速度、交通量方案，进行通行能力试验场景开发、驾驶模拟舱室内试验设计；在驾驶模拟舱内模拟正常天气条件对通行能力方案进行试验，采用驾驶模拟舱被试车辆与其他车辆的车头间距、被试车辆运行速度和被试车辆摆动幅度等三个方法对通行能力各方案进行驾驶安全舒适性评价。

1)仿真试验方案

(1)试验路段总体方案设计

试验仿真路段设计为一条城际双向四车道高速公路，场景开发整体示意图如图 10-22 所示。路面类型为沥青混凝土路面，路面附着系数 $\varphi=0.6$；试验路段设计为全长 10km 的直线路段；试验路段纵坡坡度取 0.3%，路拱横坡坡度取 1.5%。横断面示意图如图 10-23 所示，横断面结构参数尺寸如表 10-6 所示。

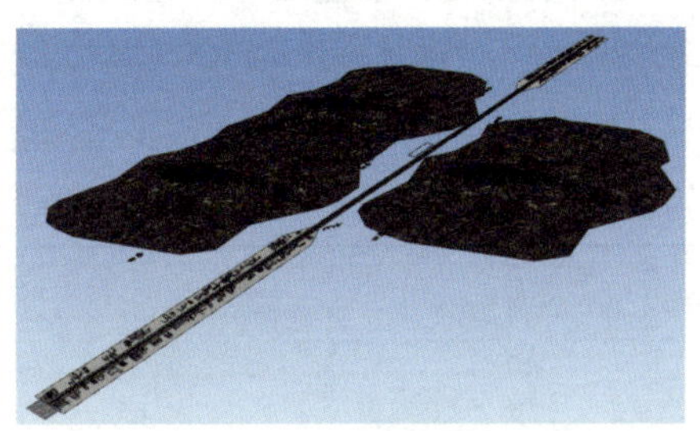

图 10-22　仿真场景整体示意图

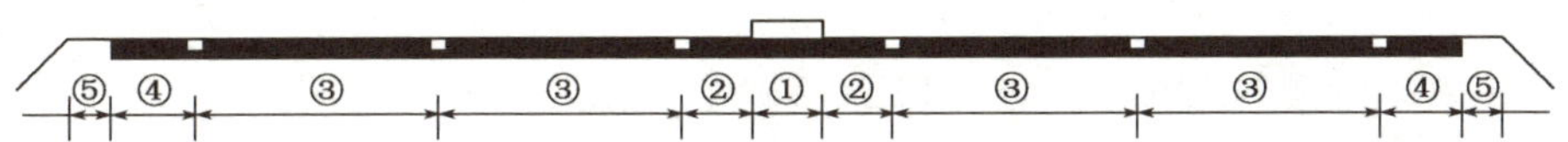

图 10-23　试验段横断面示意图

①中央分隔带；②左侧路缘带；③行车道；④右侧路缘带；⑤土路肩

试验场景横断面尺寸　　表 10-6

横断面参数	中央分隔带①(m)	左侧路缘带②(m)	行车道宽度③(m)	右侧硬路肩④(m)
参数值	1.0	0.5	3.5	1.5

(2)试验场景开发

根据轻型高速公路通行能力研究提出的试验路段方案，在驾驶模拟舱中开发了 8 个不同交通流条件的仿真模拟场景，试验场景总长度为 80km。如图 10-24所示为仿真场景中的交通流行驶状况。

(3)交通量设置

根据经典的交通流理论，交通流量、交通流速度和交通密度关系如式(10-8)

图 10-24　仿真场景中交通流行驶状况

所示：

$$Q = K \times v \tag{10-8}$$

式中：Q——交通流量(pcu/h)；

K——交通密度(pcu/km)；

v——交通流速度(km/h)。

根据通行能力研究方案提出的通行能力和运行速度，计算得到试验交通流密度如表 10-7 所示。

轻型高速公路通行能力试验方案　　表 10-7

行车道宽度(m)	设计速度(km/h)	通行能力(pcu/h・ln)	运行速度(km/h)
3.5	120	2 200	63
	100	2 150	55
	80	2 050	47
3.25	100	2 000	52
	80	1 950	42
3.0	80	1 800	40
2.8	80	1 750	37
	60	1 600	35

根据轻型高速公路设计交通量代表车型特性，在驾驶模拟场景中添加轻型车辆，实现轻型高速公路在设计交通流状态下的车流密度。试验过程中，除被试车辆外，其他模拟车辆在单车道为均匀分布，被试车辆驾驶员按照设计的交通流速度进行跟驰驾驶，图 10-25 所示为试验场景片段。

(4)被试驾驶员选定

随机选取了 14 名身体健康、驾车反应正常、技术熟练、视力正常或矫正正常、驾驶时休息良好的驾驶员分别进行仿真场景驾驶试验，且所选驾驶员皆无妨碍安全驾驶的疾病及生理缺陷，被试驾驶员基本信息如表 10-8 所示。

图 10-25 驾驶跟驰行为试验场景

试验驾驶员基本信息 表 10-8

驾驶员编号	年龄(岁)	性 别	驾龄(年)
1	45	女	18
2	28	男	6
3	27	男	5
4	28	女	7
5	40	男	11
6	42	男	9
7	38	女	9
8	26	男	5
9	33	男	13
10	37	男	11
11	49	男	28
12	41	男	19
13	27	女	6
14	41	男	20

2)试验方案评价

通过 14 名被试驾驶员在驾驶模拟舱室内模拟驾驶试验,得到 48 个有效试验样本量数据。分别采用车头间距和车辆摆动幅度评价方法对轻型高速公路各行能力试验方案进行驾驶安全舒适性可行性分析,结果表明,虽然各通行能力方案的车头间距低于停车视距的要求，但在驾驶模拟试验场景中被试驾驶员按设计速度驾驶被试车辆行驶的摆动幅度仍然能够保持稳定行驶，试验方案能够满足驾驶员的安全舒适性驾驶需要，试验证明通行能力试验方案具有可行性。

10.3.2 轻型高速公路横断面指标评价

根据轻型高速公路横断面指标研究提出的方案，进行横断面指标试验场景开发、驾驶模拟舱室内试验设计；在驾驶模拟舱内模拟交通量一级服务水平、正常天气条件对横断面指标方案进行试验，采用驾驶模拟舱被试车辆与其他车辆发生的交通事故、被试车辆违章压线和被试车辆驾驶员驾驶工作负荷水平等三个方法对横断面指标方案进行驾驶安全舒适性评价。

1)仿真试验方案

(1)试验路段总体方案设计

试验仿真路段设计为一条城际双向四车道高速公路，路面类型为沥青混凝土路面，路面附着系数 $\varphi=0.6$；试验路段纵坡坡度取 0.5%，路拱横坡坡度取 1.5%；试验路段设计为直线路段，全路段由三个分路段构成：启动加速路段、正常行驶路段和减速路段，如图 10-26 所示。

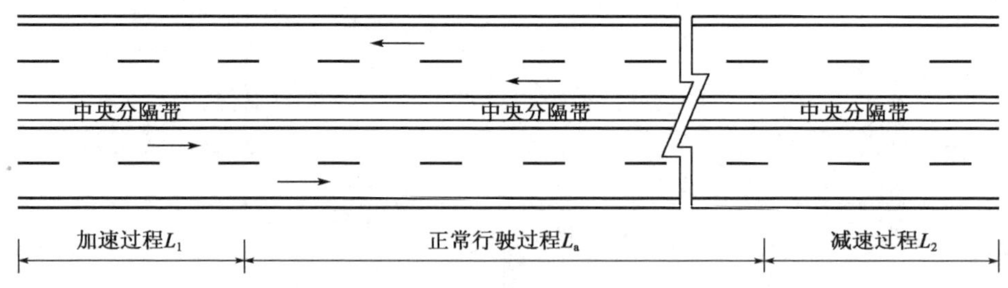

图 10-26 试验路段示意图

试验仿真路段各分路段长度计算依据如下。

启动加速距离 L_1：根据小客车驾驶员启动加速时的舒适性值，取加速度值 $a_1=0.9\text{m/s}^2$，其长度值按下式计算为 840m。

$$L_1=(v_2^2-v_1^2)/25.92a_1=140^2/(25.92\times0.9)\approx840\ (\text{m})$$

正常行驶距离 L_a：试验时驾驶员按设计速度 140km/h 正常行驶至少 3min，

其长度值按下式计算为 7km。

$$L_a = 140 \times 3/60 \approx 7\ (\text{km})$$

减速距离 L_2：按制动距离计算，减速度的舒适性值取 $a_2 = 1.3\ \text{m/s}^2$，其长度值按下式计算为 580m。

$$L_2 = (v_2^2 - v_1^2)/25.92a_2 = 140^2/(25.92 \times 1.3) \approx 580\ (\text{m})$$

试验仿真路段总长度：

$$L = L_a + L_1 + L_2 = 7 + 0.84 + 0.58 \approx 8.5\ (\text{km})$$

基于上述路段长度需求，仿真场景设计长度取 10km。

试验仿真路段两端各 3km 距离内路侧环境景观设置为城市或近郊，如图 10-27所示；中间道路环境景观设为平原区与微丘区交替，如图 10-28 所示。

图 10-27　城市道路景观

图 10-28　平原微丘区道路环境景观

试验仿真路段总体设计图如图 10-29 所示。

(2)试验路段横断面方案设计

试验仿真路段横断面组成如图 10-30 所示，其中，中央分隔带采用分设型 Am 级波形梁护栏，左侧缘石采用齐平式。

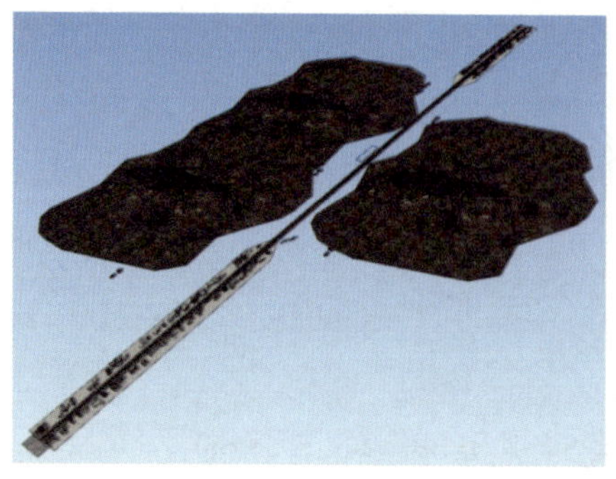

图 10-29　仿真道路场景总体设计图

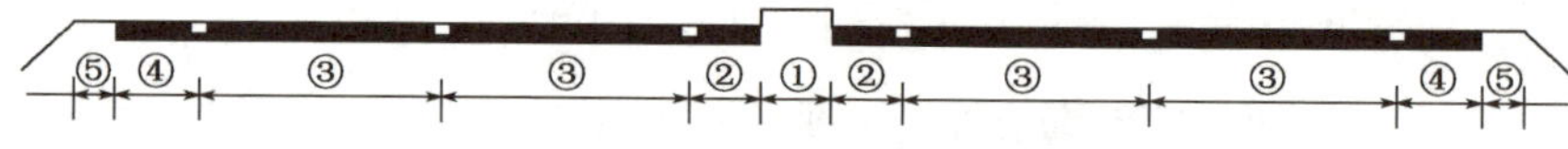

图 10-30　轻型高速公路横断面示意图

①-中央分隔带；②-左侧路缘带；③-行车道；④-右侧路缘带；⑤-土路肩

①行车道宽度

试验仿真路段不同设计速度下横断面行车道宽度设计方案如下。

设计速度 120km/h：3.75m，3.50m，3.25m。

设计速度 100km/h：3.50m，3.25m，3.00m。

设计速度 80km/h：3.25m，3.00m。

驾驶员在仿真场景中进行驾驶试验时，该设计速度也是驾驶员在驾驶时需要控制的实际运行速度。

②中间带

试验仿真路段中间带包括中央分隔带和左、右侧路缘带。中央分隔带的作用有两个方面：一是防止事故车辆进入对向车道后造成二次事故；二是可在分隔带内设置防眩设施，降低夜间行车时对向车辆对驾驶员视觉的影响。小客车驾驶员座椅较低，只要防眩措施得当，中央分隔带宽度不影响驾驶员仿真驾驶。本试验仿真路段中央分隔带宽度设计为 1.00m。

中央分隔带不同形式的护栏对驾驶员在驾驶过程中的安全舒适性会产生不同程度的影响，本试验仿真路段中央分隔带均采用波形梁护栏。

中间带路缘带宽按设计速度 80km/h、100km/h、120km/h 的不同，路缘带宽度按 0.25m 级差增宽。拟定本试验仿真路段左侧路缘带宽度分别为 0.25m、

0.50m 和 0.75m。

③硬路肩宽度

试验仿真路段硬路肩的主要作用有三个方面:保护和支撑路面结构、临时停车和增加行车道侧向余宽。从停车角度考虑,本试验仿真路段右侧硬路肩的宽度取值为 2.50m。

④右侧路缘带宽度

考虑我国驾驶员是在车辆左侧座位上驾驶,在驾驶过程中左侧和右侧路缘带对驾驶员的安全舒适性影响程度不同,试验仿真路段右侧路缘带宽度应适当加宽,按设计速度 80km/h、100km/h、120km/h 的不同,右侧路缘带宽度分别取值为 0.50m、1.00m 和 1.50m。

⑤驾驶模拟试验方案

轻型高速公路横断面设计应以安全舒适性和节约用地为目标。从车辆行驶安全性考虑,行车速度不宜超过 150km/h。从节约用地考虑,行车速度越高,侧向净空要求越大,用地越多。因此,模拟试验只考虑在 140km/h、120km/h、100km/h、80 km/h 四种设计速度下的试验方案,如表 10-9 所示。

轻型高速公路横断面模拟试验方案 表 10-9

设计速度(km/h)	行车道宽度(m)	右侧硬路肩(路缘带)宽度(m)	中央分隔带形式	左侧路缘带宽度(m)
140	3.75	1.5	波形梁护栏	0.75
	3.5	1.5	波形梁护栏	0.75
120	3.75	1.5,1,0.5	波形梁护栏	0.75,0.5,0.25
	3.5	1.5,1,0.5	波形梁护栏	0.75,0.5,0.25
	3.25	1.5,1,0.5	波形梁护栏	0.75,0.5,0.25
100	3.5	1.5,1,0.5	波形梁护栏	0.75,0.5,0.25
	3.25	1.5,1,0.5	波形梁护栏	0.75,0.5,0.25
	3	1.5,1,0.5	波形梁护栏	0.75,0.5,0.25
80	3.25	1,0.75,0.5	波形梁护栏	0.75,0.5,0.25
	3.0	1,0.75,0.5	波形梁护栏	0.75,0.5,0.25

拟定轻型高速公路横断面试验仿真路段的仿真场景方案共计 12 种,具体如表 10-10 所示。

轻型高速公路横断面仿真场景方案　　表 10-10

方　案	行车道宽度(m)	右侧路缘带宽度(m)	中间带宽度(m)		中央分隔带形式
			中央分隔带	左侧路缘带	
方案 1	3.75	1.5	1	0.75	波形梁护栏
方案 2	3.75	1	1	0.5	波形梁护栏
方案 3	3.75	0.5	1	0.25	波形梁护栏
方案 4	3.5	1.5	1	0.75	波形梁护栏
方案 5	3.5	1	1	0.5	波形梁护栏
方案 6	3.5	0.5	1	0.25	波形梁护栏
方案 7	3.25	1.5	1	0.75	波形梁护栏
方案 8	3.25	1	1	0.5	波形梁护栏
方案 9	3.25	0.5	1	0.25	波形梁护栏
方案 10	3	1	1	0.75	波形梁护栏
方案 11	3	0.75	1	0.5	波形梁护栏
方案 12	3	0.5	1	0.25	波形梁护栏

(3)被试驾驶员选定

被试驾驶员与 10.3.1 中通行能力试验被试驾驶员相同。

2)试验结果分析

通过驾驶员在试验仿真路段驾驶模拟仿真试验结果可以看到，不同的道路横断面设计尺寸对驾驶员生理心理的影响各不相同，从而使驾驶员驾驶行为和驾驶工作负荷都产生差异变化。

采用下述三种评价方法对不同设计速度下轻型高速公路横断面设计指标方案的安全舒适性进行分析评价。

(1)交通事故

驾驶员在试验仿真路段按一定速度驾驶时，以是否可能发生交通事故作为判断设计场景安全性和舒适性的最基本条件。在本试验过程中主要的交通事故形态有：刮蹭护栏、车辆并行互相刮蹭、追尾等事故。

(2)违章压线

驾驶员在试验仿真路段驾车行车过程中，长时间压道路中心车行道分界线

(虚线)行驶或压车行道边缘线(实线)行驶都属于违章行为。在试验前,专门对驾驶员介绍在驾驶车辆行驶过程中应尽量在车行道中间位置行驶,尽量避免压线。如果出现长时间压线或频繁压线行为,在排除驾驶员个人原因或其他车辆影响后,可认为该横断面行车道设计宽度不是该运行速度下的安全方案。

(3)驾驶工作负荷水平

通过试验仿真路段驾驶工作负荷水平的试验结果计算和修正后,当驾驶工作负荷阈值大于 2.58 不舒适阈值时,认为驾驶员此时是在高风险横断面条件下进行驾驶,认为该横断面设计方案不是该运行速度下的安全方案。

在有其他模拟交通流影响(一级服务水平)条件下,通过驾驶模拟试验和上述三种评价方法评价得到不同设计运行速度下能满足驾驶员安全舒适性评价标准的轻型高速公路横断面指标如表 10-11 所示。

模拟车辆影响下的横断面安全舒适性设计方案 表 10-11

设计速度(km/h)	车道宽度(m)	左侧路缘带(m)	右侧硬路肩—不停车(m)
140	≥3.50	≥0.75	≥0.75
120	≥3.50	≥0.50	≥0.50
100	≥3.25	≥0.50	≥0.50
80	≥3.25	≥0.50	≥0.50

从节约用地效果考虑,在受车辆影响(一级服务水平)条件下,符合驾驶员驾驶安全舒适性的横断面最节省用地方案如表 10-12 所示。

受车辆影响下最节地横断面设计方案 表 10-12

设计速度(km/h)	行车道宽度(m)	左侧路缘带宽度(m)	右侧硬路肩—不停车 (m)
140	3.5	0.75	1.5
120	3.5	0.5	0.5
100	3.25	0.5	0.5
80	3.25	0.5	0.5

3)结论

通过试验仿真路段驾驶员驾驶安全舒适性的行车试验验证,对理论研究推荐的横断面技术指标进行对比修正。如关于行车道宽度,当设计速度为 100~

140km/h 时，行车道宽度理论研究最小值基本与仿真推荐值一致；当设计速度为 80km/h 时，理论研究行车道宽度最小值比仿真推荐值小 0.25m，故修正 80km/h 设计速度行车道最小宽度，取行车道宽度为 3.25m。关于左侧路缘带，仿真推荐结果与理论研究推荐结果基本一致；右侧硬路肩在不考虑停车情况下，仿真推荐 0.5m 即可，但是考虑硬路肩对行车道路面的湿度控制以及发生交通事故后警车可以从硬路肩上通行的需要，故建议对硬路肩理论研究宽度不作修正。理论与试验详细对比结果如表 10-13 所示。

理论研究与模拟试验结果对照表 表 10-13

<table>
<tr><th>设计速度
(km/h)</th><th colspan="2">说　明</th><th>行车道宽度
(cm)</th><th>左侧路缘带宽度
(cm)</th><th>右侧硬路肩宽度
不停车(cm)</th></tr>
<tr><td rowspan="3">140</td><td colspan="2">仿真推荐</td><td>350</td><td>75</td><td>150</td></tr>
<tr><td rowspan="2">理论研究</td><td>一般值</td><td>375</td><td></td><td></td></tr>
<tr><td>最小值</td><td>350</td><td></td><td></td></tr>
<tr><td rowspan="3">120</td><td colspan="2">仿真推荐</td><td>350</td><td>50</td><td>50</td></tr>
<tr><td rowspan="2">理论研究</td><td>一般值</td><td>350</td><td>75</td><td>100</td></tr>
<tr><td>最小值</td><td>350</td><td>50</td><td>100</td></tr>
<tr><td rowspan="3">100</td><td colspan="2">仿真推荐</td><td>325</td><td>50</td><td>50</td></tr>
<tr><td rowspan="2">理论研究</td><td>一般值</td><td>350</td><td>50</td><td>100</td></tr>
<tr><td>最小值</td><td>325</td><td>50</td><td>100</td></tr>
<tr><td rowspan="3">80</td><td colspan="2">仿真推荐</td><td>325</td><td>50</td><td>50</td></tr>
<tr><td rowspan="2">理论研究</td><td>一般值</td><td>325</td><td>50</td><td>100</td></tr>
<tr><td>最小值</td><td>300</td><td>50</td><td>100</td></tr>
</table>

10.3.3 轻型高速公路纵断面指标评价

根据轻型高速公路纵断面指标研究提出的方案，进行纵断面指标试验场景开发、驾驶模拟舱室内试验设计；在驾驶模拟舱内模拟不同动力性能的小客车在不同纵坡坡度指标方案和正常天气条件，对驾驶员驾驶的安全舒适性进行试验。上坡过程主要试验研究设计代表车型的爬坡动力性能，下坡过程研究在长大纵坡上驾驶时速度变化对驾驶安全舒适性的影响以及理论计算驻车时的安全极限坡度，最终确定轻型高速公路在不同设计速度下的最大纵坡及坡长。

采用爬坡驾驶试验、经典力学计算理论和驻车安全等三方面对纵断面指标方案进行驾驶安全舒适性评价。

1)仿真试验方案

(1)试验代表车型的选取

进行仿真试验代表车型的选取主要遵循三个方面的原则:①近 3 年间轻型车辆中车型在同一排量的汽车市场销量领先;②轻型车辆车型在同一排量的汽车市场中的保有量较高;③轻型车辆车型在今后的汽车市场上仍具有较大的销售潜力。根据以上原则,通过调查研究确定选取的代表车型为:1.6L 一汽大众捷达 CiF-P 伙伴;1.8L 东风本田思域 LXI 经典版手动。其动力性能参数如表 10-14 所示。

轻型车代表车型动力性能参数 表 10-14

项　目	捷达 CiF-P 伙伴	思域 LXI 经典版手动
发动机类型	1.6L 95 马力 L4	1.8L 140 马力 L4
最大功率(kW)	70	103
最大扭矩(N·m)	140	174
最高车速(km/h)	175	190
长×宽×高(mm)	4 428×1 660×1 415	4 500×1 755×1 450
轴距(mm)	2 471	2 700
最大功率转速(r/min)	5 600	6 300
最大扭矩转速(r/min)	3 500	4 300
最高转速(r/min)	6 500	6 800

根据代表车型的实际动力性能参数对驾驶模拟舱试验车辆的动力参数进行修改,将实际选定的代表车型的动力性能参数输入模拟舱的车辆动力性能参数模型文件,进行试验车型不同动力性能的仿真试验。

(2)试验路段总体方案设计

试验仿真路段设计为一条城际双向四车道高速公路,路面类型为沥青混凝土路面,路面附着系数 $\varphi=0.6$;试验路段纵坡坡度取 0.5%,路拱横坡坡度取 1.5%;试验路段环境景观设计为两端各 850m 范围内为城市或近郊环境景观,纵坡附近设置微丘区环境景观，试验仿真路段总体设计图如图 10-31 所示；试验仿真路段场景两侧有绿化，场景细部景观渲染如图 10-32 所示。

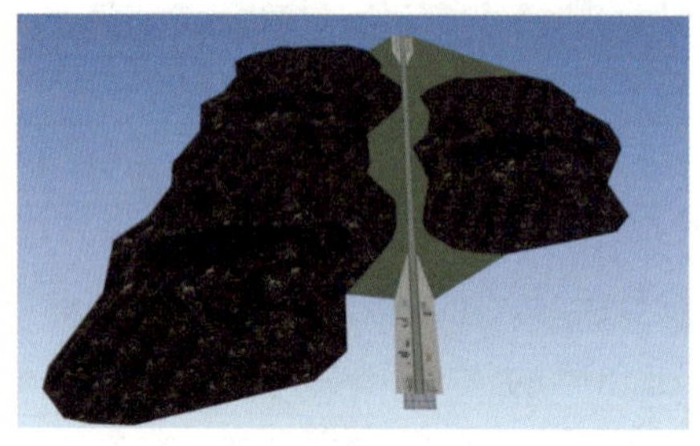

图 10-31 仿真道路总体方案图

图 10-32 场景两侧景观设置

(3)试验路段横断面方案设计

试验仿真路段横断面组成如图 10-33 所示，其中中央分隔带采用分设型 Am 级波形梁护栏，左侧缘石采用齐平式。试验仿真路段横断面组成示意图如图 10-31 所示，横断面结构尺寸如表 10-15 所示。

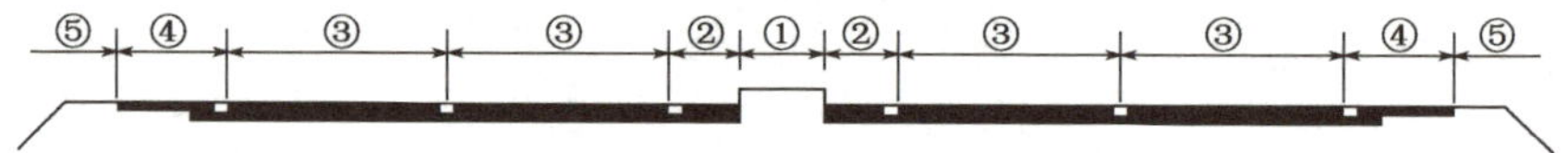

图 10-33 试验仿真路段横断面组成示意图

①-中央分隔带；②-左侧路缘带；③-行车道；④-左侧路缘带；⑤-土路肩

试验场景横断面参数 表 10-15

横断面参数	中央分隔带①(m)	左侧路缘带②(m)	行车道宽度③(m)	右侧硬路肩④(m)	路拱横坡坡度(%)
参数值	1.00	0.75	3.75，3.50	3.00	1.50

其中，路拱采用双向路拱坡度，向路中央向两侧倾斜。

(4)试验路段纵断面方案设计

纵断面总长度分为三个路段：加速路段、纵坡路段和凹形竖曲线路段。

加速路段 L_1：为保证驾驶员在试验仿真路段上的正常驾驶以及车辆在变坡点前的初速度，需要在纵坡路段坡脚前设置一定长度的加速路段。考虑设计速度最大值为 140km/h，为满足加速要求和驾驶员加速过程中的安全舒适性，取满足驾驶员安全舒适性的加速度值 a=0.9m/s^2，根据以下计算模型计算得到坡脚设置的加速路段长度为 840m。

$$L_1 = (v_2^2 - v_1^2)/(25.92a) = 1\,402/(25.92 \times 0.9) \approx 840\ (\mathrm{m})$$

考虑到试验过程中需要一定的长度获得稳定的变坡点上坡速度，将坡脚前加速路段的长度延长，L_1 设为 1 000m。

纵坡路段 L_2：根据小客车在纵坡上的运行特性，结合现行《公路路线设计规范》(JTG D20—2006)中对于最大纵坡坡度的规定，以及所选代表车型的动力参数计算得到的理论结果，拟定试验场景中的纵坡坡度较规范中提高 2%～3%，为 5%～9%；坡长取各坡度条件下代表车型由 140km/h 上坡速度降低 30%所对应的坡长的最大值，即 L_2 为 3 500m。

凹形竖曲线路段 L_3：在加减速路段与纵坡连接的路段设置竖曲线，考虑需要仿真车速在 140km/h 时车辆的运行状况，选取《公路路线设计规范》(JTG D20—2006)中规定的 120km/h 设计速度下凹形竖曲线的最小半径的一般值 6 000m作为试验仿真路段的凹形竖曲线半径。

试验仿真路段纵断面各方案参数如表 10-16 所示，试验仿真路段纵断面示意图如图 10-34 所示。以下方案可满足车辆以 140km/h、120km/h、100km/h、80km/h 的初始速度在不同纵坡路段上坡时动力性能的试验研究需求。

试验仿真路段方案纵断面参数 表 10-16

纵坡坡度 i(%)	5	6	7	8	9
纵坡坡长 L(m)	3 500	3 500	3 500	3 500	3 500
加速路段长度(m)	1 000	1 000	1 000	1 000	1 000
凹形竖曲线长度(m)	300	360	420	480	540
方案总长(m)	4 800	4 860	4 920	4 980	5 040

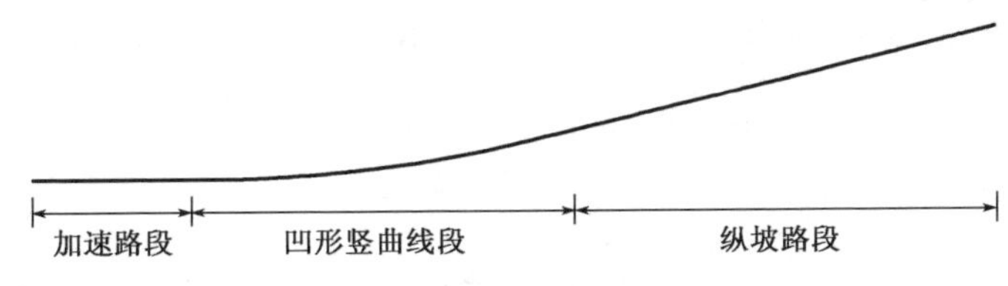

图 10-34 纵断面仿真场景设计图

(5)试验驾驶员

随机选取了 12 名身体健康、驾车反应正常、技术熟练、视力正常或矫正正常、驾驶时休息良好的驾驶员分别进行仿真场景驾驶试验，且所选驾驶员皆无妨碍安全驾驶的疾病及生理缺陷。

(6)试验方案

在试验过程中，选用动力性能较小的1.6L排量的代表车型，12名驾驶员分别按照140km/h、120km/h、100km/h和80km/h的设计速度，以四挡、五挡2种不同的挡位在4种不同纵坡坡度的仿真场景中进行爬坡试验，试验样本量为12×4×2×4=384次。

(7)交通量

由于车辆的爬坡试验是对车辆在不同坡度条件下爬坡极限能力试验，试验在理想的条件下进行，减少外界环境因素的干扰。因此，在仿真试验路段中并未载入其他车辆，保证模拟车辆以自由速度行驶，以得到准确的爬坡仿真试验数据。

2)试验方案评价

根据代表车型的动力性能指标对驾驶模拟舱车辆动力参数进行标定，并分别对轻型高速公路试验仿真路段纵断面设计方案进行爬坡驾驶试验。试验结果显示，纵断面设计指标能够满足试验车型上坡行驶质量的要求，而且在120 km/h和100km/h的设计速度下坡长限制有增加的余地。此外，从行车安全的角度出发，运用经典力学理论计算得出车辆在不同运行速度下下坡时的最大坡长的建议值；从驻车安全角度，得出试验车型在不同的纵坡度条件下能够满足车辆安全停驻要求的极限纵坡坡度如表10-17所示。

满足车辆停驻要求的极限纵坡坡度 表10-17

路面条件	干燥路面(φ=0.7)		潮湿路面(φ=0.4)		冰雪路面(φ=0.2)	
驻车方向	上坡	下坡	上坡	下坡	上坡	下坡
纵坡坡度(%)	26.7	19.3	14.1	11.7	6.7	6.1

本章参考文献

[1] 赵亮.基于驾驶员生心理反应的双车道公路线形研究[D].北京：北京工业大学，2008.

[2] 胡江碧.驾驶工作负荷成套检测设备:中国,201120095657.2[P].2011-12-07.

[3] [美]JohnB. Best.认知心理学[M].黄希庭,译.北京:中国轻工业出版社,2005.

[4] Wilson GF. An analysis of mental workload in pilots during flight using multiple psychophysiological measure[J]. The International Journal of Aviation Psychology,2002,12(1):3-18.

[5] 姚永杰.军机飞行员空中脑力负荷的生理心理评定[D].西安:第四军医大学,2007.

[6] 李增勇,焦昆,陈铭,王成焘.汽车驾驶员驾驶过程中的心率变异性功率谱分析[J].生物医学工程学报,2003(6).

[7] 胡江碧.汽车驾驶员驾驶工作负荷计算方法:中国,200910093545.0[P].2011-05-04.

[8] 中华人民共和国行业标准.JTG D20—2006 公路路线设计规范[S].北京:人民交通出版社,2006.

[9] 胡江碧,曹新涛.驾驶模拟舱三维道路交通场景仿真技术[J].北京理工大学学报,2008,28(7).

11　轻型高速公路设计对比

轻型高速公路的研究分两期进行，两次研究中分别进行了对比设计，前期主要针对技术指标开展了探索性的研究，第二期研究在前期研究的基础上进行了深化，因此，在最终技术指标的选取方面，两次对比设计采用的部分指标略有差异。

11.1　对比设计案例一

为进一步验证《轻型高速公路技术指标前期研究报告》成果的可靠性和合理性，本次研究选取西部开发省际通道包头至树林召高速公路项目中K9～K30段进行了对比设计。

包头至树林召高速公路K9～K30段地处黄河南岸，属于黄河灌区，地形平坦，水网、路网密集，公路用地大部分为基本农田。

按着《公路工程技术标准》(JTG B01—2003)，原初步设计采用双向四车道高速公路标准，设计行车速度100km/h，路基宽度26m，设计荷载为公路-Ⅰ级，地震烈度为Ⅷ度。

原初步设计在本段范围内共设置大桥372m/2座，中桥298m/4座，小桥148.5m/6座，涵洞15道，互通立交1处，主线下穿分离立交桥1座，主线上跨分离立交桥2座，通道21处，占用土地2 031亩，建筑安装工程费为5.277亿元，总造价为6.385 3亿元。

对比设计根据《轻型高速公路技术指标前期研究报告》中的相关技术指标，采用双向四车道高速公路标准，设计速度100km/h，路基宽度23m，设计荷载为公路-Ⅰ级的75%，地震烈度为Ⅷ度。除交通工程及沿线设施、环境保护与水土保持、其他工程、筑路材料、施工方案、基础资料等与原设计保持一致外，其他各项内容均按轻型高速公路技术标准进行对比设计。

根据上述两种标准的设计成果，对比设计中分别对设计速度120km/h时两种标准的工程量进行了计算，并编制相应概算。下面对采用轻型高速公路标准进行的对比设计成果进行分析。

11.1.1 路线平、纵面设计

1)平面设计

根据《轻型高速公路技术指标前期研究报告》的研究成果，对比设计路线平面满足轻型高速公路的技术指标要求，未作调整。

2)纵断面设计

根据《轻型高速公路技术指标前期研究报告》的研究成果，除路线最大纵坡较现行标准提高了2%外，其他指标相同。

K9～K30段纵断面设计的主要控制因素为路基最小填土高度、黄河倒灌水位和地方道路净空要求。受地形及上述条件限制，路线纵断面没有调整余地，无法充分发挥轻型高速公路最大纵坡6%的优势。

分析认为，对于地形起伏较大的山岭区，纵断面设计余地大，可以充分发挥轻型高速公路最大纵坡为6%的优势，对节约占地、降低路基和桥梁规模等效果明显，但对于控制因素较多平原区，在纵断面设计中优势不明显。

11.1.2 路基、路面

1)路基设计

根据《轻型高速公路技术指标前期研究报告》的研究成果，设计速度100km/h时，行车道宽度为3.25m，左侧硬路肩宽度为2.5m，路基总宽度为23.0m，其断面组成为：土路肩2×0.75m＋硬路肩2×2.5m＋行车道4×3.25m＋左侧路缘带2×0.75m＋中央分隔带2.0m。由于路基宽度的减小，特殊地基处理范围、路基土石方数量等相应减少。在设计行车速度100km/h情况下，轻型高速路基土方比现行标准路基土方减少 370 万元，节省 5%；特殊路基减少 227 万元，节省 7%。

对于轻型高速公路，由于路基宽度减少较多，路基工程数量降低明显。但对于不同地形条件，路基填土高度的优势不一定得到充分发挥，针对 K9～K30 段，由于受地形条件限制，无法充分发挥轻型高速公路最大纵坡的优势，由此引起的路基工程规模减少有限，在特殊地形条件下，可以充分发挥轻型高速公路个别技术指标较低的优势，则路基工程规模减少明显。

2)路面工程

根据项目区域内交通量和气候条件，参照《轻型高速公路技术指标初步研究报告》中所推荐的指标，进行路面结构的分析和计算。经比较，最终确定 K9～K30 段路面结构方案为：5cm 厚中粒式沥青混凝土 AC-16C 型；8cm 厚粗粒式沥青碎石 ATB-25；20cm 厚水泥稳定砂砾；18cm 厚二灰稳定土，路面总厚度为 51cm。

原初步设计路面结构方案为：4cm 厚细粒式沥青混凝土 AC-13 型；5cm 厚中粒式沥青混凝土 AC-20 型；7cm 厚粗粒式沥青混凝土 AC-25 型；20cm 厚水泥稳定砂砾；2×16cm 厚水泥稳定石屑，路面总厚度为 68cm。

K9～K30 段路面工程对比见表 11-1。

路面工程对比表 表 11-1

项　目	单　位	JTG B01—2003 标准		轻型高速标准	
车速	km/h	100	120	100	120
路面厚度	cm	68	68	51	51
路面总造价	万元	10 159.290 7	10 565.559 8	7 224.442 8	7 548.347 7

轻型高速公路交通组成均为小客车，路面结构设计应与交通量组成相匹配，将路面各结构层进行相应调整，从表 11-1 中可以看出，在相同设计行车速度 100km/h 下，轻型高速路面比现行标准路面减少 2 934.848 万元，平均每公里减少 139.755 万元，节省 29%，优势较明显。

11.1.3 桥梁、涵洞

对于轻型高速公路，由于桥梁宽度和设计荷载的变化，桥涵经济指标也相应降低。

根据《轻型高速公路技术指标前期研究报告》的研究成果，单幅桥梁宽度由12.75m调整为11.25m，上部结构混凝土及钢材用量相应减少。

轻型高速公路设计荷载为公路-Ⅰ级的75%，按现行标准，一般情况下活载产生的效应约占总荷载效应的30%～35%，即荷载等级的降低对桥梁上部结构的影响为7%～8%。

经对沿线预制空心板和现浇箱梁计算分析，普通空心板结构与现行标准的配索基本一致，没有减少余地；对现浇箱梁，根据计算，在保证结构配筋对称的情况下，适当减小了部分钢索的型号，并对上部结构普通钢筋进行了优化。

荷载等级的降低对桥梁下部结构桩基的影响主要体现在桩基长度方面，根据恒活载的变化，一般桩长减少2～3m。

涵身长度缩减3m，相应核减涵洞工程数量。

11.1.4 互通式立体交叉

K9～K30段设置树林召东互通式立体交叉1处，该互通式立体交叉为B型单喇叭形，主线上跨吉树公路(规划一级)，A匝道上跨主线。由于匝道宽度、主线净空高度的变化，互通立交路基土方、路面工程数量相应减少。原初步设计树林召东互通式立体交叉造价4 804.3万元，对比设计造价为4 348.8万元，减少455.442 8万元，节省9%，优势较明显。

11.1.5 公路用地

K9～K30段分别采用轻型高速公路和现行标准进行设计，其高速公路占用土地情况见表11-2。

公路占地对比表　　表11-2

设计行车速度(km/h)	路基宽(m)	长度(km)	占地(亩)	备　注
100	23	21	1 936.503	轻型高速标准
	26	21	2 031.000	JTG B01—2003标准
120	25m	21	1 999.500	轻型高速标准
	28m	21	2 093.997	JTG B01—2003标准

由表 11-2 可以看出，在 100km/h 设计行车速度下，轻型高速公路节约占地 94.5 亩，即路基宽度减小对节约用地是有利的，也符合公路设计新理念，特别是减少基本农田的占用，意义更加深远。

11.1.6 工程概算

对比设计中针对现行标准和轻型高速公路标准，分别采用 100km/h 和 120km/h 设计行车速度下进行工程数量计算，并分别进行概算编制，结果见表 11-3。

由表 11-3 可以看出，按轻型高速公路标准和现行标准进行设计，总造价降低 6 095 万元，节省 9.5%。结合轻型高速公路相关技术指标，在地形条件允许的情况下，充分发挥其技术指标较低的优势，则经济效益将更加明显。

工程造价对比表　　表 11-3

设计行车速度(km/h)	路基宽(m)	长度(km)	建筑安装工程费(万元)	每公里建安费(万元)	土地、青苗等补偿和安置补偿费(万元)	总金额(万元)	差值(万元)
100	23	21	46 930	2 235	10 828	57 758	6 095
	26	21	52 771	2 513	11 082	63 853	
120	25	21	49 021	2 334	11 013	60 034	5 906
	28	21	54 671	2 603	11 289	65 940	

11.2 对比设计案例二

对比设计案例二选取了吉林省长春至双辽高速公路项目 K37～K52 段。长春至双辽高速公路地处吉林省中西部平原，地形平坦，公路用地大部分为基本农田。按着现行的《公路工程技术标准》(JTG B01—2003)，原初步设计采用双向四车道高速公路标准，设计速度 120km/h，路基宽度 28m，设计荷载为公路-Ⅰ级。在 K37～K52 段范围内共设置中桥 124m/2 座，涵洞 5 道，互通立交 1 处，主线下穿分离立交 3 座，天桥 5 座，通道 1 处，占用土地 118.287 7hm^2，建筑安装工程费为 4.367 7 亿元，总造价为 6.745 8 亿元。

对比设计根据《轻型高速公路节地关键技术研究》中的相关技术指标，采用双向四车道高速公路标准，设计速度 120km/h，路基宽度 25m，设计荷载为公路-Ⅰ级的 40%。除交通工程及沿线设施、环境保护与水土保持、筑路材料、施工方案、基础资料等与原设计保持一致外，其他各项内容均按轻型高速公路技术标准进行对比设计。受地形条件影响，结构物设置规模没有调整余地，与原初步设计保持一致。经计算，采用轻型高速公路标准设计，本路段需占用土地105.668 0hm^2，建筑安装工程费为 3.729 1 亿元，总造价为 5.869 7 亿元。

11.2.1 路线平、纵面设计

1)平面设计

长春至双辽高速公路 K37～K52 段原初步设计最小平曲线半径为 5 500m，根据《轻型高速公路节地关键技术研究》的研究成果，原设计路线平面指标较高，满足轻型高速公路的技术指标要求，故试设计过程中平面线形未作调整。

2)纵断面设计

根据《轻型高速公路节地关键技术研究》的研究成果，路线最大纵坡较现行标准提高了 2%(寒冷地区为 1%)；不同纵坡的最短坡长，采用 3%时轻型高速不受限制(现行规范要求为 900m)，采用 4%时轻型高速为 1 450m(现行规范要求为 700m)，采用 5%时轻型高速为 1 100m(现行规范不允许纵坡达到 5%)；其他指标相同。

本次试设计对 K46+360(主线中桥)、K47+958(主线通道)两处纵断面按轻型高速公路标准所要求的上部高度降低了 15cm，对所有上跨主线的分离、互通匝道桥、天桥的净空均由原设计的 5m 降至 3m。

由于本项目地处东北寒区，试设计路段地势平坦，起伏较小，原初步设计基本采用了低路基方案，最大纵坡为 1.952%，最小竖曲线半径为 20 000m，仅设置了 1 处通道。受地形及上述条件影响，路线纵断面调整余地较小，无法充分发挥轻型高速公路最大纵坡 4%的优势。

对于地形起伏较小的平原区，当主线采用低路基方案时，对于局部受各种因素限制而需要设置主线上跨的交叉构造物时，其纵断面设计余地相对较大，可以充分发挥轻型高速公路最大纵坡为5%(寒区为4%)的优势，对节约占地、降低路基和桥梁规模等效果明显。

11.2.2 路基、路面

1)路基宽度

根据现行《公路工程技术标准》(JTG B01—2003)，设计速度为120km/h的双向四车道高速公路路基总宽度应为28m，其中行车道宽度为2×3.75m，左侧硬路肩宽度为3.5m，中央分隔带宽度为3.0m，其断面组成如图11-1所示。

根据《轻型高速公路节地关键技术研究》的研究成果，设计速度120km/h时的双向四车道高速公路路基总宽度为25m，行车道宽度为2×3.5m，左侧硬路肩宽度为3.0m，中央分隔带宽度为2.0m，其断面组成如图11-2所示。

2)路基设计

路基设计主要包括路基土石方、路基防护、路基路面排水等内容。由于受地形限制，纵断面调整路段较短，因纵断面调整引起的路基工程量变化不大，但由于轻型高速公路路基宽度减少较多，路基土石方数量等相应减少，具体见表11-4。

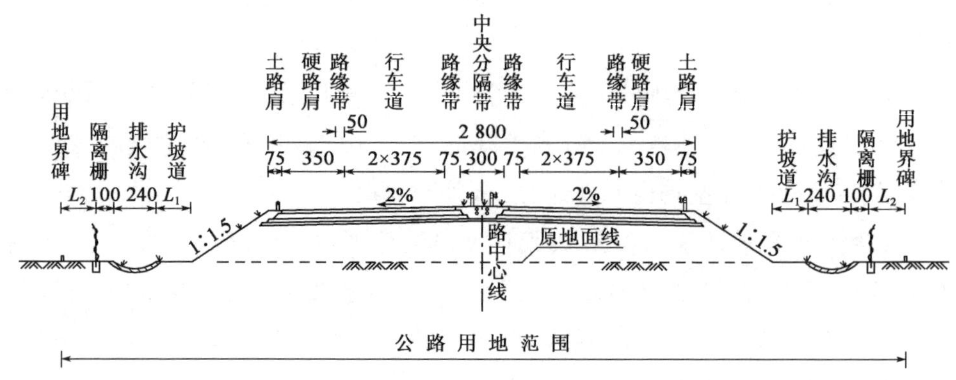

图11-1 现行标准路基标准横断面图(尺寸单位:cm)

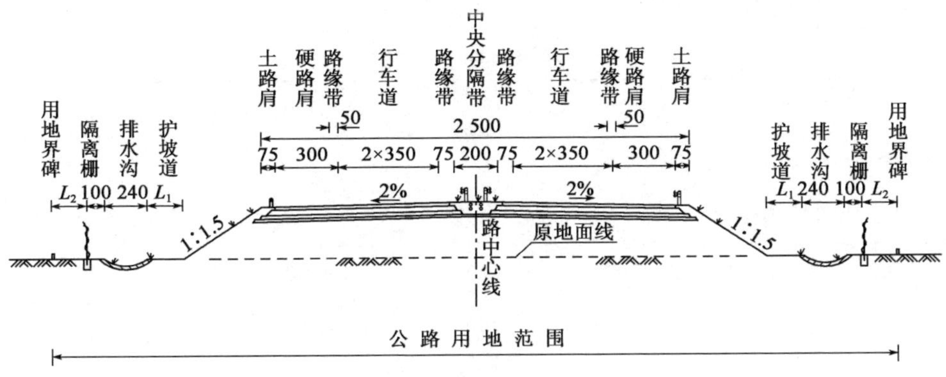

图 11-2　轻型高速标准路基标准横断面图(尺寸单位:cm)

主线路基土方工程对比表　　表 11-4

项　　目	JTG B01—2003 标准	轻型高速标准
	120km/h	120km/h
数量(m^3)	433 172	419 213
概算金额(万元)	1 199.40	1 154.15

由表 11-4 可以看出,在设计行车速度 120km/h 情况下,轻型高速路基土方比现行标准路基土方减少 45.25 万元,节省 3.8%。

3)路面工程

根据项目区域内交通量和气候条件,参照《轻型高速公路节地关键技术研究》报告中所推荐的指标,进行路面结构的分析和计算。经比较最终确定试设计路段路面结构方案见表 11-5。

路面结构表(单位:cm)　　表 11-5

路面结构名称	Ⅰ-1(干燥)	Ⅰ-2(中湿)	Ⅰ-3(潮湿)
改性沥青玛蹄脂碎石混合料 SMA-16	5	5	5
中粒式改性沥青混凝土 AC-20	7	7	7
5∶95 水泥稳定碎石(分两层)	30	30	30
4∶96 水泥稳定碎石	16	20	16
人工砂砾			20
合计	58	62	78

现行标准初步设计路面结构方案见表 11-6。

路面结构表(单位:cm)　　表 11-6

路面结构名称	Ⅰ-1(干燥)	Ⅰ-2(中湿)	Ⅰ-3(潮湿)
改性沥青玛蹄脂碎石混合料 SMA-16	5	5	5
中粒式改性沥青混凝土 AC-20	7	7	7
沥青稳定碎石混合料 ATB-25	12	12	12
5∶95 水泥稳定碎石(分两层)	30	30	30
4∶96 水泥稳定碎石	16	20	16
人工砂砾			20
合计	70	74	90

试设计路段路面工程造价对比见表 11-7。

主线路面工程对比表　　表 11-7

项　　目	单　　位	JTG B01—2003 标准	轻型高速标准
车速	km/h	120	120
路面总造价	万元	16 685.59	12 160.46

路面结构设计应与交通量组成相匹配,轻型高速公路交通组成均为小客车,相同设计年限内的累积轴载作用次数少,路面结构层后可相应减小,从而降低了工程造价。从表 11-7 中可以看出,在相同设计行车速度 120km/h 下,轻型高速路面比现行标准路面减少 4 525.13 万元,平均每公里减少 301.68 万元,节省 27.1%。

11.2.3　桥梁、涵洞

对于轻型高速公路,由于桥梁宽度和设计荷载的变化,桥涵经济指标也相应降低。

根据《轻型高速公路节地关键技术研究》的研究成果,单幅桥梁宽度由 13.25m调整为 12m,上部结构混凝土及钢材用量相应分别减少 12%和 8%。

1)净空标准

对于支线上跨主线的桥梁,由于主线路基宽度减少 3.0m,对立交桥梁孔径布置影响不大,但由于主线净空为 3.0m,对受台后填土高度控制的立交桥规模和被交道路改造长度影响较大,优势较明显。

试设计路段设置 3 处主线下穿分离立交,5 处天桥,主线路基宽度减少到 25m,对桥梁布跨影响不大,但被交道路改造总长度减少了 917m(原初步设计改造总长度为 6 402m),工程造价降低 96.6 万元(原初步设计工程造价为 3 937.2 万元)。

2)设计荷载

轻型高速公路设计荷载标准为公路 - Ⅰ级的 40%,按现行标准,一般情况下活载产生的效应约占总荷载效应的 30%~35%,即荷载等级的降低对桥梁上部结构的影响约为 18%~21%。

经对沿线预制空心板和现浇箱梁计算分析,普通空心板结构与现行标准的配索基本一致;对现浇箱梁,根据计算,在保证结构配筋对称的情况下,适当减小了部分钢索的型号,并对上部结构普通钢筋进行了优化。上部结构指标及数量变化详见表 11-8。

上部结构指标及数量变化对比一览表 表 11-8

上部结构	标　准	路基宽度(m)	梁高	混凝土指标(m^3/m^2)	预应力指标(kg/m^3)	普通钢筋指标(kg/m^3)
空心板	轻型高速标准	25	h－15cm	0.390	28.5	143
	JTG B01—2003 标准	28	h	0.441	27.1	138
连续箱梁	轻型高速标准	25	h－25cm	0.619	33.3	180
	JTG B01—2003 标准	28	h	0.685	33.4	190

由表 11-8 可以看出,轻型高速公路桥梁上部结构混凝土预应力指标、普通钢筋数量等均有不同程度的降低。

荷载等级的降低对桥梁下部结构桩基的影响主要体现在桩基长度方面,根据恒活载的变化,一般桩长减少 2~3m。

涵身长度缩减 3m,相应核减涵洞工程数量。

11.2.4 互通立交

试设计路段设置怀德互通立交 1 处，该互通为 B 型单喇叭形式，主线下穿公主岭至永吉公路（县道），互通立交 A 匝道上跨主线，图 11-3 为怀德互通立交采用轻型高速标准设计的平面布置图。

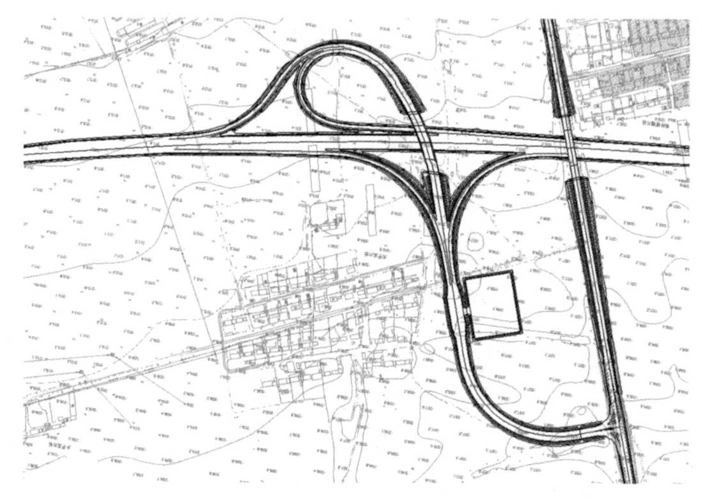

图 11-3 怀德互通立交平面布置图（采用轻型高速标准）

按轻型高速公路标准，互通立交各匝道宽度变化见表 11-9。

各匝道断面对比表 表 11-9

匝道断面类型		左侧土路肩（m）	左侧硬路肩（含路缘带）（m）	左侧行车道（m）	中间带（m）	右侧行车道（m）	右侧硬路肩（含路缘带）（m）	右侧土路肩（m）	断面总宽（m）
单向单车道	现行设计	0.75	1	3.5			4.5	0.75	10.5
	轻型标准	0.75	0.75	3			3.75	0.75	9.0
单向双车道	现行设计	0.75	1	3.5		3.5	1	0.75	10.5
	轻型标准	0.75	0.75	3		3	0.75	0.75	9.0
对向四车道	现行设计	0.75	1	2×3.5	2	2×3.5	1	0.75	19.5
	轻型标准	0.75	0.75	2×3	2	2×3	0.75	0.75	17.0

A 匝道上跨主线净空高度为 3.0m，较现行标准降低 2.0m，从而缩短了 A 匝道桥桥长。

由于匝道宽度及 A 匝道桥净空高度降低引起的路基、路面工程量的变化情况见表 11-10。

怀德互通立交工程数量变化对比表 表 11-10

设计速度（km/h）	标准	位置	路基土方（m^3）	路面（m^2）	总金额（万元）	差值（万元）
120	现行标准	主线	9 797	34 973	5 482.23	1 452.55
		匝道	77 578	29 819		
	轻型高速标准	主线	9 500	32 511	4 029.68	
		匝道	59 612	20 081		

由表 11-10 可看出，采用轻型高速公路标准设计，同时因净空减小而引起匝道跨线桥桥长缩短，互通式立体交叉减少 1 452.55 万元，节省 26.5%。

11.2.5 公路用地

试设计路段分别采用轻型高速公路和现行标准进行设计，其高速公路占用土地情况对比见表 11-11。

公路占地对比表 表 11-11

设计行车速度（km/h）	路基宽度（m）	长度（km）	占地（hm^2）	备注
120	25	15	105.668 0	轻型高速标准
	28	15	118.287 7	JTG B01—2003 标准

由表 11-11 可以看出，在 120km/h 设计行车速度下，轻型高速公路节约占地 12.619 7hm^2（10.7%），平均每公里可减少占地 0.841 3hm^2，即路基宽度减小对节约用地是有利的。

11.2.6 工程造价

对比设计中针对现行公路工程技术标准和轻型高速公路标准，按照

120km/h 设计速度进行工程数量对比计算，并分别进行概算编制，对比结果见表 11-12。

工程造价对比表 表 11-12

设计速度（km/h）	路基宽（m）	长度（km）	建安费（万元）	每公里建安费（万元）	土地、青苗等补偿和安置补偿费（万元）	总造价（万元）	差值（万元）
120	25	15	37 290.6	2 486.0	6 824.89	58 697.4	8 760.8
	28	15	43 677.3	2 911.8	7 639.83	67 458.2	

由表 11-12 可以看出，按轻型高速公路标准和现行标准进行设计，总造价降低 8 760.8 万元，可节省 13%。

索　　引

s

t

z